대화의 정석

The Essence of Communication

일, 관계, 인생을 뒤바꾸는 대화의 기술

대화의 정석

정흥수(흥버튼) 지음

FIKA

왜 지금 이 책을 읽어야 하는가

두 명 중 한 명은 1년간 한 권의 책도 읽지 않는 시대다. 시간을 들여 책을 읽는 대신 몇 분 안에 신속하게 정보를 얻는 방법을 택한다. 간추린 책 내용을 소셜 미디어로 훑어보거나 유튜브 쇼츠 같은 짧은 영상으로 전 세계 수많은 정보를 빠르게 얻는 걸 선호한다. 기술의 발달로 하루가 다르게 바뀌는 세상에서 자신에게 필요한 소식을 실시간 보기를 원한다. 그렇다면 이런 세상에 책을 내는 게 과연 쓸모 있을까? 그리고 왜 지금 이 책을 당신이 공들여 읽어야 할까? 그만한 시간과 노력을 들일 가치가 있을까?

그렇다. 이 책은 당신의 인간관계와 인생을 성공적으로 뒤바꿀 엄청난 가치를 지닌 단 한 권의 책이다. 세상이 아무리 바뀌어도 바뀌지 않는 것이 있다. 바로 인간관계의 본질이다. 선택할 것이 너무 많은 혼란스러운 세상에서 당신이 나아가야 할 올바른 방향과 기준을 제시할 책이다. 일, 관계, 인생에서 성공하고 싶다면 지금부터 이 책에 나오는 대화의 기술을 전부 당신의 것으로 만들자. 눈부신 미래가 당신을 기다리고 있다.

우리에게는 대화가 중요하다

나는 2012년부터 대한민국 국민의 말하기 수준을 높이기 위해 교육을 하고 있다. 초반에는 '나'를 돋보이게 하는 말하기에 주목했다. 어릴 적부터 발표 공포가 심해서 이를 극복하는 데 엄청난 노력을 기울여야 했다. 면접에 대한 극심한 불안을 이겨내고 아나운서, 쇼호스트, 기자로 10년간 활동했다. 실제 경험을 바탕으로 사람들에게 신뢰를 주는 발성과 발음, 전달력을 높이는 말투, 간명하게 핵심을 전달하는 말하기, 청중을 사로잡는 발표, 말의 효과를 더하는 비언어를 교육했다.

수강생들은 말 습관을 바꿔 발표를 멋지게 해내고, 투자를 받고, 면접에 합격해 변화의 파도에 올라있다. 금세 입소문이 났고 나는 전국을 돌면서 강의를 한다. 기업의 임직원과 전문직 종사자를 포함해 정부 관계자는 물론 다양한 일에 종사하는 사람들과 학생, 군인, 어르신까지 전 연령층을 만나고 있다. 그런데 강의가 거듭될수록, 대상이 늘어날수록 말하기만큼 중요한 것을 깨달았다. 바로 인간관계를 이루는 말하기, 즉 '대화'의 교육이 절실히 필요하다.

누구나 실력을 쌓으면 어느 시점부터 사람을 관리한다. 리더는 사람을 다루는 능력이 필수다. 어떤 분야든 마찬가지다. 당신이 경영자든, 직원이든, 개발자든, 엔지니어든, 교사든, 건축가든, 의사든, 간호사든, 프리랜서든, 투자자든, 주부든, 학생이든 사람을 이끌 능력이 필요하다. 우리는 삶을 사는 동시에 관계를 맺기 때문이다. 이것은 직업과 나이, 인종을 떠나 누구에게나 적용된다. 관계를 잘 맺는 능력이야말로 우리 삶을 행복하게 하는 핵심 요소다. 그리고 관계를 맺는 방법은 단 하나, '대화'다.

대화의 어려움을 호소하는 사람들

하지만 대화에 능숙하지 못해서 관계에 어려움을 느끼는 사람이 너무나 많다. 사업 규모가 커지면서 직원을 다루는 일에 스트레스를 받아 월급 받을 때가 속 편했다고 말하는 사람이 있다. 고객의 마음을 읽어내지 못해서 마케팅과 홍보에 애를 먹고, 전문 지식을 고객의 눈높이에 맞춰 전하는 방법에 서툴러서 사업 운영에 고비를 맞는다. 그런가 하면 실무는 뛰어나지만 직원들 사이에서 평판이 좋지 않아 진급에서 좌초하기도 한다. 대화의 어려움은 일상에서도 이어진다. 음식을 주문하고 물건을 살 때, 마주치는 낯선 사람이 불편하다. 어지간하면 사람들과의 대화를 피하고 싶다. 이런 수요를 반영해 무인 점포가 나날이 늘고 있다. 가족과 친구와의 관계도 언제부

턴가 원활하지 않고 대화가 툭툭 끊긴다.

　얼마나 많은 사람이 대화를 힘들어하고, 또 그만큼 잘하고 싶어하는지 놀라울 정도다. 특히 요즘처럼 연결이 자유로운 시대에는 그 추이가 빠르게 증가하고 있다. 소셜 미디어에 팔로워나 구독자 수가 많을수록 사람의 마음을 잘 읽고 관계를 잘 맺는 것처럼 보인다. 이로 인해 요즘 시대에 사업하는 기업과 기관은 소셜 미디어를 적극적으로 활용해 채널을 만들고 대중과 소통하려고 노력한다. 이것을 잘하는 집단은 수익이 늘고 사업을 순조롭게 영위한다. 그래서 값비싼 비용을 치르고서라도 그 비결을 알고자 하는 사람들이 있다.

　그런데 이처럼 수많은 사람과 쉽게 연결되는 세상에서 우리는 정말로 연결되고 있을까? 나는 과연 수많은 주변인에게 어떤 사람으로 존재할까? 좋아하고 사랑하는 사람들과 잘 지내고 있는 걸까? 어떻게 사람들과 잘 지낼 수 있을까? 처음 보는 사람들이 나를 좋아하게 할 수 있을까? 좋은 관계를 맺고 유지하는 방법은 무엇일까? 어떻게 사람들이 내 생각에 동의하게 할 수 있을까? 수많은 사람이 나를 따르게 하는 비결은 무엇일까? 너무나 많은 사람이 해답을 간절히 원한다.

인간관계의 본질을 담은 《대화의 정석》

그래서 이 책이 탄생했다. 인간관계를 비약적으로 개선하고 우리 삶을 행복하게 할 단 한 권의 책《대화의 정석》이 나온 이유다. 지금 이 시대야말로 인간관계의 본질을 깨닫고 그것에 맞는 대화법을 배워야 한다. 인간관계의 본질은 급변하는 사회와 무관하게 한결같은 모습을 유지하고 있다. 인간은 누구나 인정받기를 원하고, 중요한 사람이 되고 싶은 갈망이 있다. 사랑하는 사람에게 사랑을 주고 사랑을 받고 싶어 한다. 다른 사람과 사이좋게 지내길 바란다. 지금보다 풍족하기를 원하고, 더 행복하기를 소망한다.

그러나 대화의 수단과 방식은 매우 다양해지고 있다. 통화, 메시지, 이메일, 댓글, 영상, 비대면 채팅, 메신저까지. 우리는 넘쳐나는 정보와 실시간으로 연결되는 사회 속에서 중심을 잡아줄 책이 필요하다. 바로 이 책이 당신의 삶에 나침반이 되어줄 것이다. '함께' 말 잘하는 방법, 제목 그대로 대화의 정석을 습득할 수 있다.

이 책은 당신이 관계에 어려움을 겪을 때마다 혜안을 줄 것이다. 인간관계에서 일어나는 사소한 고민부터 진지한 고민까지 시원하게 해소해줄 것이다. 상사와 후배, 고객과 소비자, 가족과 친구 등과 잘 지내는 비법을 알려준다. 나의 진심을 상대방에게 전하는 방법을 상세히 담고 있다. 다른 사람의 마음을 얻는 방법을 익히고, 거절을 현명하게 해서 자신을 지킬 수 있다. 좋은 관계를 맺는 대화법을 가르쳐주고 당신의 삶을 성공적이고 행복하게 만들어줄 책이다.

이 책은 내가 11년간 강의 현장에서 깨닫고 축적한 주요 대화법을 실었다. 여기에 실린 대화법은 당신의 사고를 완전히 바꿔놓을 것이다. 대화의 방식을 넘어 삶의 방식 전체에 영향을 미칠 것이다.

이 점이 가장 중요하다. 나 역시 이 대화법을 삶에 적용한 뒤 변혁이 일어났다. 사업의 확장과 수익의 증가는 물론이고, 가족과 친구와의 관계가 월등히 개선됐다. 낯선 사람들이 친구가 되고, 나를 지지하고 응원하는 사람이 늘었다. 나는 살아 있다는 사실 자체에 기쁨을 느낀다. 이 책에 나온 내용을 배운 수강생들은 일터와 가정에서 행복한 삶을 누리고 있다. 이제는 당신이, 당신의 삶을 행복하게 이끌 차례다.

대화법을 배운 이들의 놀라운 변화

당신은 앞으로 이런 삶을 살 수 있다. 예를 들어보자. 700명 조직을 통솔하는 기업 임원이 있다. 그는 직원들이 자신을 어려워하는 점을 간과했다가 이 점이 조직의 발전을 저해하고 있다는 사실에 충격을 받았다. 그는 이 책에 실린 대화법을 적용해 조직의 이익을 대폭 증대하는 효과를 누렸다. 직원들은 스스로 일에 대한 의욕을 가득 품게 되있고, 고민이 생기면 그를 찾아와 털어놓는다. 어려운 문제에 봉착하면 해결사로 나서달라며 그에게 의지한다. 후임들은 그를 최고의 상사로 꼽는다.

"20년간 만난 상사 중에서 제일 존경하는 분이에요."

그는 대화법을 깨달은 뒤로 자녀들도 자신과 대화하는 걸 즐긴다며 행복한 표정을 지었다.

한 내과 의사는 동네에서 가장 인기 좋은 병원을 운영하고 있다. 하지만 그의 병원은 하마터면 문을 닫을 뻔했다. 동네 정보를 교환하는 인터넷 커뮤니티에 그 병원을 가지 말라는 글이 올라와 환자의 발길이 뚝 끊겼다. 사연인즉슨 그는 70대 당뇨병 환자에게 경각심을 심어주고자 당뇨병이 평생 나을 수 없는 병이라는 사실을 그림을 그려가며 설명했다. 환자는 '당뇨를 앓다가 죽을 것'이라는 말로 받아들였고, 이 이야기를 들은 환자의 딸이 커뮤니티에 저격 글을 올렸다. 그는 이 책에 나온 대화법을 배운 뒤 의사의 관점이 아닌 환자의 관점으로 말하는 법을 실천했다. 평생 나을 수 없는 질병이라고 말하지 않고, 평생 건강 관리가 중요하다고 설명하며 식습관 개선 방법을 세세하게 알렸다. 그후 이 병원은 동네에서 제일 친절한 병원으로 부상했다.

어느 스타트업 대표는 정부 관계자를 설득해 막대한 지원금을 받았다. 평소 습관대로라면 어려운 기술 용어를 쓰며 개발에 얼마의 자금이 소요되고 이 기술이 왜 개발돼야 하는지 자신의 편에서 설파했을 것이다. 그러면 투자를 받는 일은 요원했을지 모른다. 그러나 그는 그렇게 하지 않았다. 기업 입장을 떠나 정부와 국민의 입장에 서서 말했다. 이 기술이 국민에게 왜 필요한지, 국민의 삶에 얼마나 이로운 변화를 가져올지, 정부 차원에서 이 정책을 만드는 것이 얼마나 중요한지를 말하고, 이 일을 발판 삼아 우리나라가 세계적인 위상에 오를 수 있다는 점을 주지시켰다. 이 책의 대화법을 배운 덕분에 정부의 긴밀한 협조를 지원받는 데 성공했다.

가슴 뛰는 이야기는 이제 당신의 것

이런 감동적인 이야기를 나는 매일 듣고 있다. 수많은 수강생이 괄목할 만한 변화를 생생하게 전해주기 때문이다. 아마 이 책을 보고 있는 당신도 관계와 대화에 어려움을 겪은 적이 있을 것이다. 우리 모두 똑같다. 처음 사는 인생이기 때문이다. 게다가 관계를 잘 맺는 방법, 대화를 잘하는 방법은 어디에서도 제대로 알려주지 않는다. 이런 교육을 전문적이고 체계적으로 오랫동안 하는 곳은 눈을 씻고 찾아봐도 존재하지 않는다. 눈치껏 배우는 게 전부다. 그러니 아무리 똑똑하고 교육 수준이 높고 경험이 쌓여도 관계는 늘 서툴다. 다행인 건, 바꿔 말해서 제대로 배우면, 누구나 대화를 잘할 수 있다.

나 역시 처음 회사에 들어갔을 때 인사하는 것도 서툴렀다. 사무실에 들어가자마자 우렁차게 해야 하는지, 선배들 자리마다 찾아가서 인사해야 하는지 분간이 안 갔다. 아무도 알려주지 않았다. 모르는 업무를 선배한테 물어봐도 될지 고민했다. 괜히 선배의 시간을 잡아먹는 것 같고 어리석어 보일까 봐 걱정했다. 친하지 않은 상사와 엘리베이터를 같이 타면 어떻게 대화를 나눠야 할지 몰라서 조용히 있었다. 연차가 쌓이면 나아질 줄 알았는데 후배가 상사보다 더 어려웠다. 어린 친구들의 관심사가 무엇인지 몰라 거리를 두었다.

나는 대화법과 심리학, 인간관계의 원리를 담은 책을 포함해 성공한 사람들이 쓴 자기계발 서적을 꼼꼼히 읽었다. 그리고 자신의 분야에서 최고의 입지를 쌓은 인물들과 조직에서 성공한 사람들을 만나 분석했다. 이윽고 그들의 공통점을 발견했다. 어떤 분야든 상관없이 그들의 성공에는 대화를 잘하고 관계를 잘 맺는 능력이 뒷받침됐다. 어쩌면 당연한 진리다. 최고의 자리에 오르기 위해서는 사람들의 지지와 신뢰가 따라야 한다. 사람에게는 사람이 필요하다.

이 책이 선사할 눈부신 미래

나는 그 비결을 삶에 적용했고 눈부신 나날을 살고 있다. 세상이 나를 반기고, 어디서든 모두가 나를 안전하게 지켜준다. 그래서 더 많은 것에 도전하고 그것들을 이루며 살아간다. 수많은 사람의 신뢰를 받고 든든한 지지자가 늘면서 사업과 인간관계는 나날이 발전하고 있다. 내 삶을 바꾼 대화법을 강의와 영상을 통해 수십만 명에게 알리고 있다. 나에게 대화법을 배운 사람들은 놀라운 변화를 직접 체험하고 있다. 완전히 달라진 삶에 기뻐하고, 자신의 성공담을 증언처럼 쏟아낸다. 그 모든 대화법을 모조리 모아서 이 책에 실었다.

이제 당신 차례다. 이 책에 나오는 대화법은 당신의 삶을 뒤바꿀 것이다. 일생일대의 결정적인 순간에 빛을 발할 것이다. 당신이 꿈꾸는 미래를 현실로 앞당길 것이다. 자기 일처럼 도와주는 사람을 만날 것이다. 일과 사업은 번창하고, 지지자는 늘어날 것이다. 당신이 사랑하는 사람들은 당신에 의해 더 자주 행복을 느낄 것이다. 상상해보라. 사랑하는 사람들이 행복하게 웃는 얼굴을 매일 보는 기분을 말이다.

나는 당신의 행복을 위해 이 책을 썼다. 당신의 행복이 곧 나의 행복이다. 나의 독자가 행복할수록 나의 행복은 커진다. 그러니 지금 당장 아무 데나 펼쳐서 읽어보시라. 어디를 펼쳐도 고개를 끄덕이고 공감하게 될 것이다. 이 책의 모든 내용은 분명 당신의 삶을 이롭게 할 것이다. 엄청난 수익을 창출하고, 대화가 즐거워지고, 좋은 인간관계를 맺을 것이다. 행복이 가득한 세상에 하루라도 먼저 도착하기를 진심으로 바란다.

차례

7장

대화의 힘은
나를 돌보는 일에서
나온다

대화가 힘들었던 상황을 살펴보면 대부분은 상대방에게 '관심'이 없어서였을 것이다. 대화를 이어지게 하는 힘은 관심이다. 관심이 있으면 질문이 나오고, 그 질문은 상대방을 향한다. 대화 상대에게 관심을 갖자. 그 사람의 생각과 기분, 마음을 궁금해하자.

1장

센스 있는 질문이
유쾌한 대화를 만든다

타인이 나와 다르다는 점을 인정하면

한 예능 프로그램에 연애를 한 번도 못 해본 소위 '모태 솔로' 20-30대 남성 5명이 출연했다. 제작진은 이들이 왜 연애를 못 했는지 살펴보려고 가상의 소개팅을 진행했다. 남성들이 돌아가며 여성 한 명과 10분씩 이야기를 나눴다.

> 남성 점심 식사는 하셨어요?
>
> 여성 네, 간단히 샌드위치 먹었어요. 드셨어요?
>
> 남성 아, 배고프시겠어요. 저는 김치찌개 먹었어요.
>
> 여성 그러시구나.
>
> 남성 취미가 뭐예요?
>
> 여성 음, 저는 그냥 영화 보는 거? 취미 있으세요?
>
> 남성 저는 운동 좋아해요. 그럼 좋아하는 음식은요?

여성 다 잘 먹어요.

남성 저도 먹는 거 좋아해요.

제작진이 대화를 마친 여성에게 어땠냐고 물었다. 여성은 "재미 없었다"며 "누구에게도 매력을 못 느꼈다"고 했다.

서로의 공통점을 찾는 노력이 부질없는 이유

남성들은 나이도, 사는 지역도 다르지만, 하나같이 비슷한 대화 방식을 취했다. 질문 공세를 퍼부었는데, 정확히 말하자면 공통의 관심사를 찾기를 기대하며 질문했다. 찾지 못하면 바로 주제를 바꿔 다른 것을 물어봤다.

이런 모습은 우리 주변에서 흔하게 나타난다. 직장과 모임에서도 처음 만나거나 어색한 사람과 대화할 때 서로의 공통점을 찾으려고 한다. 공통된 관심거리로 이야기를 나누면 분위기가 부드러워질 것이라고 여긴다. 이런 사람들은 적당한 대화 주제를 찾고, 좋은 반응을 얻었던 이야기를 다른 곳에서 써먹는 경향이 있다. 하지만 대화가 원하는 방향으로 흘러가지 않아 여전히 고민한다.

만약 당신이 처음 만난 사람에게 나름 용기를 내서 질문했는데 대화가 매끄럽지 않았다면, 대화가 중간에 자꾸 끊겨서 말을 머뭇거렸다면 공통의 관심사를 찾으려고 시도하는 사람일 수 있다. 이런 대화에서 생기는 문제는 앞선 질문에 충분히 답하지 않은 상태에서 다른 주제로 넘어가면 당사자가 '나에게는 관심이 없구나'라고 오해한다는 것이다. 왜냐면 사람은 누구나 '자기 이야기' 하기를 좋아하는데 그 기회를 주지 않고 있기 때문이다.

물론 질문하는 것은 대화를 주도하는 모습으로 바람직하다. 그러나 질문의 목적이 중요하다. 공통점을 찾는 질문의 중심에는 '나'만 있고 상대방의 자리는 없다. 질문의 저변에 '내가 좋아하는 것'에 '상대방이 좋아하는 것'이 일치하는지 확인하려는 심리가 깔려 있다. 상대방이 관심 있는 것을 이야기해도 나의 관심거리가 아니면 금방 주제를 바꾸는 모습에서 알 수 있다.

질문의 진짜 목적은 무엇인가

이제부터는 질문의 목적에 충실하자. 질문의 목적이 상대방의 마음을 얻는 것이라면, 이를 위해 상대방이 어떤 사람인지 알아야 한다. 나를 떠나서 온전히 상대방을 바라봐야 한다. 나와 일치하는 점이 있는지 궁금해하지 말고, 나와 분리해서 보는 것이다. '나는 달리기를 좋아하는데, 이 사람은 뭘 좋아할까?'가 아니라, '이 사람은 쉴 때 뭘 할까? 뭘 할 때 기분이 좋아질까?'라는 궁금증을 바탕으로 질문하면 상대방이 어떤 이야기를 하든지 새롭고 흥미로울 것이다.

앞의 대화에서 남성은 여성에게 점심을 먹었는지 물었다. 샌드위치를 먹었다는 여성의 말에 곧바로 "배고프시겠어요"라고 말했다. 한식을 든든히 먹는 남성이 보기에는 샌드위치를 먹으면 배고플 수 있지만, 사실 여성이 배가 고픈지는 알 수 없다. 배고프겠다고 단정 짓지 말고 물어보자. 재차 말하지만 사람은 누구나 자기 이야기를 하는 것을 좋아한다. '나는 아닌데'라고 생각하는 사람은 잘 들어주는 사람을 아직 못 만난 것일 뿐이다. 그런 생각은 대화의 여지를 가로막는다. 지우자. 내가 남성이라면 이렇게 물어볼 것이다.

남성 점심 식사는 하셨어요?

여성 네, 간단히 샌드위치 먹었어요. 드셨어요?

남성 네, 저는 김치찌개 먹었어요. 배고프지 않으세요? 평소에 점심을 간단하게 드세요?

여성 아니요. 저도 한식 잘 먹어요. 오늘은 촬영이 있어서 간단하게 먹은 거예요.

남성 그러시군요. 그러면 디저트 드실래요? 케이크와 빵 있던데요. 아니면 이따 촬영 끝나고 같이 식사하러 갈까요?

하나의 주제를 깊이 파고들며 질문하기

점심 식사를 주제로 데이트 신청까지 할 수 있다. 이것이 질문의 묘미다. 여기서 중요한 점은 하나의 주제로 깊이 있게 이야기를 이어나가는 것이다. "한식은 주로 어떤 메뉴를 좋아하세요?", "그걸 왜 좋아하세요? 추억이 있나요?", "집에서도 요리해서 드세요?", "싫어하는 음식은요?", "제일 좋아하는 식당은 어디예요?"라고 말할 수 있다. 이 중 하나만 하는 게 아니라 다 하는 것이다.

하나의 주제로 깊이 있게 대화를 나누면 상대방을 잘 알 수 있게 되어 질문의 목적을 이룰 수 있다. 나의 이야기는 나중에, 친해지고 난 뒤에 해도 된다. 정말 마음을 얻고 싶은 사람이 있다면 상대방이 먼저 자기 이야기를 하도록 한다. 당신에게 그 사람이 자기 이야기를 털어놓으면 그에게 당신은 특별한 존재가 된다. 이것은 정말 중요한 대화의 원리이자 설득의 요소다.

자기 관점을 내려놓으면 상대방이 보인다. 어떤 질문을 할지, 적당한 주제가 있을지 고민할 필요가 없다. 그저 '사람'을 보면 된다. '이 사람은 어떤 사람일까?', '평소에 어떻게 생활할까?', '무엇에 관심을 둘까?', '왜 그럴까?', '언제부터 그랬을까?' 하고 호기심을 가지면 질문은 자연스럽게 나온다. '내가 지금 이 사람에게 어떻게 보일까?', '내가 이렇게 물어보면 실례일까?' 같은 염려는 상대방이 아닌 자신을 신경 쓰는 것이다. 나를 떠나서 상대방을 주목하자. 관심 가는 사람에게 더 질문해서 상대방의 마음을 얻자. 나 자신을 떠나 하나의 주제를 깊이 파고드는 질문을 하면 짧은 시간에도 서로에 대한 많은 정보를 얻을 수 있다. 관심사 밖의 주제로도 흥미롭게 대화할 수 있음은 물론이다.

다름을 인정할 때 깊어지는 대화

자기 관심사가 아닌 주제가 나오면 대화를 어려워하는 사람들이 있다. 아는 게 없어 할 말이 없기도 하고, 자신이 좋아하지 않는 분야의 주제라고 솔직히 말하면 괜히 불편해질 것 같아 숨긴다. 하지만 공통 관심사만 찾으려고 하면 깊이 있는 대화를 나누지 못하고, 앞에 있는 사람을 놓친다.

앞으로는 이런 생각을 내려놓자. 자기 걱정을 앞세우지 말자. 나와 상대방이 좋아하는 것이 달라도 상대방에게 집중하자. 그가 그것을 왜 좋아하는지만 궁금해하면 된다. 그의 이야기를 듣자. 나를 떠나 대화하면 질문거리가 넘쳐 대화가 이어질 것이다. 어차피 상대방은 나와 다른 사람이다. 나를 낳아주신 부모님이나 형제자매도 나와 다른 사람이 아닌가. 혈육도 그럴진대 타인은 어떨까? 우리는 개별적인 존재다. 공통점을 찾는 시도는 이제 그만두자.

나는 내 강의를 들으러 온 사람들에게 "공통된 게 있을 거라고 기대하지 마세요"라고 설파한다. 이런 기대를 안고 대화하다가 서로 다른 점이 보이면, 자신과 맞지 않는 사람이라고 판단을 내린다. 다름을 인정하고 대화하면 흥미롭다. 누구와도 어떤 사람과도 대화가 유쾌해진다.

❶ **계기** 다름을 발견하면 그 계기를 묻는다.

❷ **기분** 그것을 할 때 어떤 기분이 드는지 묻는다.

❸ **묘사** 그것을 구체적으로 어떻게 하는지 묻는다.

❹ **유사** 그것과 비슷한 다른 것에도 관심 있는지 묻는다.

🏃 **Action** **친해지고 싶은 사람에게**

❶ **계기** "언제부터 좋아했어요? 어떤 점이 좋아요?"

❷ **기분** "그걸 할 때 어떤 기분이 들어요?"

❸ **묘사** "상상이 안 되네요. 자세히 말해줘요."

❹ **유사** "그럼 이런 것도 좋아해요?"

질문의 중심에 '사람'을 두는 법

법원에서 근무하는 한 40대 여성은 대화가 힘들다고 했다. 발표와 보고는 자신 있는 반면에 후배들과 식사하면서 담소를 나눌 때면 할 말이 없다고 했다.

> 후배1 어제 새로 시작한 법정 드라마 보셨어요? 진짜 우리 법원이랑 똑같던데요!
>
> 후배2 그러니까요. 주인공은 완전 우리 부장님 판박이더라고요.
>
> 후배3 재미있어요? 나도 볼걸. 드라마 하는 건 알았는데 그게 어제인지 몰랐어요.
>
> 여성 ······.

후배들이 드라마 이야기를 한창 할 때 이 여성은 그들의 이야기를 듣기만 하다가 식사 자리를 끝낸다고 했다. 나는 여성에게 비슷한 상황에서 무슨 생각을 하는지 물었다. 여성은 무슨 얘길 할까, 뭐라고 반응할까 궁리하다가 기회를 놓친다고 했다. 또 친한 친구와 통화할 때도 친구의 말에 어떻게 반응해야 할지 몰라서 가만히 듣기만 한다고 했다.

'소재'가 아닌 '그 사람'에게 관심을

내가 이 여성이라면 후배들에게 이렇게 물어볼 것이다.

> 후배1 어제 새로 시작한 법정 드라마 보셨어요? 진짜 우리 법원이랑 똑같던데요!
> 여성 그래요? 어떤 점이 똑같았어요?
>
> 후배2 그러니까요. 주인공은 완전 우리 부장님 판박이더라고요.
> 여성 부장님? 어땠는데요? 특히 어떤 점이 비슷했어요?
>
> 후배3 재미있어요? 나도 볼걸. 드라마 하는 건 알았는데 그게 어제인지 몰랐어요.
> 여성 저는 TV를 잘 안 봐서 아예 몰랐어요. 드라마 보는 거 좋아해요?

이뿐인가. 할 말은 더 있다. "드라마를 보면 어떤 점이 즐거워요?", "언제부터 드라마를 좋아했어요?", "학생 때도 드라마를 즐겨 봤어요?", "지금까지 본 드라마 중에서 가장 재미있었던 건 뭐예요?", "해외 드라마도 봐요?", "주로 언제 드라마를 봐요? 제 친구는 스트레스 받을 때 몰아서 보던데", "영화도 좋아해요? 드라마를 좋아하는 거면 스토리를 좋아하는 건가요, 아니면 배우를 좋아하는 건가요?", "드라마를 볼 때 몰입해서 보나요, 그냥 틀어놓나요?"라고 말할 수 있다.

내가 이렇게 말하자, 여성은 놀라서 어떻게 그런 말들이 순간 생각날 수 있냐고 물었다. 그리고 이렇게 덧붙였다.

"저는 드라마를 안 좋아해요. TV도 어릴 때부터 잘 안 봤고요. 그런데 다들 신나서 드라마 얘기를 하는데, 제가 거기서 드라마를 안 좋아한다고 말하면 분위기를 깰까 봐 잠자코 있었어요. 저는 항상 그래요. 대화 주제를 찾으려고 아침에 신문도 읽어요. 정치나 경제 소식을 이야기하면 그나마 대화가 되니까요. 뭔가를 알려줘야 할 것 같아요."

나와 이 여성의 차이점이 보이는기? 여성은 후배들에게 관심이 없다. 대화 '소재'인 드라마에 관심이 없어서 할 말이 없는 게 아니라, 대화 '상대'인 후배들에게 관심이 없는 것이다. 그래서 묻고 싶은 말도 없다. 후배들이 드라마를 좋아하든 말든 여성은 자신에게만 관심이 있다. '나는 무슨 말을 하지?', '나는 드라마를 안 좋아하는데'라며 생각의 중심에 자신만 두고 있을 뿐이다.

대화가 툭 끊기는 진짜 이유는 '무관심'

한 30대 세무사는 회사 선배와 대화를 하면 이야기가 중간에 툭 끊긴다고 했다.

> **후배** 선배, 주말 잘 보내셨어요? 뭐하셨어요?
>
> **선배** 그림 그렸어. 보여줄까?
>
> **후배** 네, 보고 싶어요! (그림을 보고 난 뒤) 외로워 보여요.
>
> **선배** 음, 외로운 걸 그린 건 아닌데.
>
> **후배** 아, 그러시구나…….

대화는 돌연 종료됐고, 사무실에는 어색한 분위기가 감돌았다. 선배가 그린 그림은 한 여성이 바닷가에서 수평선을 바라보는 뒷모습이었다. 그는 자기가 무슨 잘못을 했냐면서, 선배와 대화하면 언제나 대화가 이런 식이라며 속상해했다. 나라면 선배에게 이렇게 물어봤을 것이다.

"선배, 이건 어떤 그림이에요? 뭘 그리신 거예요?", "이 여성은 선배예요, 상상 속 인물이에요?", "선배는 그림 그리는 걸 좋아하세요?", "언제부터 그림 그리기 시작하셨어요?", "보통 이렇게 연필로 그림을 그리세요, 색칠도 하세요?", "이거 그릴 때 어떤 기분이었어요?", "몇 시간 동안 그리신 거예요?", "주말에 자주 그림 그리면서 지내세요?", "언제 그림이 그리고 싶으세요?", "어떤 감정으로 그리셨어요?", "다른 그림도 있어요?"라고 말이다.

나는 그에게 "선배 안 좋아하죠?"라고 물었다. 그는 그렇다면서 자리를 바꾸고 싶다고 고백했다. 대개 할 말이 없는 이유는 대화에 서툴러서가 아니라 상대방에게 관심이 없어서다. 우리는 관심이 가는 사람과 대화를 잘한다.

관심이 있으면 질문이 샘솟는다

친한 친구와 수다 떨거나 사랑하는 연인과 통화하다가 날을 지새운 경험이 있지 않은가? 마음이 가는 사람에게는 관심이 저절로 생긴다. 하지만 그렇지 않은 사람에게는 관심이 없으니 질문이 나오지 않는다.

옆자리에 선배가 있으니까 말은 걸어야겠고, 월요일 아침 단골 인사인 "주말 잘 보내셨어요?"로 운을 뗀 것이다. 선배한테 장단을 맞춰 그림을 보고 싶다고 했지만, 속마음은 선배가 그림을 그리든 찢든 관심이 없다. 그러니 그림을 보자마자 '나'의 생각을 말했다. 외로워 보인다고. 선배는 언짢아했다. 왜? 평가를 받았으니까. 잘 알지도 못하면서 그림을 평가하니 기분이 상할 수 있다. 그리고 선배는 알고 있을 것이다. 후배가 자신에게 무관심하다는 것을.

대화가 힘들었던 상황을 살펴보면 대부분은 상대방에게 관심이 없어서였을 것이다. 대화를 이어지게 하는 힘은 관심이다. 관심이 있으면 질문이 나오고, 그 질문은 상대방을 향하게 마련이다. 대화의 질을 높이고 싶다면 사람에게 관심을 갖자. 그 사람의 생각과 기분, 마음을 궁금해하는 것이다.

모두에게 관심을 가질 필요는 없다

자신이 친해지고 싶고 관심이 가는 사람을 구별해 노력을 기울이자. 타인에게 보이는 관심의 정도가 낮은 사람들이 있다. 이런 사람은 타인에게 없던 관심을 기울이려고 하면 스트레스를 받는다. 나는 스트레스를 늘리는 행동을 권하고 싶지 않다. 노력한다고 관심이 생기지도 않는다.

모두에게 관심을 기울일 필요는 없다. 우리의 인생을 행복하게 하는 건 극소수의 사람이다. 사랑하는 부모님, 영원한 반려자, 둘도 없는 소중한 친구, 평생 따르고 싶은 존경하는 선배, 자랑하고 싶은 멋진 후배, 일하는 기쁨을 선사하는 동료, 가족보다 더 힘이 되어주는 이웃일 것이다. 이들에게 관심을 기울이자. 대화할 때 이들에게 집중하자. 내 인생에서 중요한 사람들에게 모든 마음을 다하자. 노력은 행복으로 보상받을 것이다.

관심 없는 사람은 세상에 널렸다. 친해지고 싶은 마음도 없고, 잘 보이고 싶은 마음도 없다. 사회생활이나 일상에서 그런 사람들과 대화할 때는 세상을 탐구하는 마음으로 '나'를 위해 질문해보면 어떨까? 대화를 통해, 타인을 통해 나를 깊이 알 수 있다. 마치 책을 읽으면 간접적으로 지혜를 얻는 것처럼, 얼마나 세상이 넓고 다양한 사람이 존재하는지 알수록 지식은 확장되고 삶을 이해하는 폭은 넓어진다. 이것이야말로 대화의 참된 가치다.

🔍 Key Point 상대방에게 초점을 맞춰 질문하기

❶ **솔직** 솔직함이 대화를 이어지게 한다.

❷ **대상** '나'를 생각하지 말고, '상대방'을 생각한다.

❸ **관심** 어떻게, 언제부터, 얼마나 관심을 갖게 됐는지 궁금해한다.

❹ **상상** 머릿속에 그림을 그려가며 듣는다.

🏃 Action 자연스럽게 대화를 이어가고 싶은 사람에게

❶ **솔직** "저는 안 해봐서 모르겠는데요. 어떤 점이 재미있어요?"

❷ **대상** "○○ 님은 그걸 할 때 뭐가 특히 재미있어요?"

❸ **관심** "언제부터 재미를 느끼기 시작했어요?"

❹ **상상** "막 짜릿하기도 하고 그래요?"

내 생각을 말하기 전에 이유를 물어보자

일곱 살짜리 조카와 집에서 그림을 그리며 놀고 있을 때였다. 갑자기 먹구름이 몰려오더니 장대비가 쏟아졌다. 조카는 번개가 무섭다면서 숨자고 했다.

> **조카** 으악, 무서워. 고모, 우리 숨자.
>
> **나** 어디로 숨어?
>
> **조카** 이리 와. 책상 밑으로 가자.
>
> **나** 고모는 커서 잘 못 들어가겠어. (조카가 내게 '고모는'이라고 말하라고
>   시켰다.)
>
> **조카** 그래도 들어와. 나 무서워, 으악!

당신이라면 번개를 무서워하는 조카에게 뭐라고 말할 것인가?

이유를 물으면 뜻밖의 말을 들을 수 있다

대부분의 어른은 자신이 살아본 경험에 빗대어 말한다.

"괜찮아. 안 죽어."

"무서워하지 마. 집은 안전해."

자신도 어릴 때 무서워했지만 자라면서 괜찮아졌으니까. 살아보니 번개를 맞고 목숨을 잃을 확률은 희박하다는 것을 아니까. 바깥은 위험할 수 있지만 집은 안전하니까. 그런데 나는 조카에게 이유를 물었다.

나　번개가 왜 무서워?

조카 (귀를 막은 채) 무섭잖아.

나　번개가 치면 어떤 점이 무서워? 번개가 번쩍한 뒤에 나는 천둥소리가 무서운 거야? (정확한 이유를 듣기 위해 구체적으로 묻는다.)

조카 (여전히 귀를 막은 채) 응, 천둥소리가 너무 커. 고모는 귀 안 막아?

나　응, 나는 시끄러운 소리에 잘 안 놀라. 언제부터 무서워했어?

조카 어릴 때부터. (지금도 여전히 어리면서.)

나　그게 몇 살인데? 번개가 칠 때마다 이렇게 책상에 숨었어? 왜?

조카 한 다섯 살 때부터? 엄마도 번개 무서워해. 같이 숨었어.

나　그랬구나. 번개 치면 어떤 생각이 들어?

조카 번개 맞으면 죽잖아. 죽기 싫어!

나　(나는 정말 놀랐다. 꼬마 입에서 '죽기 싫다'는 말이 나올 줄이야.) 죽기 싫어? 죽는 게 무서워?

조카 당연하지. 나는 죽기 싫어!

나 리나는 죽는 게 싫구나! (조카는 자기 이름을 부르는 걸 좋아한다.) 왜
죽는 게 싫어?

조카 죽으면 엄마 아빠 못 보잖아. 죽기 싫어. 오래오래 살 거야.

나 (작은 사람의 살겠다는 굳은 의지에 감탄하며) 그래! 리나는 오래오래
살고 싶구나.

조카 고모는 죽는 게 안 무서워?

나 응, 고모는 안 무서워. 지금 너랑 이렇게 있다가 죽어도 고모는 괜찮아.

조카 (지금 죽어도 괜찮다는 사람을 처음 본 듯한 얼굴로) 뭐? 왜?

일곱 살 아이와 대화가 되는 이유

우리의 대화는 책상 밑에서 계속됐다. 새언니가 "둘이서 뭘 그렇게
종알대냐"고 했다. 조카와 나는 만나면 길게 이야기를 나눈다. 나는
일곱 살짜리 어린아이의 머릿속이 궁금하다. 이 행동은 왜 하는지,
무슨 생각을 하는지, 무엇에 관심이 있는지, 무엇을 잘하고 싶어 하
는지, 무엇을 할 때 가장 재미있는지, 속상할 때는 어떤 기분이 드는
지, 이 아이가 바라보는 세상은 어떤 모습인지 알고 싶다. 오랜 시간
대화하는 우리를 보면서 리나의 부모는 신기해한다.

대화 상대를 궁금해하자. 상대방의 말에 자기 생각을 불쑥 내놓

기 전에 이유를 묻자. 거의 서른 살 차이가 나는데도 조카와 내가 재미있게 대화할 수 있는 것은 서로 이유를 묻기 때문이다. 나는 조카가, 조카는 내가 궁금하다. 또 나는 조카를 존중하고 어린아이 취급을 하지 않는다. 어린아이를 대하는 말투도 쓰지 않는다. 만약 어린아이로만 대했다면 조언부터 했을지 모른다. 물론 성인으로서 아이를 보호하고 세상을 살아갈 지혜를 알려줄 책무가 있지만, 우리는 놀고 있는 상황이다. 놀 때는 친구다. 나는 친구 대하듯 조카를 대한다.

어린 사람으로만 대하면 나의 관점으로 보게 되고, 그러면 말끝마다 조언을 하게 된다. 조언은 상대방이 구할 때 하는 것이다. 묻지 않았는데 말끝마다 조언하면 상대방은 점점 말수가 적어지고 당신과 이야기하기를 피할 것이다. 나를 떠나서 상대방을 개별적인 존재로 대하자. 그래야 대화거리가 풍부해지고 어떤 이야기든 오갈 수 있다.

해결책은 자기가 가장 잘 안다

같이 저녁을 먹기 위해 후배를 만났다. 후배는 만나자마자 일이 쌓여서 힘들다고 하소연했다.

후배 선배! 저 오늘 일이 계속 불어나서 너무 힘들었어요.

나 갑자기 일이 늘었어?

후배 얼마 전에 새로 온 부장이 있는데요. 업무 지시를 명확히 안 내려요.

나 예를 들면?

후배 기획 기사를 이번 주에 쓰라고 해서 썼는데 그 기사를 엎고 새로운 걸 쓰라고 해요.

당신이라면 무슨 말을 할 것인가? "그래서 기사는 썼어? 새로 썼더니 뭐래?", "부장이 처음에는 업무 지시를 어떻게 했는데?", "그 부장은 어떤 스타일이야? 까다로워?"라고 묻는다면 자신이 마치 현장에 있는 것처럼 상황을 듣고 머릿속에 재연해 분석한 다음 해결책을 알려주기 위해서다.

그런가 하면 힘 빠지는 말을 하는 사람도 있다.

"다 지나간다."

"원래 회사에 사람이 새로 오면 초반엔 힘들지. 적응이 필요하겠네."

또 누군가는 맞장구를 치며 묻지도 않은 자기 이야기를 한다.

"나도 예전에 그런 상사가 있었어. 진짜 짜증 나던데."

이후 이어지는 말은 험담일 것이다.

과연 후배가 답을 모를까? 나는 이유를 물어봤다.

나 어떤 점이 힘들었어?

후배 기획 기사는 일주일에 한 개 쓰는 건데 분량이 꽤 돼요. 그런데 그것만 쓰는 게 아니라 매일 5-7개씩 기사를 쓰거든요. 그렇게 바쁜 와중에 쓴

기획 기사인데 그걸 엎고 다른 걸 쓰라는 거예요. 그리고 이 기획 기사를 저만 쓰는 것이 아니고 후배도 쓰는데요. 사실 그 후배가 더 걱정이에요.

나   (후배의 후배도 기획 기사를 쓴다는 새로운 사실을 알게 된다.) 아, 후배도 그 기획 기사를 써?

후배 네, 저는 이제 6년 차니까 빨리 새로 쓸 수 있는데요. 그 후배는 들어온 지 얼마 안 돼서 기획 기사 쓰는 게 어려울 거예요. 자료 조사도 오래 걸렸는데 다시 쓰라니까 괴롭겠죠. 부장이 처음부터 어떻게 쓰라고 잡아줘야 하는데, 그냥 쓰라고만 하니까 답답해요.

나   (후배는 자신의 후배가 걱정돼서 속상한 것이었다.) 상사는 왜 그러는 걸까?

후배 이해는 가요. 국장이 부장한테 맡긴 사업 부문도 있고, 마케팅도 신경 써야 하고, 부장이 오자마자 해야 하는 업무가 진짜 많아요. 자기도 적응하느라 힘들 거예요.

나   다들 일이 많구나. 그러면 앞으로 어떻게 하면 좋겠어?

후배 (조금 고민하더니) 일단 그 부장은 정신이 없을 테니까 다른 선배와 의논해보려고요. 업무 지시를 명확하게 해달라고 요청하려 해요. 후비기 힘들어하는 점을 이야기하고, 기사 쓰는 걸 배울 수 있도록 돕고 싶어요. (후배는 이야기를 하면서 스스로 문제의 원인을 깨달았다.) 저는 입사 초기에 선배한테 재무제표 읽는 법이나 기사 쓰는 방법을 제대로 배웠거든요. 그게 큰 힘이 됐어요. 그런데 지금은 워낙 회사가 바쁘다 보니 후배들이 교육을 받지 못한 채 기사를 작성해서 힘들 것 같아요. 자

기가 하는 게 맞는지 틀린지 그 시기에는 잘 모르잖아요. 내일 오전에

선배한테 만나자고 말해야겠어요.

나 그래, 이야기해봐. 그 선배는 이야기 잘 들어주시잖아.

후배 네, 감사해요. 선배는 오늘 어디서 강의하셨어요?

후배는 혼자서 해법을 찾았다. 처음에는 '새로 온 부장' 때문에 힘들다고 했지만, 이야기하면서 '자기 후배'를 걱정하는 마음이 크다는 것을 알았다. 자신이 선배로서 부장과 후배 사이에서 중간 역할을 해야 하는데 잘 못하는 것 같아 막막했다. 불편한 마음의 정확한 원인을 몰라서 처음엔 부장을 탓했지만, 문제의 근본 원인은 회사의 교육 시스템 부재라는 점을 깨달았다. 원망이 사라지고 해결책을 찾은 후배는 얼굴이 밝아졌다.

후배처럼 고민의 정확한 원인을 잘 모르는 사람들이 있다. 불만이나 걱정이 생기면 찬찬히 자기 마음을 들여다보기 전에 누군가를 원망하는 게 쉽기 때문이다. 그래서 후배도, 후배의 후배도 부장에게 화살을 돌린 것이다. 만약 내가 부장을 욕하거나 부장의 업무 방식에 대해 운운했더라면 어땠을까? 부질없었을 것이다. 무엇보다 고민의 해결책은 당사자가 제일 잘 안다. 우리는 옆에서 스스로 답을 찾도록 안내하는 것만으로 충분하다.

🔍 Key Point 이유를 물어보는 질문법

❶ **긍정** 긍정적으로 질문한다.

❷ **공감** 이유를 묻는 것은 공감하기 위해서다.

❸ **내면** 스스로 답을 찾을 수 있도록 질문한다.

❹ **이해** 나와 다른 사람을 이해하기 위해 질문한다.

🏃 Action 일상에서 가족과 친구에게

❶ **긍정** 미소 지으며 "어떤 생각이 들어?"

❷ **공감** 다른 생각을 인정하며 "왜 그렇게 생각해?"

❸ **내면** 스스로 답을 찾도록 도우면서 "이유가 뭘까?"

❹ **이해** 나와 다른 상대방을 이해하기 위해 "왜?"

'결과'보다 '감정'을 묻는다

한 50대 남성은 초등학교 3학년 아들과 길게 이야기하고 싶다고 했다. 그가 아들과 저녁 식사를 하면서 나눈 대화 내용이다.

아빠 시험은 잘 봤어?

아들 네, 어제 다 끝났어요.

아빠 정답 확인했어? 성적은 잘 나왔니?

아들 네, 평균 점수가 90점 이상이에요.

아빠 어떤 과목이 점수가 제일 높아?

아들 수학이요.

아빠 영어는?

과연 이 대화가 얼마나 오래 이어질까?

대화에 서툰 사람은 결과에 초점을 둔다

그는 아들에게 관심을 표현하려고 최근 본 시험을 주제로 말문을 열었다. 성적이 잘 나왔으면 칭찬을 하고, 못 나왔으면 방법을 알려주려고 했다. 맹세하건대 시험 성적이 나빠도 혼낼 생각은 없었다. 그저 아들과 이야기하고 싶었을 뿐이다. 그렇지만 이런 식의 대화는 오래 할 수 없다. 답이 정해져 있기 때문이다. "시험 잘 봤어?"라고 물으면 "네" 또는 "아니요" 말고 무슨 답을 할 수 있는가. "그 얘기는 하고 싶지 않아요!"라고 짜증을 낼 수는 있겠다.

대화에 서툰 사람은 눈에 보이는 결과나 현상에 관해서 대화를 시도한다. "오늘 뭐했어?", "어디 갔다 왔어?", "밥은 먹었어?"라고 말하는 식이다. 상대방에게 관심을 표현하려고 말을 꺼냈지만, 돌아오는 대답이 짧거나 말투가 무뚝뚝하면 오히려 속상함을 느끼기도 한다.

앞으로는 '감정'에 관심을 두고 물어보자. 감정은 어떤 현상 혹은 일에 대해 일어나는 '마음'이나 '느끼는 기분'을 뜻한다. 감정을 물어보면 대화는 무한대로 연결될 수 있다. 대답이 정해져 있지 않기 때문이다.

한번 생각해보자. 똑같이 시험을 본 반 친구들이 똑같은 감정을 느꼈을까? 아니다. 저마다 다른 감정을 느꼈을 것이다. 어떤 아이는 지루했을 거고, 어떤 아이는 문제가 예상보다 쉬워서 재미있었을 거고, 반대로 어떤 아이는 문제가 어려워서 난처했을 거고, 어떤 아이는 왠지 1등 할 것 같은 예감에 들떴을 거고, 어떤 아이는 시험 끝나고 놀 생각에 마냥 신이 났을 것이다. 정말로 아들의 시험 성적에 관심이 없다면, 진심으로 아들과 친해지고 싶다면 아들의 감정에 초점을 맞추자.

감정에 관심을 갖는 질문

'감정', '마음', '기분', '느낌'이라는 단어를 활용해 이렇게 질문해볼 수 있다.

"시험 문제를 풀 때 어떤 감정이 들었어?"

"시험을 앞두고 공부할 때 어떤 마음이었어?"

"시험을 치르고 나니까 기분이 어때?"

여기에 감정을 표현하는 단어를 덧붙여 물어보면 아들은 조금 더 빠르게 당시의 기분을 표현할 수 있다.

"시험 문제를 풀 때 어떤 감정이 들었어? 재미있었어, 아니면 막막했어?"

"시험을 앞두고 공부할 때 어떤 마음이었어? 즐거웠어, 답답하기도 했어?"

참고로 '감정'의 유의어에는 '생각', '심정'이 있다. 이렇게도 물어볼 수 있다.

"시험 문제를 풀 때 어떤 생각이 들었어?"

"시험 본 친구들이랑 이야기할 때 어떤 심정이었어?"

또 '생각'의 유의어에는 '관심', '바람'이 있다.

"시험을 직접 치러보니까 관심 가는 과목이 생겼어? 그 과목이 잘 맞아? 어때?"

"시험 문제를 풀 때 마음속에 어떤 바람이 있었어?"

이제 감이 오는가? 감정을 물어보는 질문도 줄줄이 만들 수 있다.

이렇게 물어보면 아들은 자신의 감정을 돌아볼 것이다. 감정을 표현하는 질문을 구체적으로 하면, 감정에 관한 이야기를 하지 않던 사람도 어렵지 않게 자기 마음을 이야기할 수 있다. 질문이 중요하다. 어떻게 물어보느냐에 따라서 대답이 달라진다. 항상 무뚝뚝하게 대답하는 사람이 있다면, 자신이 무뚝뚝하게 물어봤을 확률이 높다. 늘 단답형으로 대답하는 사람이 있다면, 단답형 대답을 하도록 질문한 것일 수 있다. 앞으로는 구체적으로 감정을 묻자.

말로 사랑을 표현하는 일

강의를 업으로 하는 나에게 아버지가 묻는다.

아버지 이번 주에는 어디서 강의하니?

나　삼성전자, LG전자, LG유플러스, 구글 스타트업 캠퍼스에 가기로 했고, 몇 곳 더 있어요!

아버지 여러 군데 가네. 하루에 강의를 몇 시간씩 해?

나   강의가 하나면 1-2시간, 많으면 10시간도 해요.

아버지 10시간? 아이고, 밥은 어떻게 하고?

나   사내 식당에서 먹기도 하고, 이동하면서 차에서 김밥 먹기도 해요.

아버지 일도 좋지만, 몸이 힘들지 않아야 한다. 건강 잘 챙겨라.

아버지의 마음을 잘 알고 있다. 아버지는 나를 깊이 사랑하고 위한다. 휴대전화가 없던 어린 시절에 아버지는 매일 직장에서 집으로 전화를 걸어 우리 식구가 밥을 먹었는지 차례로 돌아가며 통화했다. 지금은 가족에게 오늘의 날씨와 주요 뉴스를 보내는 우리 집 통신원이다. 아버지의 사랑 표현 방식이다. 그럼에도 나는 바란다. 아버지가 나의 감정에 관심을 가져주기를.

나는 부모님이 이렇게 물어봐주기를 바란다.

"강의할 때 어떤 점이 즐겁니?"

"10시간 강의를 하면 꽤나 힘들 텐데, 그렇게 열심히 할 수 있는 원동력은 무엇이니?"

"수강생들이 어떤 점을 깨달을 때 가장 행복해?"

"강의할 때는 어떤 점이 힘들어? 아빠한테는 뭐든 말해도 괜찮아."

"우리 딸 힘들게 한 사람은 없었어?"

"강의하기 전에는 어떤 마음으로 임해?"

"끝나면 무슨 감정을 느끼니?"

"좋아하는 일을 해서 그런가? 요즘 얼굴이 참 행복해 보이는데, 맞니? 행복해?"

"요즘에는 언제 가장 행복하니?"

상상만으로도 마음 한구석까지 따스한 볕이 내리쬐는 기분이다. 이렇게 표현하는 게 익숙하지 않은 사람이 많다. 그렇지만 나는 상대방이 원하는 것을 주는 것이 사랑의 올바른 표현 방식이라고 믿는다. 우리는 누구나 사랑받고 싶다. 사랑받고 있음을 느끼고 싶다.

어려워도 노력하자. 익숙하지 않은 표현을 익숙해질 때까지 연습하자. 내가 소중히 여기고 사랑하는 가족이, 사랑하는 연인이 그 말을 바라고 있을 테니 말이다. 말 한마디를 바꾸는 일은 쉽다. 비용이 들지도 않고, 시간이 오래 걸리지도 않는다. 마음먹고 자신이 편하게 해오던 방식을 접고, 상대방의 감정에 관심을 쏟으면 된다. 입술만 떼어 말하면 된다.

"이번 주에 언제 가장 행복했어?"

매번 나에게 이런 질문을 하는 사람이 있다.

"이번 주에 언제 가장 행복했어?"

처음 그 말을 들었을 때 생소했다. 그동안 나의 행복을 묻는 사람이 없었으니까. 그때 뭐라고 답했는지 모르겠지만 그 말을 하면서 행복감을 느꼈던 건 여전히 기억난다. 행복했던 순간을 떠올리니까 곧바로 행복해졌던 것이다. 그는 행복한 이야기를 듣더니 "오, 정말? 잘됐다! 진짜 축하할 일이다! 정말 행복했겠다. 나도 기뻐"라고 말했다.

그는 이어서 "스트레스를 받는 일도 있어?"라고 묻는다. 한번은 내가 "세탁물이 쌓여서 스트레스를 받아. 세탁소에 갈 시간이 없어서 계속 빨랫감이 쌓이고 있는데 볼 때마다 스트레스야"라고 했더니 그는 어이없어하면서 "옷이 많아서 그래. 버려"라고 했다. 어머나! 나는 한 번도 내가 가진 옷이 많다고 생각한 적이 없었다. 집으로 돌아가서 옷장을 가볍게 비웠고, 세탁소에 맡길 옷보다 세탁기에 돌릴 옷을 자주 입었다. 지금은 세탁소 앱을 이용해 세탁물을 그때그때 치운다. 고민 해결!

그를 만나면 항상 기분이 좋다. 그리고 고맙다. 행복을 되새기고 스트레스를 풀게 해주니까. 나의 감정을 소중히 여겨주니까. 나는 그때부터 이 방법을 사람들에게 알린다. 최근에 알게 된 사람과도 커피를 마시면서 "이번 주에 언제 가장 행복하셨어요?"라고 물었다. 그는 "지금이요. 그러게요. 지금이 가장 여유로워서 행복하네요"라고 답했다. 나는 "그러면 이 행복을 더 즐기세요"라고 했다. 소중한 사람에게 시도해보라. 그리고 진심으로 함께 행복을 기뻐하고 스트레스를 풀도록 인도하자.

🔍 Key Point 감정에 관심을 갖고 질문하기

❶ 과정 결과보다 과정에 주목해 물어본다.

❷ 기쁨 무엇을 할 때 기쁜지 물어본다.

❸ 힘듦 무엇을 할 때 힘든지 물어본다.

❹ 감정 기분, 느낌, 마음, 생각을 물어본다.

🏃 Action 소중한 사람에게

❶ 과정 "그걸 할 때 어떤 기분이었어?"

❷ 기쁨 "기뻤던 적은 언제야?"

❸ 힘듦 "힘들었던 적은 언제야?"

❹ 감정 "그럴 땐 어떤 감정이 들어?"

꼬치꼬치 캐묻는 대신 더 나은 질문을!

이야기하다 보면 꼭 짜증 나게 하는 사람이 있다. 꼬치꼬치 캐묻는
사람이다.

> 임원 강의하기 전에는 무슨 일 했어요?
>
> 나 　아나운서도 하고, 쇼호스트도 하고, 기자도 잠깐 했어요.
>
> 임원 방송을 오래 했나 봐요?
>
> 나 　네, 14년 정도 됐네요.
>
> 임원 일을 일찍 시작했어요?
>
> 나 　네, 학교 졸업하고 얼마 안 돼서 시작했어요.
>
> 임원 아나운서는 어디서 했어요?

내 강의를 듣게 된 어느 기업의 임원이 나를 취조하듯 질문을

퍼부었다. 그는 직원들과 소통을 잘하기 위해서 나와 일대일 수업을 하는 중이었다. 그는 조직 문화를 개선하기 위해 신입 직원과 둘이서 점심을 먹거나 연차가 낮은 직원들과 저녁 식사 자리를 종종 갖는다. 자신은 직원들과 대화할 때 편한데, 직원들은 자신을 어려워하는 게 느껴진다고 했다. 그래서 나는 나를 직원이라고 생각하고 질문을 해보라고 했다. 1분 만에 직원들의 마음을 이해했다.

그에게 진짜 하고 싶었던 말이 무엇이냐고 물으니 그가 이렇게 대답했다.

"선생님이 쓴 책을 읽어보니 말하기에 대해 상세하게 공부한 게 보였어요. 상당 기간 공부해서 아나운서가 됐을 것 같다는 생각이 들었고, 그랬다면 아나운서로 합격했을 때 정말 기뻤을 것 같아서 물어본 거였어요."

나는 이렇게 말했다.

"그런 마음이 전혀 안 느껴졌어요. 저의 경력을 확인하는 질문이었어요. '내가 배워도 되는 사람인지 살펴봐야겠어' 하는 것 같달까요?"

답이 정해진 질문이 주는 반감

'상대'에 초점을 맞추지 않고, 상대와 관련한 '사실'에 초점을 맞추면 꼬치꼬치 캐묻는 질문이 된다. 이런 질문은 답이 정해져 있다. 사실을 말하거나 말하지 않는 것이다. 대답이 정해져 있는 질문을 심리학에서는 '닫힌 질문'이라고 표현한다. 닫힌 질문은 한정적인 답을 이끌어낼 수밖에 없어서 질 낮은 대화로 이어진다. 자신은 상대방에게 관심이 있어서 질문한 것이어도 의도와는 달리 '너를 확인하겠어'라고 인식되면 반감만 일으킬 뿐이다. 한 연인의 대화를 보자.

여친 와, 오늘 월급 들어왔다!

남친 그래? 얼마 들어왔어?

여친 지난달보다 많이! 성과급도 포함됐어. 맛있는 거 먹으러 가자!

남친 성과급? 몇 퍼센트나 들어왔어? 회사 사람들 다 주는 거야?

여친 200퍼센트. 전 직원이 다 받았을 거야. 이번에 회사 실적이 꽤나 올랐거든.

남친 그러니까 정확히 얼마를 받았는데?

여친 아니, 아까부터 왜 자꾸 그런 걸 물어봐? 내가 돈을 못 벌면 안 사랑할 거야?

남자친구는 여자친구와 관련한 '사실'에만 관심을 둔 채 질문하고 있다. 그래서 처음엔 기분 좋은 소식을 함께 나누려던 여자친구는 순식간에 기분이 나빠지고 말았다. 어떻게 하면 꼬치꼬치 캐묻는 질문을 좀 더 나은 질문으로 바꿀 수 있을까?

기분 나쁜 질문이 되지 않으려면

나와 관련한 '사실'에 관심을 두는 질문을 연달아 들으면 기분이 나쁘다. 그 사실이 사라진다고 해도 나는 나로서 존재하기 때문이다. 더 주목할 건 그 사실은 '내'가 만들었다는 것이다. '내'가 관심받고 싶지, 내가 만든 '사실'이 관심받는 게 마음에 들지 않는다. 여자친구는 맛있는 거 먹으러 가자며 '기쁨'을 표현했다. 월급에 성과급까지 더해져 '자존감'이 상승하고, 회사에서 인정받은 '기쁨'과 '성취감'을 느끼고 있다. 이런 '사람'에게 초점을 맞춘 대화가 필요하다.

> 여친 와, 오늘 월급 들어왔다!
>
> 남친 그래? 얼마 들어왔어? (닫힌 질문으로 시작했다면 이어서 열린 질문을 한다.)
>
> 여친 지난달보다 많이! 성과급도 포함됐어. 맛있는 거 먹으러 가자!
>
> 남친 성과급까지? 와, 축하해. 멋지다. 열심히 일한 보람이 느껴지겠다.
>
> 여친 응, 200퍼센트나 들어왔어! 나만 받은 건 아니고 직원들 다 받았어. 회사 실적이 꽤나 올랐거든.
>
> 남친 그럼 다들 기분 좋겠다. 내일 출근하면 회사 분위기가 되게 화기애애할 것 같은데?
>
> 여친 맞아. 다들 밤낮없이 일하긴 했으니까. 뭐 먹을까? 자기가 좋아하는 대게 사줄게! 배불리 먹자!

질문한 다음에는 진심을 말하기

꼬치꼬치 묻지 않아도 상대방은 기분이 좋으면 알아서 다양한 이야기를 말할 것이다. 기분이 좋아야 대화가 하고 싶어진다. 그리고 그 기분에 관심을 가지고 대화하는 사람은 특별하다.

꼬치꼬치 질문하는 사람 중에는 부모님을 빼놓을 수 없다. 부모로서 어린 자녀에게 "학교 갈 준비 다 했어? 가방은 다 쌌고? 준비물은?", "시험 공부 다 했어?", "이 닦았어?", "잘 준비해야 착한 어린이지?" 같은 말을 물론 할 수 있다. 그럼에도 꼬치꼬치 묻는 느낌을 주지 않으려면 진심을 덧붙이자.

"학교 갈 준비 다 했어? 엄마는 우리 딸이 알아서 척척 자기 일을 하는 어린이로 자라는 게 정말 기특하게 느껴져."

"시험 공부 다 했어? 뭐든 할 수 있는 만큼 최선을 다하면 결과가 어떻든 후회는 없어. 아빠는 우리 아들이 언제나 후회 없는 선택을 하기를 바라."

"이 닦았어? 엄마 눈에는 너의 치아 하나, 털끝 하나까지 다 소중하고 사랑스러워. 그러니 너도 자신을 사랑하고 아껴주면 좋겠어."

진심을 전하면 혹여나 멀어진 사이도 다시 돈독해질 것이다.

🔍 **Key Point** 꼬치꼬치 캐묻지 않는 질문법

❶ **초점** 상대와 관련한 '사실'보다 '상대'에게 초점을 맞춘다.

❷ **기분** 그 사실을 이룬 '상대'의 기분에 관심을 둔다.

❸ **솔직** 궁금한 것을 물어본다.

❹ **진심** 상대가 오해하지 않도록 진심을 표현한다.

🏃 **Action** 글을 쓰는 친구에게

❶ **초점** "너는 글을 쓰면 뭐가 좋아?"

❷ **기분** "글을 쓰고 나면 기분이 어때?"

❸ **솔직** "베스트셀러가 아니면 책으로 버는 수입은 크지 않지?"

❹ **진심** "그런데도 오랫동안 정성껏 글 쓰는 작가들이 나는 신기하고 대단해.

　　 그 마음이 궁금해."

사랑하는 사람에게 물어볼 것

자연스럽게 만난 남녀가 서로를 탐색하며 대화를 나눈다.

남성 어떤 스타일을 좋아하세요?

여성 전 잘 웃는 사람이 좋아요. 화나도 허허 웃는 사람이요. 당신은요?

남성 저도 밝은 사람이 좋아요. 자기 일 뚜렷하고, 부모님이 가까운 곳에 사는 분이면 좋겠어요.

여성 부모님이 가까운 데에 살아야 한다고요? 왜요?

남성 결혼해도 멀리 운전해서 가지 않아도 되잖아요. 자주 만날 수 있고요.

여성 와, 결혼을 염두에 두고 만나는군요.

남성 그럼요. 결혼할 나이잖아요.

여성 결혼할 나이라는 게 정해져 있을까요? 연애하다 보면 결혼하고 싶어지는 거 아닌가요?

이들은 과연 연인으로 발전할 수 있을까?

사랑에 조건은 무색하다

사람 일은 모르니 두 사람의 관계가 잘될지에 대해 할 말은 없다. 그렇지만 분명한 건 대화의 초기 목적을 벗어나 둘은 생각하는 게 서로 다르다는 점을 알아가고 있다. 좋아하는 조건을 이야기하면서 상대가 맞는 사람일지, 내 생각에 호감을 가질지, 이런 말을 하는 나를 괜찮게 여길지 은근슬쩍 떠보고 있다. 차라리 목적을 달성하려면 마음을 드러내는 편이 낫지 않을까? 당신에게 관심이 있다고, 더 알아가고 싶다고 말이다.

이 남녀의 대화에는 맹점이 있다. '어떤 스타일을 좋아하는가'라는 질문은 '조건 맞추기'에 불과하다. 그 조건이 사라지면 어떻게 할 것인가? 연인의 부모님이 가까운 곳에 살고 있었는데, 어느 날 느닷없이 해외로 이주하거나 지방으로 이사 가면 그때는 어쩔 것인가? 자기 일을 뚜렷하게 하는 사람인 줄 알고 믿었는데, 알고 보니까 자기가 잘하고 좋아하는 게 뭔지 몰라서 남들이 하는 대로 취직했다가 문득 정체성을 찾고 싶어서 직장을 관두면 어쩔 것인가?

실제로 이런 사람이 주변에 대단히 많다. 조건은 변한다. 사람은 살아 있기 때문이다. 성격도, 모습도, 건강도, 생각도, 감정도 시시각각 달라진다. 바라던 조건에 부합하는 사람인 줄 알고 만났다가 실망하는 이유는 자신이 생각하는 이상에 어긋나는 사람이기 때문이다. 그게 과연 상대방의 잘못일까? 자신이 만든 허상은 아니었을까? 그러니 나는 마음에 드는 사람에게 자기가 생각하는 조건을 들이밀지 말라고 말하고 싶다. 머릿속에 만든 조건이라는 개념을 없애라고 조언하고 싶다.

게다가 처음에 섣불리 조건을 말하면 오해가 생긴다. 서로의 언어가 다르기 때문이다. 여성이 말한 '화나도 허허 웃는 사람'과 남성이 말한 '밝은 사람'이 과연 같을까? 여성은 화의 임계점이 아주 낮고 화났을 때도 허허 웃으며 넘어가는 사람을 원한다. 반면 남성은 평소에도 명랑하게 웃으면서 사람과 원만하게 어울리고 미소가 환한 사람을 원한다. 하지만 통역사가 붙으면 모를까, 단번에 서로의 언어를 이해하기란 불가능하다. 그리고 자신만의 조건을 늘어놓으면 '깐깐한 사람'이라는 낙인이 생길 수 있다.

"당신은 무엇을 견딜 수 없나요?"

알랭 드 보통은 《낭만적 연애와 그 후의 일상》에서 연인으로 시작해 결혼하고 아이 낳고 살아가는 부부를 그리며 사랑에 대해 고찰했다. 인상적이었던 부분은 주변에 수많은 커플이 이혼하는데 왜 우리는 정작 이혼한 이유에 관심을 갖지 않느냐는 것이다. 사랑의 시작, 그러니까 "둘이 어떻게 만나게 됐어요?"와 같은 질문은 잘하지만, 그 이후의 삶에 관해서는 왜 알아보려고 하지 않느냐는 것이다. 사랑의 결말은 '결혼'이 아니고, '사랑의 지속'일 테니까.

그렇다면 사랑을 지속하는 힘은 무엇인지 알아야 하지 않겠는가? 오랫동안 사랑하고 싶은 사람이 있다면 갈라선 부부는 무슨 이유로 헤어지게 됐는지 공부해야 하지 않을까? 이 사람의 어떤 점이 좋고 어떤 점이 마음에 드는지가 아니라, 사랑의 지속을 방해하는 것을 탐구해야 한다는 말이다. 우리는 우리가 차마 용서할 수 없는 것, 도저히 견딜 수 없는 아픈 행동을 상대방이 했을 때 헤어질 결심을 한다.

그러니 질문을 바꿔야 한다. "당신은 무엇을 좋아하나요?"가 아니라 "당신은 무엇을 견딜 수 없나요?"라고 말이다. 거짓말을 하는 사람이 싫다고 하면, 왜 싫은지, 어느 정도를 거짓말이라고 여기는지, 왜 거짓말을 싫어하게 됐는지, 거짓말하는 사람을 보면 어떤 감정이 드는지 자세히 묻는 것이다. 그것은 내가 당신의 슬픔과 아픔을 이해하고 그런 행동을 앞으로 결코 하지 않음으로써 당신 곁에 오래 머물고 싶다는 결연한 고백인 셈이다.

사랑하는 이의 슬픔과 아픔을 알기

《낭만적 연애와 그 후의 일상》에서 남편은 타 지역으로 3박 4일 출장을 간다. 둘이 떨어져 있게 되자 남편은 아내가 무척 그리워서 일을 마치고 전화를 건다. 그런데 아내의 목소리가 왠지 모르게 시큰 둥하다. 전화를 끊기 전에도 보고 싶고 함께 있고 싶다고 말해도 아내는 무뚝뚝한 목소리로 대꾸할 뿐이다. 남편은 자신의 마음을 몰라주는 아내로 인해 상처를 받는다. 하지만 말투가 왜 그러냐고 묻지 않는다. 한마디 해봤자 싸움만 일어날 테고 출장까지 와서 싸우기는 싫었다.

아내는 왜 그랬을까? 어렸을 때 아버지가 일곱 살이던 자신을 두고 떠났다. 잠시 나갔다가 돌아올 줄 알았지만 그 후로 영영 오지 않았다. 이 일로 아내는 곁에 있다가 떠나는 사람에 대한 트라우마가 생겼다. 아내는 과거에 아버지로부터 받은 상처가 남편의 출장과 이어질 거라고는 예상하지 못했다. 남편의 출장으로 자기도 모르게 슬프고 불편한 기분이 들었다. 하지만 출장 갔다가 돌아올 남편에게 그런 마음을 내색하고 위로받으면 미숙한 사람처럼 보일 것 같아 눈물이 나도 말하지 않았다.

그러나 이런 감정과 감정이 기인한 사실을 말하지 않으면 어떻게 상대방이 짐작이라도 하겠는가. 몇 년 동안 사랑을 나누고, 밥을 먹고, 이야기하고, 같이 사는데도 모르는 사실이 얼마나 많은가. 우리는 대개 상대방의 커다란 장점에 반해 사랑에 빠진다. 그리고 그 장점은 자신의 슬픔과 아픔과 관련 있기도 하다.

가령 착실하게 직장을 다니고 업무 외에 별다른 취미 생활을 하지 않는 30대 남성이 있다. 그를 매력적으로 여기는 여성은 아버지가 사업을 하면서 매일 늦은 밤까지 술을 마시고 들어왔다. 어머니는 그런 아버지 곁에서 외롭고 쓸쓸했다. 그래서 이 여성은 '사업가는 절대 만나지 않을 거야'라는 비장한 각오를 오래전부터 했다. 누군가에게는 재미없어 보이는 남성이지만, 이 여성에게는 사랑에 빠질 만한 매력인 것이다.

그런데 직장을 잘 다니면서 사업을 하진 않아도, 어느 날 난데없이 '스키'에 빠져서 강원도 대관령으로, 일본 삿포로로, 캐나다 휘슬러로 떠나며 취미 생활을 활발히 할지도 모른다. 그러면 이 여성은 예전 어머니처럼 쓸쓸하고 외로운 기분을 느낄 것이다. 자신의 선택을 후회할 수 있다. 그러기 전에 서로 말해야 한다. 나는 '사업'이 싫은 게 아니라 '혼자 남겨지는 외로움'이 싫다고 말이다. 자신이 무엇에 강한 슬픔을 느끼는지 말해야 한다. 마치 토해내듯 가슴에 쌓인 응어리를 꺼내고 나면 내 안에 무엇이 있었는지 대면하게 된다.

우리는 사랑하는 사람의 슬픔과 아픔을 연구할 필요가 있다. 이것은 사랑하는 마음을 표현하는 가장 선량한 방법일 것이다. 우리는 바란다. 사랑하는 사람이 힘들 때 안아주고, 아플 때 보살펴주고, 넘어졌을 때 손 내밀어주기를, 슬플 때 힘이 되어주기를 말이다. 그렇디면 슬픔의 출발점이 무엇인지 듣고, 나는 어떻게 그 사람을 위로할 수 있는지 보여주자. 인생을 함께하고 싶은 사랑하는 사람을 만났다면 조건을 내려놓고 마음으로 다가가자.

❶ **고백** 진심을 숨기지 말고 고백한다.

❷ **슬픔** 어떤 것에 슬픔을 느끼는지 궁금해한다.

❸ **이유** 당신을 슬프게 하고 싶지 않다고 선언한다.

❹ **용기** 슬픔을 감당할 수 있는 용기를 낸다.

🏃 **Action 사랑하는 사람에게**

❶ **고백** "당신을 더 알고 싶어요."

❷ **슬픔** "어떨 때 슬픔을 느끼나요? 최근에 울었던 적 있어요?"

❸ **이유** "나는 당신을 슬프게 하고 싶지 않아요. 그래서 알고 싶어요."

❹ **용기** "슬플 때 내가 곁에 있고 싶어요. 조금이라도 위로가 되고 싶어요."

질문에 숨은 진심을 찾는 질문

학부모에게 난감한 질문을 받았을 때 어떻게 대처하면 좋을지 묻는 교사가 있었다. 교사는 개인 정보를 묻는 질문에 일일이 답하기 싫지만, 답하지 않으면 분위기가 싸늘해져 곤혹스럽다고 했다.

학부모 선생님은 올해 몇 살이세요?

선생님 아, 서른두 살이요.

학부모 그럼 결혼은 했어요?

선생님 네.

학부모 그래요? 남편은 뭘 하는 분이세요?

선생님 아, 그냥 회사원이에요.

학부모 남편 직장은 어디예요?

질문에 질문을 던지자

보통 질문을 받으면 대답을 하려고 한다. 대답하기 곤란하고, 그런 질문을 한 사람에게 기분이 상하는 이유는 바로 대답하려고 해서다. 무슨 말이냐면, 바로 대답하지 않으면 곤란한 상황도, 기분이 상할 일도 일어나지 않는다. 이런 상황에서는 대답하는 대신 상대방에게 다시 질문하자. 그러면 상대방이 진짜로 궁금해하는 것을 알 수 있다. '왜 물어보는지' 질문하는 것이다.

> 학부모 선생님은 올해 몇 살이세요?
> 선생님 왜요, 학부모님? 제 나이가 왜 궁금하세요?
> 학부모 선생님이 생각보다 어려 보여서요. 우리 딸이 천방지축이라 감당이
> 되려나 노파심에 여쭤봤어요.

학부모는 선생님보다 자신의 아이에게 더욱 관심이 크다. 어쩌면 선생님 자체는 안중에도 없을 수 있다. 선생님의 나이를 물어본 이유는 자신의 아이를 잘 맡아 교육할 수 있는 사람인지 궁금해서일 것이다. 왜냐면 자신은 어릴 적 50~60대 선생님에게 지도를 받으며 커서 상대적으로 젊은 선생님에 대한 신뢰가 낮을 수 있다. 게다가 아이가 말괄량이일 경우에는 바르게 통솔해줄 교사를 원할 것이다. 그렇다면 이 학부모는 선생님의 나이가 궁금한 게 아니라 아이를 올바르게 지도해줄 사람인지가 궁금한 것이다. 선생님은 자신의 나이

를 물어본 게 아니기 때문에 기분이 상할 일이 사라진다.

　질문의 의도를 정확히 간파하면 그 질문에 맞는 대답을 하면 된다. 이 학부모에게는 나이 대신 자신을 신뢰할 만한 경험에 초점을 맞춰 이야기한다.

　"걱정하지 마세요. 제가 동안이긴 해도 교육 분야에서 탄탄한 경험을 쌓아왔어요. 이전에는 남자 중학교에서 6년간 담임을 맡기도 했고요. 제가 맡은 반 학생들은 착실하게 학교를 다니고 시간이 흐를수록 더 즐겁게 학업을 이어갔어요. 그런 모습을 지켜보는 재미가 커요. 이번에도 자신 있습니다. 그러니 안심하세요."

"어떤 게 궁금하세요?"

시어머니는 만날 때마다 남편에게 미국 지사로 발령받는지 묻는다. 가뜩이나 신경 쓰고 있는데, 오랜만에 만나서 쉬고 싶은 날 이런 소리를 들으니 남편이 불쌍하고 시어머니가 야속하다.

　시어머니 이번에는 미국 지사로 가는 거니?

　아들　　　(흠칫 놀라며) 아직 결과가 나오기 전이에요.

　시어머니 잘돼야 할 텐데. 결과는 언제 나와?

　아들　　　(기가 죽어서) 곧 나올 거예요.

　시어머니 작년에는 안 됐으니까 올해는 되지 않겠어?

며느리   (어머니를 부엌으로 데리고 가서) 어머니, 그이가 스트레스를 많이
        받고 있어요. 결과 나오면 알려드릴게요. 그 전까지는 안 물어보시
        면 안 돼요? 아들 마음 좀 헤아려주세요.

며느리가 이렇게 말한 뒤로 시어머니는 한 번도 아들의 미국 발
령을 언급하지 않았다. 심지어 대화 자체가 줄었다. 아들 내외의 심
기를 불편하게 할까 싶어서 시어머니는 입을 닫았다.

"어떤 게 궁금하세요?"라고 물어보자. 질문에 숨은 의도를 찾아
내면 대화가 유쾌해진다. 상대방의 진심도 발견할 수 있다. 이 땅에
는 대화를 능숙하게 하는 데 서툰 사람이 많다. 시어머니도 마찬가
지다. 지난번 만난 후로 아들 부부에 대해 들은 소식이 없고, 그때
나눈 이야기인 '미국 지사 발령'을 꺼낸 건지도 모른다. 어쩌면 시어
머니는 "잘 지내고 있니? 어떻게 지내고 있어?"라고 살갑게 묻고 싶
은데, 이런 말을 해본 적이 없어서 다르게 말하는 것인지도 모른다.

"이번에는 미국 지사로 가는 거니?"라는 질문에 바로 대답하지
않고 "어떤 게 궁금하세요?"라고 물으면 시어머니의 진심을 들을 수
있다.

"미국 가면 자주 보지 못할 테니까 마음의 준비를 하고 있으려
고 물어봤지."

"너희가 바라는 것이었으니까 잘되기를 응원하는 마음으로 석
달째 아침마다 기도하고 있거든. 내 기도가 통했는지 궁금해서 물어
봤어."

"나는 그냥 안 갔으면 싶어서. 한국이 얼마나 안전해. 너희가 원하면 어쩔 수 없지만, 나는 미국이고 뭐고 너희가 안전하고 행복하게 사는 것 말고 바라는 게 없어."

시어머니의 마음은 시어머니만 안다. 아들 부부를 사랑하고 걱정하고 위하는 마음이 깔려 있을 것이다. 그런 마음으로 물은 질문에 우리는 들리는 대로 대답한다. 소통이 원활하지 않고 마음이 어긋나는 대화가 이어지는 이유다. 관계를 잘 이끌어가기 위해서는 질문의 표면 밑에 숨어 있는 의도를 찾아내자.

무례한 질문이 아닐 수 있다

이슬아 작가는 《끝내주는 인생》에서 강연 후 한 할머니와 나눈 대화를 들려준다.

"나는 정말로 물어보고 싶은 게 있어요. 작가님이 결혼을 할까? 아이를 낳을까? 엄마가 될까? 그런 게 너무 궁금해요, 나는."

요즘은 이런 질문을 잘 하지 않는 분위기라 그 자리에 있던 사람들은 웃는다. 작가가 할머니에게 장난스레 여쭤본다.

"제가 어떻게 하면 좋으시겠어요?"

할머니는 이렇게 대답한다.

"작가님이 꼭 결혼하면 좋겠어요. 애도 낳고요. 그럼 또 얼마나 삶이 달라지겠어요? 그럼 또 얼마나 이야기가 생겨나겠어요? 나는

요, 계속 달라지는 작가님의 이야기를 오래오래 듣고 싶어요."

작가의 눈시울이 벌게진다. 누군가가 자신의 이야기를 그토록 오래 듣고 싶어 하는 것이 너무 고마워서 말이다.

무례하게 여겨지는 질문들이 있다. 만나는 사람이 있는지, 결혼은 했는지, 아이는 있는지, 회사는 어디인지, 학교는 어디 나왔는지 하는 질문들. 과거의 유물처럼 예스럽게 취급받는 질문들이다. 자칫 이런 질문을 하는 사람을 두고 시대에 뒤떨어진 사람이라며 비웃기도 하고, 회사에서는 이런 질문을 하는 사람에게 핀잔을 주거나 하지 말라고 교육한다.

이런 분위기가 팽배해진 건 개인사를 안 뒤 색안경을 끼거나 악용하는 사람들 때문일 것이다. 정시에 퇴근하는 사람에게 "애인 만나러 가나 봐", 결혼한 사람에게 비아냥거리면서 "가족 건사하느라 회사는 뒷전인가 봐. 실적이 뚝뚝 떨어졌네", 유능한 후배를 못마땅하게 여겨서 "어디 그 학교 안 나온 사람은 선배로도 안 보이나 보지?"라고 말하는 몰지각한 사람들을 겪으며 우리는 프라이버시를 강조하는 사회에서 개인사를 묻지 않는 게 예의가 되어버렸다.

특정한 질문을 금기시하는 건 관계가 가까워지는 것을 가로막는다. 감정 자체에 옳고 그름이 없는 것처럼 질문 자체에도 옳고 그름이 없다. 만약 특정한 질문에 자극을 받는다면 내가 무언가를 신경 쓰고 있는 것일 수 있다. 어쩌면 내가 하는 고민을 상대방이 정확히 겨냥한 것에 기분이 상해서 상대방을 무례하다고 비난하는 것일지도 모른다.

한번 생각해보자. 정말로 개인사를 아는 것이 우리를 불행하게 하는 역할을 할까? 서로의 사정을 알고 배려하고 이해하는 사람이 늘수록 우리는 행복에 더욱 가까워지지 않을까? 어떤 이야기도 자연스럽게 할 수 있는 사이, 무슨 질문을 해도 상대방의 의도를 왜곡하지 않고 대화할 수 있는 사이가 우리를 행복하게 할 거라고 나는 믿는다. 질문에 숨은 진심을 발견하는 사이가 되자.

🔍 Key Point 질문에 숨은 진심을 찾는 방법

❶ **묻기** 타인의 질문에 바로 답하는 대신 질문을 한다.

❷ **진심** 질문한 마음을 궁금해한다.

❸ **의도** 무엇이 궁금한지 물어본다.

❹ **판단** 무례한 질문으로 여기지 않는다.

🏃 Action 난감한 질문에 질문으로 응수하기

❶ **묻기** "어떤 게 궁금하세요?"

❷ **진심** "무엇이 궁금해서 물어보신 거예요?"

❸ **웃기** 미소를 지으면서 묻자.

❹ **판단** 상대방의 의도를 단정하지 말자.

스스로 경청하지 못하는 사람이라고 여기지 말자. 누구
나 좋아하지 않는 사람과 대화를 나누면 힘들다. 그러나
대화를 나누기 싫은 누군가가 있을 뿐, 대화 자체를 싫어
하는 사람은 없다.

2장

잘 들으면
관계가 술술 풀린다

말을 잘 들어준다는 의미

등산은 나의 취미다. 경청을 잘하지 못하는 사람은 나와 이런 식으로 대화한다.

기억 취미가 뭐예요?

나   등산이요.

기억 등산이요? 저도 좋아해요. 어느 산에 자주 가세요?

나   북한산이나 한라산에 자주 가요.

기억 와, 한라산 만만치 않은데. 저도 5년 전에 회사 팀원들이랑 백록담에
      갔어요. 성판악인가, 그 코스로 올라갔는데요. 처음엔 괜찮았어요. 땅
      이 평평하고 신기한 식물도 많고요. 이름이 뭐더라? 근데 암튼 가도 가
      도 끝이 안 나와요. (어쩌고저쩌고……)

자기가 물어보고 자기가 말을 더 많이 한다. 상대방을 알기 위해 취미를 물었으나, 이야기를 들으면서 떠오른 자신의 재미난 일화를 떠들어댄다. '등산이 취미'라는 사실로 과연 나에 대해 무엇을 알까? 이 단순한 정보 하나로 뭘 안다고 자기 차례라고 생각하며 이야기를 늘어놓을까? 상대방이 등산을 왜 하는지, 어떻게 하게 됐는지, 등산할 때 어떤 기분인지, 계곡을 따라 오르는 걸 좋아하는지, 능선을 따라 오르는 걸 좋아하는지, 등산 갈 때 어떤 마음으로 가는지 알 수 있을까?

이런 모습은 경청을 모르는 사람들이 자주 보이는 행동이다. 그들은 자기 이야기를 하느라 상대방의 이야기를 듣지 않는다. 우리 주변에는 제대로 경청하는 법을 모르는 사람이 많다. 원하지 않은 조언을 하는 사람, 자기 이야기를 하느라 바쁜 사람, 우리 사이에 이정도도 들어주기 힘든가 싶은 사람, 내 말보다 스마트폰을 더 소중하게 여기는 사람, 들어주는 척하는 사람, 듣기 힘들다고 그만 말하라고 하는 사람. 왜 우리는 경청이 어려울까?

자기 눈으로만 세상을 바라보면

지하철에서 두 아이가 천방지축으로 돌아다니며 장난을 쳤다. 아이들의 아버지는 신문을 읽고 있었다. 승객 중 한 여성이 아버지에게 핀잔을 놓았다.

"애들을 버릇없이 키우실 거예요? 공공장소에서 떠드는데 말리셔야죠. 멀뚱히 신문만 읽고 있으면 어떻게 해요? 여기에 있는 사람들이 피해 보잖아요."

"죄송합니다. 오늘 애들 엄마 장례 마지막 날이었어요. 발인을 하고 와서 저도 아이들도 온전한 정신이 아닌가 봐요. 죄송합니다. 얘들아, 앉아."

《성공하는 사람들의 7가지 습관》의 저자 스티븐 코비가 직접 겪은 일이다. 내가 그곳에 있었다면 어땠을까? 나도 그 가족을 불편해 했을 것이다. 사정이 있을 거라고 짐작하지 못한 채, 아니 이해해보려는 노력은 조금도 하지 않은 채 불만을 품고 떨떠름한 표정으로 눈치를 줬을 것이다. 그러고 보니 유사한 일들이 있었다. 지하철에서 큰 소리를 내는 사람, 자면서 스르륵 기대는 사람, 급하게 뛰어나가면서 부딪치는 사람을 불편해했다. 다들 사정이 있었을 텐데 말이다.

우리는 자신이 살아온 경험으로 세상을 바라본다. 대화도 마찬가지다. 상대방의 이야기를 듣고, 자신의 경험으로 판단하고 조언하고 때로는 비난한다. 화제의 중심에는 상대방이 아닌 내가 있다. 상대방이 현재 어떤 감정인지, 무엇을 원하는지 알려고 하지 않는다. 그저 자신의 경험을 바탕으로 조언한다. 자신이 살아온 세상이 전부이고 진리라는 듯이, 상황을 예단한 뒤 멋대로 해결책을 제시한다. 자신의 경험으로 보면 별일 아닌 일로 불평한다는 생각이 들어 가볍게 넘기라는 말도 한다.

경청은 공감에 머무르는 것

마셜 로젠버그의《비폭력 대화》에 이런 구절이 있다.

"공감이란 다른 사람이 경험하고 있는 것을 존중하는 마음으로 이해하는 것을 말한다. 인간관계에서 공감은 우리가 다른 사람에 대해 가진 선입견과 판단에서 벗어난 후에야 비로소 가능해진다. 지금 이 순간에 반응할 수 있는 능력, 바로 당신의 존재 그 자체를 요구한다. 우리는 공감하는 대신 상대방을 안심시키고 조언을 하고 싶은 강한 충동을 느끼거나, 우리의 견해나 느낌을 설명하려는 경향이 있다. 이와 달리 공감은 상대방이 하는 말에 우리의 모든 관심을 집중하는 것이다. 그리고 상대방이 자신을 충분히 표현하고 이해받았다고 느낄 수 있는 시간과 공간을 주는 것이다. (중략) 공감의 열쇠는 바로 우리의 존재다. 그 사람 자신과 그 사람이 겪는 고통에 온전히 함께 있어주는 것이다."

경청은 공감에 머무르는 것이다. 경청은 자신의 눈으로만 세상을 바라보지 않는 것이다. 상대방의 이야기를 들으면서 자신의 과거로 돌아가 이야기를 재구성해 상황을 분석하거나 평가하지 않는 것이다. 자신의 머릿속으로 들어가 옳고 그름을 판단하거나 조언하거나 해결하지 않는 것이다. 자신의 마음으로 들어가 위로하거나 어떤 기분으로 반응할지 선택하지 않는 것이다. 온전히 상대방에게, 상대방의 마음에, 상대방의 곁에 있어주는 것이다. 한마디로 경청은 나의 존재 자체로 공감에 머무르는 것이다.

경청이 꼭 필요한 순간

김호연 작가의 《불편한 편의점》에는 편의점 점장 오 여사와 직원 독고의 대화가 나온다. 오 여사는 잘 다니던 대기업 직장을 관두고 방에 틀어박혀 게임만 하는 아들 때문에 속상하다. 영화감독이 되겠다나. 어머니는 그런 아들이 못마땅하다. 편의점 직원 독고는 그녀에게 아들이 직장을 관두려고 했을 때 왜 그러는지 물어봤냐고 했다. 오 여사는 말했다.

"들어줬다가 진짜 그만둘까 봐 윽박지른 거예요. 왜 그만두냐고 물어도 말을 흐리길래 어떻게든 버티라고만 했어요."

오 여사는 아들에게 묻지 않았다. 왜 회사를 그만두고 싶은지, 왜 영화감독이 되고 싶은지, 회사에서 무슨 일이 있었는지 들으려고 하지 않았다. 어머니의 눈에는 아들이 대기업 직장을 다니는 게 흡족했고, 평생 다니길 원했으니까. 그러느라 정작 아들이 어떤 마음인지, 어떤 생각을 하며 살고 있는지 한 번도 아들의 말을 제대로 들어주지 않았다. 독고는 말했다.

"아들한테 그동안 못 들어줬다고, 이제 들어줄 테니 말해달라고 편지를 써요."

이 말을 들은 오 여사는 편지를 썼고, 아들과 오랜만에 깊은 대화를 나눌 수 있었다.

가족이나 연인, 친구처럼 친밀한 사이일수록 경청이 필요하다. 친밀할수록 다 안다고 생각해서 묻지 않고 듣지 않는다. 그러나 사람의 행동에는 분명한 동기가 있다. 어머니 눈에는 그냥 회사를 '때려치운' 아들로 보일 수 있어도, 회사를 그만둔 진짜 이유는 아들만 안다. 사랑하는 사람이라면 어떤 마음일지 전적으로 그 사람의 입장에서 헤아리려고 노력하자. 남한테는 말할 수 없는 내밀한 이야기, 그동안 말하지 못한 이유가 분명 있을 것이다.

말했다가 싸움만 난다고 생각하는 사람은 말하는 방식을 바꿔보자. "대체 왜 그러는 거야?"라고 따지듯이 묻지 말고, 대신 이렇게 말해보자.

"그동안 내 방식대로 너의 행동을 생각하고 판단했어. 너도 이유가 있을 텐데, 나는 그것을 알려고 하지 않았어. 미안해. 혹시라도 내가 감당하지 못할 이야기를 들을까 봐 불안하고 무서워서 도망쳤어. 이제는 어떤 이야기든지 듣고 함께하고 싶어. 나는 너를 진심으로 사랑하니까. 이제 왜 그랬는지 이야기해줄 수 있어?"

손을 내밀자. 캄캄한 동굴 속으로 들어간 듯한 배우자, 부딪치는 것을 피하려고 따로 식사하는 가족, 싸울까 봐 문자 메시지로 대화하는 부부, 밥을 먹으면서 아무 말도 하지 않는 가족, 말을 걸면 짜증만 내는 아이, 만나자는 연락을 모른 체하는 친구, 웃음이 사라진 친구. 바라건대 가족과 연인, 친구라면 그냥 두지 말자. 공감으로 곁에 머물러 있자. 충분히 내 마음을 표현하고, 그들이 이해받고 있다고 느낄 때까지 경청하자.

🔍 Key Point 공감하며 듣는 방법

❶ **경청** 나의 존재 자체로 듣는다.

❷ **비움** '나'를 떠나 전적으로 '상대방'에게 관심을 기울인다.

❸ **용기** 용기를 내어 상대방의 마음속 문을 두드린다.

❹ **존재** 나의 존재 자체로 상대방과 함께 있어준다.

🏃 Action 말만 하면 싸우게 되는 상대에게

❶ **경청** 온전히 마음을 들어주겠다고 마음먹자.

❷ **비움** 내 생각을 버리고 듣자.

❸ **용기** 더 멀어지기 전에 다가가자.

❹ **존재** 공감으로 곁에 머무르자.

당신의 이야기가 제일 소중해

자기는 이야기를 잘 들어주는 편이라고 말하는 사람이 있다. 친구의 고민에 맞장구도 잘 치고 공감도 잘한다고 말이다.

ㄴㅇ 어제 우리 회사 선배 때문에 진짜 짜증 났어.

ㄷㄱ 왜? 무슨 일 있었어?

ㄴㅇ 사무실에서 시끄럽게 계속 전화를 하는 거야. 1시간이나!

ㄷㄱ 어머! 진짜? 1시간이나?

ㄴㅇ 그렇다니까. 눈치를 줘도 그래. 진짜 이상해.

ㄷㄱ 어휴, 그러게. 정말 이상하다. 예의 없어!

디근은 친구의 이야기를 잘 들어주는 것 같지만, 과연 맞장구를 치고 반응하는 게 경청일까? 제대로 경청을 하면 친구가 속상해하는 '진짜 이유'를 알 수 있다. 업무가 안 풀리는데 시끄러운 선배가 거슬렸거나, 사무실 분위기를 흐리는 선배를 개의치 않는 팀장에게 실망했거나, 개인적으로 안 좋은 일이 있어서 예민하게 반응한 것일 수도 있다. 맞장구와 반응은 경청의 일부일 뿐이다. 경청을 잘하면 질문이 나온다.

이야기를 들어주는 편이라고 말하는 사람은 듣는 걸 좋아하기보다 자기 이야기를 잘 하지 않아서 저절로 듣는 역할을 맡게 되는 경우가 자주 있다. 이들은 자기 이야기를 자주 못 해봤고, 막상 하려고 해도 어디부터 어디까지 이야기하는 게 적절할지 감을 못 잡아서 짤막하게 말한다. 자신의 감정을 말로 설명하는 게 어렵고, 말을 고르는 시간이 길다. 그러는 사이에 자기 이야기를 자주 하거나 말이 많고 빠른 사람이 선수를 친다.

경청의 원동력은 호기심

어릴 때부터 나는 말수가 적고 얌전했다. 아기 때 소파 밑으로 굴러 들어가 몇 시간이고 누워 있기도 했다. 여전히 나는 한자리에 긴 시간 잘 있고, 침착하고 차분하다. 반면 부모님은 말하기를 좋아하고, 말수가 많고, 말이 빠르고, 감정 표현도 다분하다. 그런 부모님의 딸로 태어나 나는 이야기를 잘 들어주는 사람으로 자랐다. 나의 생각과 감정을 말로 표현하기 전에, 부모님의 생각과 감정을 들어주는

데 먼저 익숙해졌다. 다행히 부모님의 이야기는 재미있었다.

부모님은 나란히 입담이 뛰어나다. 아버지는 역사적인 사건과 지리에 얽힌 이야기를 흥미진진하게 들려줬고, 어머니는 어린 시절 친구와 꿈, 형제자매와 친척, 이웃에 관한 이야기를 마치 어제 일처럼 생생하게 이야기했다. 다른 세상 이야기처럼 들렸다. 나는 이야기를 들으면서 상상을 했는데, 머릿속 그림에 빈자리가 생기면 질문도 많이 했다. 퍼즐을 맞추고 완성된 그림은 나의 일부가 되었고, 이야기를 들을수록 나의 세상은 커져갔다.

나의 세상이 커지는 기분이, 내가 이야기 듣는 것을 좋아하는 이유다. 잘 들을수록 이야기를 이해하는 속도가 빨라졌고, 더 많은 것을 들을수록 나의 세상은 다채롭고 넓어졌다. 이야기를 듣다가 궁금한 것을 물으면 당장 해소되는 점도 좋았다. 내가 하는 질문에 따라 이야기의 방향이 바뀌기도 했다. 모두 호기심 덕분이었다. 세상을 알고 싶고 사랑하는 부모님을 알고 싶은 마음이 경청으로 이끌었다. 그렇게 나는 경청에 월등한 사람이 되었다.

혹시 경청이 어렵게 느껴진다면

경청은 나 자신의 세상을 넓혀줄 뿐 아니라, 수많은 사람을 내 편으로 만들어준다. 만약 경청이 힘들게 느껴진다면 나 자신을 위해서 경청한다고 생각하자. 내가 좋아하는 사람에 대해 알기 위해서, 깨달음과 지식의 축적과 확장, 세상의 앎을 위해 하는 것이라고 말이다. 경청이 힘든 것은 상대방을 위해서 듣기 때문이다. 그 사람이 말하고 싶어 하니까 들어주는 시늉을 하고 맞장구를 친다. 그러면서 머릿속으로는 다른 생각을 하며 집중하지 못한다. 이것은 대화가 아닌 노동에 가깝다. '내'가 빠져 있는 대화는 지칠 수밖에 없다.

스스로 경청하지 못하는 사람이라고 여기지 말자. 사람 만나는 것을 피곤하다고 여기지 말자. 그동안 이야기를 들어주는 척을 하느라 진이 빠진 것이다. 누구나 좋아하지 않는 사람과 대화를 나누면 힘들다. 그러나 대화를 나누기 싫은 누군가가 있을 뿐, 대화 자체를 싫어하는 사람은 없다. 사랑하는 연인과 해가 뜰 때까지 이야기를 나눈 적이 있거나, 좋아하는 친구와 끝없는 수다를 이어간 경험이 한 번이라도 있다면 대화를 즐기고 경청을 잘하는 사람이다.

소중한 사람의 말을 경청할 때

경청 능력은 사랑하는 사람, 좋아하는 사람과 나누는 대화에 집중하면 자연스럽게 발휘된다. 나에게 도움이 되는 사람은 이런 사람이다. 만나면 기분이 좋아지고, 헤어져도 그 사람을 떠올리면 머리가 맑아지고, 그 사람 덕분에 세상을 살아갈 힘이 나고, 고민이 있을 때어깨를 내주고, 어려운 일이 생기면 따스한 위로를 건넨다. 나 자신과 나의 기분과 감정까지 소중하게 여긴다.

그런데도 소중한 사람의 이야기를 듣는 게 힘들 때가 있다. 당장 중요한 일을 앞두고 있어 민감하거나, 해결하지 못한 일이 있거나, 나의 고민이 심대한 경우가 그렇다. 이런 상황에서 이야기를 들어주는 척하면 상대방은 금방 알아챈다. 그러면서 들어주는 사람의 태도가 그게 뭐냐고, 자신보다 일이 소중하냐면서 다툼으로 이어지기도 한다. 나를 위하지 않아 벌어지는 일이다.

이럴 때는 상대방에게 시급한 일인지 물어보자. 그렇지 않다면 사실대로 말하자.

"내가 오늘 밤까지 끝내야 하는 중요한 회사 업무가 있는데, 딱 1시간 뒤에 이야기하자. 나도 정말 자기랑 이야기 나누고 싶어. 조금만 기다려줘."

만약 나의 고민이 더 큰 상황이라면 솔직히 밝히자.

"내가 며칠 동안 혼자 고민했는데, 함께 의논하고 싶은 중대한 이야기가 있어. 자기가 내 말을 들어주면 좋겠어."

당신을 사랑하는 사람이라면 온 마음으로 들어줄 것이다. 반대로 상대방이 시급하다고 하면 모든 걸 접고 경청하자. 나에게 소중한 사람이 내가 지금 당장 필요하다는데, 업무가 뭐 그리 대수인가. 그 정도 마음도 쏟을 수 없다면 그 사람과의 관계를 다시 돌아보길 바란다.

몸이 고단할 때도 경청은 힘들다. 그럴 때는 이렇게 말하자.

"정말 들어주고 싶은데, 몸이 너무 피곤해서 내 마음과 달리 들어줄 수 없는 상태야. 미안해. 내일 다시 이야기하자."

주의가 산만한 사람은 상대방의 이야기를 잘 듣고 싶어도 시선을 빼앗길 때가 있다. 사람이 지나가거나 스마트폰 알림이 울리면 눈이 간다. 그때 상대방은 자기 이야기가 재미없는 줄 알고 말을 멈추거나 하려던 말도 도중에 삼킨다. 스마트폰을 방해 금지 모드로 해두자. 모든 알림을 잠시 꺼두는 것이다. 마주 보고 앉자. 그래야 서로의 눈을 보며 대화할 수 있다. 의자를 당기고 상체를 상대방에게 기울여 두 눈을 바라보며 대화하자.

🔍 Key Point 경청을 잘하면 좋은 점

❶ **재미** 재미있는 대화 상대로 각인된다.

❷ **욕구** 상대방이 자신을 중요한 사람이라고 느낀다.

❸ **관계** 인간관계 대부분이 개선된다.

❹ **변화** 말수가 적은 사람도 봇물 터지듯 말하게 한다.

🏃 Action 경청의 장애물을 물리치기

❶ **집중** 대화할 때 스마트폰을 보지 말자.

❷ **알림** 중요한 전화가 올 예정이면 사전에 상대방에게 알리자.

❸ **시선** 대화 도중 지나가는 사람을 쳐다보지 말자.

❹ **훈련** 혼자 공부하거나 일할 때 집중력을 기르는 연습을 하자.

타인의 이야기는 타인의 입장에서

오랜만에 회사 선배를 만났다. 선배는 결혼하고 아이를 낳아야 행복하다고 주창했다.

선배 요즘 어때?

나　재미있어요. 강의도 하는 일도 다 재미있어서 즐거워요.

선배 너도 아이를 낳아봐. 진짜 행복해.

나　네? 저 아직 결혼두 안 했는데요, 하하. 지금도 행복해요.

선배 아니야. 아이를 키우면 지금보다 만 배는 더 행복해.

나　선배는 아이들이 있어서 행복한가 봐요?

선배 응, 아이들은 나를 전적으로 사랑하니까.

나　어떤 마음일지 궁금하네요.

선배 그러니까 너도 꼭 아이를 낳아. 그래야 행복해.

나 아이참, 지금도 행복하다니까요.

선배 아니라니까. 아이가 있는 행복은 완전히 달라.

이날 이후로 선배를 만나지 않는다. 선배가 나의 행복을 부정했기 때문이다. 대화 주제를 바꿔도 선배는 같은 말만 되풀이했고, 휴일에 이런 대화를 나누고 있자니 시간이 아까웠다. 다양한 삶을 존중하지 않는 사람과의 대화는 무의미하다. 그러나 안타깝게도 이런 사람은 우리 주변에 무수히 존재한다.

나와 타인을 분리해서 듣기

결혼과 출산에 관한 조언은 다짜고짜 시작해서 문제다. 나는 비혼을 선언한 적도, 아이를 낳지 않겠다고 공표한 적도 없다. 매 순간 최선을 다하며 성실히 하루를 보내고 오늘의 행복을 만끽한다. 그래서 사랑을 고대하고 진한 사랑을 할 준비도 되어 있다. 아직은 결혼과 출산을 논할 단계가 아니고, 이건 설령 내가 영영 혼자 살겠다고 해도 마찬가지다.

경청에 조언이 따른다고 착각하는 사람들이 있다. 먼저 살아보고 겪어봐서, 친하고 아끼니까 조언하는 거라고 말한다. 그러나 조언은 상대방을 위한 말이어야 하고 상대방이 원할 때에야 가능하다. 원하지 않는데 조언하는 이유는 말하는 사람이 참을성이 부족해서

가 아닐까? 자기가 이야기하고 싶어서 말하는 것이다. 상대방이 조언을 구하면 그때 조언하자. 잘 알지도 못하면서 조언해봤자 잔소리, 참견, 비난으로 전달돼 관계만 망가진다.

나는 늘 의문을 가졌다. 사람들은 왜 자신과 타인을 분리하지 않는 것일까? 타인은 어떤 생각을 하는지 왜 묻지 않고 듣지 않을까? 자신과 타인을 분리해 대화하면 더 나은 대화를 할 수 있다. 자기 이야기는 자기 선에서 끝내고, 타인의 이야기는 타인의 입장에서 듣는 것이다. 이를테면 이렇게 말할 수 있다.

"나는 부모님 집에서 살다가 바로 결혼했잖아. 결혼 안 하고 혼자 사는 삶은 어떨지 궁금해. 넌 어때?"

"아이가 있어서 행복하긴 한데 사람을 키우는 일은 정말 어려워. 너는 어때? 결혼에 대해 어떻게 생각해?"

최선을 다해 상대방의 입장에서 듣기

신형철 비평가는 한 강연에서 말했다.

"평가가 힘을 발휘하려면 평가하는 사람이 자격을 갖춰야 한다. 해석은 평가의 자격이다. 충고를 예로 들면 그 자격은 이 사람이 나를 해석하는 데 얼마나 많은 노력을 했느냐, 상대방과 얼마나 시간을 보냈느냐에 달려 있다. 관심과 애정은 시간으로 입증하는 것이다. 말로 입증하는 게 아니다. 우리가 줄 수 있는 건 시간이고, 시간을 주는 것은 나의 목숨을 잘라서 주는 것이다. 충고는 인생을 쏟아 부었을 때 자격이 있다. 그렇지 않은 충고는 무례다. 자격을 갖춰도 상대방이 원하지 않을 경우 충고할 수 없다."

그러니까 나에게 막대한 시간을 들여 관찰하고 이해하려 노력하고 해석하는 시간을 가진 사람이어야 조언할 수 있고, 그마저도 상대방이 원해야 할 수 있다.

그렇지 않은 조언은 상대방의 이야기에 대해 자신의 견해를 밝힌다. "과거로 돌아가면 나는 결혼 안 한다"라는 문장의 주어는 '나'다. 이 문장은 "'내'가 너라면"이라는 가정을 담고 있다. "아이 낳지 마"라는 말은 '내'가 지금 너라면 아이를 낳지 않겠다는 말이다. "솔로면 많이 만나야지"라는 말은 '내'가 지금 너라면 데이트를 하고 싶다는 것이다. 모두 상대방의 입장에서 하는 말이 아니라 자신의 입장에 머물러 하는 말이다. 이런 이유로 '내가 너라면'이라는 말은 '네가 처한 상황에서 고려하면'이라는 말과 동일하지 않다.

최선을 다해 상대방의 입장에서 듣자. 자신과 상대방을 연결 짓지 말고, 분리해서 말하고 듣자. 나는 선배와 이런 대화를 나누었다면 기뻤을 것이다.

"나는 아이들 때문에 요즘 정말 행복해. 너는 어떤 게 행복해?"

"저는 요즘 새로운 책을 낼 생각에 들떠서 행복해요."

"네가 행복해하니까 나도 진짜 기쁘다."

"저도요. 선배는 아이들의 어떤 점에서 특히 행복을 느끼세요?"

나는 이렇게 대화하는 사람들과 만나고 싶다.

조언을 내뱉고 민망하지 않으려면

리을 남미에 가는 날짜가 언제라고 했죠?

미음 일주일 뒤요.

리을 얼마나 있다가 오세요?

미음 열흘 정도요. 브라질, 볼리비아, 칠레를 돌아보고 올 거예요.

리을 남미에 가면 가방 꼭 조심하세요. 반드시 앞으로 메세요.

미음 아, 소매치기 때문에요?

리을 네, 제가 재작년에 열흘 갔는데요. 같이 간 일행이 소매치기를 당할 뻔했어요. 조심하세요.

미음 네, 그럴게요. 저는 예전에 브라질에서 한 3년 살았어요. 위험하다고 하지만, 사람 사는 데는 다 비슷한 것 같아요.

리을 아, 저보다 훨씬 잘 아시겠네요.

이들의 대화를 듣고 있는데 내 얼굴이 화끈거렸다. 남미에 열흘 다녀온 사람이, 그곳에서 3년 살았던 사람에게 조언한 것이다. 리을은 미음보나 연장사고, 어학연수, 여행, 출장으로 해외에 종종 나간 경험이 있어서 미음에게 해줄 말이 있었다. 그러나 미음은 이미 해외에서 수년간 산 적이 있고, 전 세계 51개국 오지까지 다녀온 여행 전문가였다. 만약 리을이 조언을 하기 전에 참고 한 번만 물었다면 어땠을까?

"남미에 처음 가세요?"

"아니요, 브라질에서 3년 살았어요."

그랬다면 조언할 필요도 민망함도 없었을 것이다.

부정적인 조언이 위험한 이유

부정적인 감정을 내포한 조언은 더욱 위험하다. "소매치기 조심하세요"라는 말은 여행을 앞둔 사람에게 걱정과 불안감을 심어준다. 이게 과연 조언일까? 겁을 주는 것이다. 다시 말하지만 조언이 되려면 우선 상대방이 원해야 한다. 상대방이 안전과 관련한 조언을 원하면 소매치기 방지를 위해 가장 알맞은 가방 메는 방법을 가르쳐주고, 만일의 사태에 대비해 신고센터와 한국대사관의 연락처, 위치를 알려주거나 여행 당일에 다시 한번 당부하는 것이 적절한 조언일 것이다. 합리적인 조언은 방법을 포함한다.

부정적인 경험을 이야기하면 안 된다는 소리가 아니다. 자신이 당했던 경험을 이야기하는 것과 상대방에게 쓸데없는 조언을 하는 것은 다른 이야기다. 나와 상대방을 분리해서 이야기하면 괜찮다.

"저는 예전에 남미에 도착한 첫날 소매치기를 당할 뻔했어요. 그래서 무서운 기억이 있어요. 당신은 어떠세요?"

이렇게 말하면 상대방에게 영향이 적다. 내가 당할 뻔했으니 너도 당할 수 있다는 비논리적인 전제가 없기 때문이다.

부정적인 조언은 부모가 자녀에게, 상사가 부하 직원에게, 선배가 후배에게, 나이 많은 사람이 어린 사람에게 할 때가 더러 있다.

"회사 나갔다가 후회하는 사람 되게 많던데, 지금이라도 곰곰이 생각해."

"그거 너무 위험한 일 아니야?"

"거기 갔다가 죽은 사람도 있던데."

근거도 없는 소리는 조심하자. 만약 이런 쓸데없는 말을 들었다면 애정이 하나도 없는 헛소리니까 분간해서 듣자.

🔍 Key Point 상대방 입장에서 들으면 좋은 점

❶ **발달** 공감과 이해 능력이 발달한다.

❷ **경험** 책을 읽듯이 간접 경험이 쌓인다.

❸ **무게** 말의 무게를 깨닫는다.

❹ **신뢰** 어떤 말을 해도 괜찮다는 신뢰감을 준다.

🏃 Action 조언하고 싶은 욕구를 참기

❶ **삭제** 할 말이 생각나도 머릿속에서 지우자.

❷ **상상** 상대방이 그 상황이라면 어떨지 상상하자.

❸ **이해** 상대방을 헤아리기 위해 집중하자.

❹ **먼지** 나의 경험은 먼지만큼이라는 점을 상기하자.

말이 끝났더라도 잠시 기다리자

저녁 무렵 식탁에 앉아서 부부가 대화를 나눈다. 서로 말하려고 옥신각신한다.

남편 내 말을 끝까지 듣고 말해.

아내 알았어. 이야기해봐.

남편 그래서 내가 차장님한테 갔어. 근데 그때 옆에 있던…….

아내 잠깐만, 그 여자 차장님?

남편 하, 그래. 말 좀 끊지 말라니까! 그 여자 차장님하고…….

아내 말을 대충 하니까 그렇잖아. 빨리 좀 말해. 나도 할 말 있단 말이야.

친한 언니가 고민을 털어놨다.

"우리 남편은 꼭 대화할 때마다 내가 말을 끊는다고 뭐라고 하더라. 남편은 말이 너무 느려서 속 터지거든. 어떻게 해야 해? 계속 듣고 있어야 해?"

나는 이런 커플을 보면 서로 참 좋아한다는 생각이 먼저 든다. 말이 없는 부부도 얼마나 많은가. 그래도 이런 상황이 자꾸 반복되면 서로 말을 끊는다고 불만을 품고, 말하는 도중에 감정이 상해서 다투기도 할 것이다. 우리는 왜 남의 말을 자르는 걸까?

이야기의 전개 방식은 모두 제각각

사람마다 이야기를 전개하는 방식이 다르다. 앞의 대화에서 남편은 기승전결 순으로 말하는 스타일이고, 중요하지 않은 정보는 빼고 큰 사건을 중심으로 이야기한다. 아내는 남편이 말을 시작하면 답답하다. 빠트리고 말하는 게 많아서 이야기의 흐름이 잘 이해되지 않기 때문에 종종 말을 끊고 질문한다. 아내는 사소한 것까지 구체적으로 말하는 사람이라서 이야기가 샛길로 빠질 때가 있다. 그러면 남편은 아내의 말이 길어질 것 같아 중간에 끼어들어서 핵심이 뭐냐고 묻는다.

말을 자르는 사람은 머릿속에 떠오르는 것을 바로 말하고 싶은 충동을 느낀다. 지금 말하지 않으면 나중에 까먹을까 봐 말하기도 한다. 그러다 대화에 불쑥 끼어드는 습관이 생겨서 "말 잘라서 미안"이라는 말을 입버릇처럼 한다. 한편으로는 상대방이 여태 이야기를 했으니 이제 자기 차례라고 생각해 입을 열거나, 상대방이 말할 때 틀린 부분이 있으면 고쳐주려고 말을 자르기도 한다.

　그런데 과연 상대방의 말을 끊고 하는 말이 그렇게 중요할까? 꼭 해야 하는 말일까? 아마 아닐 것이다. 말을 자르는 상황은 보통 사소한 주제로 대화할 때 발생한다. 지금 해야 하는 말이 아닌 경우가 많다. 머릿속에 떠오른 말이 있으니까, 그냥 말하고 싶어서 하는 말이다. 이것은 자기 욕심이다. 말하고 싶은 욕구를 견디지 못하고 입을 여는 것이다. 상대방을 위한 말이 아닌 자신을 위한 말이고, 자신의 궁금증을 해결하거나 자기가 조언하고 싶은 말이다.

　신나서 이야기하는데 말을 자르면 누구나 기분이 상하고 말의 흐름이 끊어져 말하기가 싫어진다. 대화를 잘하기 위해서는 끝까지 듣는 자세를 취할 필요가 있다. 상대방의 이야기를 이해하려고 끼어들어 묻는 거라고 반론할 수 있지만, 끝까지 듣고 나서 말해도 아무 일이 일어나지 않는다. 누가 말할 때는 그 사람의 이야기 방식까지 존중하며 듣자.

말이 끝나도 2초는 기다리자

상대방의 말이 끝났어도 2초를 센 다음 내 이야기를 하는 것도 방법이다. 나는 말을 느리게 하고, 다음 이야기로 넘어갈 때 공백이 있다. 그 공백에 상대방이 치고 들어와 자기 이야기를 한다. 내가 말이 끝난 것처럼 보여서, 또는 잠깐의 침묵을 못 참아서 말하는 것이다. 하지만 내가 만난 수많은 사람은 말하면서 스스로 깨닫고, 상황을 기억해내고, 적합한 단어를 찾아 표현하는 데 시간이 필요했다. 말이 빠르든 느리든 상관없다. 진짜 하고 싶은 내면의 이야기를 밖으로 꺼낼 때까지는 어느 정도 시간이 걸린다.

언제까지 듣고만 있을 수 없지 않냐고 말할지 모르겠다. 그렇다면 나는 사랑하는 가족과 연인, 소중한 사람의 말이라면 충분히 들어줄 수 있지 않냐고 반문하고 싶다. 지금까지 만난 수십만 명의 수강생을 떠올려보면 내가 아무리 잘 들어줘도 몇 시간 동안 혼자 떠드는 사람은 못 봤다. 충분히 말한 사람은 알아서 자기 이야기를 마치고 상대방의 이야기를 듣고 싶어서 질문을 한다. 말하고 싶은 욕구가 사라지고 듣고 싶은 욕구가 생긴 것이다.

말을 느리게 하는 사람은 특히나 다른 사람들이 말을 잘라서 고민한다. 아마도 말의 속도보다 어조 때문일 가능성이 크다. 말끝의 어조를 내리면 말이 끝난 줄 알고 끼어들게 된다. 악보에는 곡이 막바지에 이르면 서서히 속도와 소리를 줄이고 음정을 낮춰서 끝나는 느낌을 연출하라고 쓰여 있다. 이와 비슷하다. 말끝을 내리면 말이 끝난 깃처럼 들린다. 이제부디 말끝을 올리자. 문징의 끝인 시술이나 어미의 말투를 올리는 거다. 그러면 이야기가 계속될 것 같은 느낌을 줄 수 있다. 마치 질문하듯 활기차게 말하자.

침묵도 대화의 일부

침묵을 깨려는 사람들이 있다. 상대방이 조용히 있으면 시무룩한가 싶어서 말을 걸고, 집에 와서도 말을 하지 않으면 자신에게 뭔가 불만이 있나 싶어서 눈치를 살핀다. 방문을 열고 말을 붙였다가 핀잔을 듣기도 한다. 사람은 멍하니 있고 싶을 때가 있다. 밖에서 다수의 사람을 만나고 집에 오면 말없이 쉬고 싶다. 아무것도 안 했는데 피곤할 때도 있어서 자신의 안식처에서 안정감을 느끼며 휴식하고 싶기도 하다. 당신과 아무 관련 없이 충전이 필요한 것이다.

침묵이 주는 편안함이 있다. 말수를 줄이거나 말을 삼키라는 게 아니다. 말하지 않아도 괜찮다는 것이다. 집안 분위기를 화목하게 만들기 위해 말을 걸 필요는 없다. 사람이 없어도 아늑한 집이 있고, 사람이 있어도 냉랭한 집이 있다. 분위기는 마음으로 만드는 것이지 소리로 내는 것이 아니다. 서로 배려하는 마음이 더욱 중요하다. 쉬고 싶은 순간은 정해져 있지 않고 뜻밖에 찾아오니까. 가끔은 같이 있으면서 책 읽고, 같이 걸으면서 말하지 않는 편안함을 주는 사람이 되자.

말로 후회하게 되는 일은 말을 해서 생기지 침묵해서 생기지 않는다. 침묵도 대화의 일부다. 침묵이 있는 대화는 말을 신중하게 하는 매력을 지닌다. 그래서 침묵을 편안하게 여기는 사람과 대화하면 신뢰가 생겨서 깊은 이야기까지 나눌 수 있다.

🔍 Key Point 침묵을 잘하면 얻는 효과

❶ **안전** 말로 후회하는 일이 없다.

❷ **우선** 누구든 말하고 싶을 때 당신을 제일 먼저 찾는다.

❸ **어른** 자신보다 나이 많은 사람과 친해질 수 있다.

❹ **믿음** 진중하고 과묵하고 믿음직한 이미지를 심어준다.

🏃 Action 조용한 순간을 받아들이기

❶ **익숙** 침묵의 순간에 익숙해지자.

❷ **편안** 침묵이 주는 편안함을 느끼자.

❸ **조용** 굳이 말하지 않아도 된다는 점을 깨닫자.

❹ **인내** 상대방이 충분히 말할 수 있도록 기다리자.

쓰면서 들으면 더욱 좋다

내 강의를 들으러 온 수강생들이 '소개하고 싶은 책'을 주제로 대화를 한다.

> **수강생** 저는 요즘《원씽》이라는 책을 재미있게 읽고 있어요.
>
> **진행자** 《원씽》은 어떤 책이에요?
>
> **수강생** 매일 한 가지에 집중하면 성공할 수 있다는 자기계발서예요.
>
> **진행자** 《원씽》을 재미있게 읽고 있다고 말씀하셨는데요. 어떤 점이 특히 재미있어요?
>
> **수강생** 도미노로 비유하는 장면이 나오는데요. 도미노는 자신보다 1.5배 더 큰 것을 쓰러뜨릴 수 있대요. 그래서 매일 도미노처럼······.

진행자는 수첩에 적으면서 이야기를 들었다. "《원씽》을 재미있게 읽고 있다고 말씀하셨는데요"라는 말은 쓰면서 들었기 때문에 나온 것이다. 상대방이 한 말을 반복하고, 그 부분을 더 듣고 싶다고 했다. 많은 사람이 이야기를 길게 하면 듣는 사람이 지루해할까 싶어서 짧게 마치는 경향이 있다. 그래서 처음에 수강생은 《원씽》을 한 문장으로 간략히 소개했지만, 진행자가 한 번 더 물어보며 관심을 표현했기에 자세히 이야기할 수 있었다. 이것이 쓰면서 듣기의 효과다.

'쓰면서 듣기'는 경청 준비 태세

타인의 말을 적으면서 듣는 모습은 경청할 준비를 갖춘 것처럼 보인다. 이야기를 집중해서 듣겠다는 의지가 엿보이고, 대화에 진지하게 임하는 것처럼 느껴진다. 그래서 쓰면서 듣는 사람을 보면 우리는 신중하게 말하게 된다. 자신이 하는 말을 적을 테니까 아무 말이나 하지 않고 가려서 한다. 이로써 대화의 질은 높아져 이야기가 무게 있게 흘러간다. 또 청자가 받아 적을 수 있는 속도로 말하게 되어 말이 빠른 사람도 그 속도를 늦춘다.

중요한 자리에 갈 때 쓰면서 들을 준비를 해보자. 상대방이 한 말을 다 적는 건 아니다. 말하는 내용 중 핵심과 중요한 단어를 적고 이름, 날짜, 흥미로운 표현, 인상적인 내용 위주로 적으면 된다. 이때 쓴 것을 나중에 볼 때 그 내용이 기억날 수 있을 정도로 요약해 기록한다. 이는 유달리 경청이 힘든 사람에게 추천하고 싶은 방법이다. 타인의 이야기를 잘 들어주지 못하는 사람, 시간이 지나면 무슨 말을 나눴는지 도통 떠오르지 않는 사람, 주변인의 이름을 돌아서면 잊어버리는 사람일수록 권한다.

핵심을 파악할 수 있다

생방송 뉴스를 보면 앵커가 출연자와 이야기를 나눌 때 적으면서 듣는 모습을 볼 수 있다. 사전에 질문과 답변을 공유하지만, 출연자의 말을 유심히 듣고 핵심을 간파해 예고하지 않은 날카로운 질문을 던지기도 한다. 그러면 출연자는 그동안 다른 기사나 방송에서 한 번도 언급하지 않은 이야기까지 하게 된다. 앵커의 실력과 경청의 효과가 빛나는 순간이다. 잘 들었기 때문에 제대로 질문할 수 있는 것이다. 기자도 이런 능력을 갖춰야 특종을 내고 단독 보도를 한다.

회사에서도 쓰면서 듣기를 활용할 수 있다. 특히 회의할 때 유용하다. 요즘은 대부분 노트북을 들고 회의에 참여하는데 여기서 주의할 점은 모든 내용을 다 적지 않는 것이다. 키보드로 적으면 손으로 쓰는 것보다 속도가 빨라서 자기도 모르게 받아 적는 데 몰두하게 된다. 또 노트북 화면만 응시해 말하는 사람을 보지 않는다. 회의는 무엇을 목표로 어떤 업무에 중점을 둘지에 대해 의견을 나누는 자리다. 서기가 아닌 이상 내용의 핵심을 파악하고 이해하는 데 초점을 맞추자.

식당이나 카페에서 회의할 때는 펜과 수첩을 따로 챙기자. 노트북이나 태블릿 PC를 테이블에 놓으면 공간을 꽤 차지하는데, 이때 컵이나 접시를 한쪽으로 치워야 하기 때문에 번거롭다. 펜과 수첩을 지참해 미리 테이블에 올려두고 메모할 페이지에 펜을 끼워둔다. 대화하다가 중요한 내용이 나오면 얼른 수첩을 펼쳐 쓸 수 있도록 말이다. 적을 때는 "상당히 좋은 아이디어네요! 이런 건 써놔야 해요"라고 하면 자신의 말을 중요하게 여기는 모습에 상대방도 흐뭇할 것이다.

말에 몰입할 수 있다

행사를 진행할 때도 유리하다. 직장인이라면 회사 행사에서 사회를 맡을 때가 종종 있다. 신년회, 종무식, 창립 기념 행사, 제품 시연회, 기자 간담회, 고객 초청 행사를 비롯해 신입 교육, 워크숍, 외부 전문가 초청 교육 등 다양하다. 행사 순서나 연사 소개를 정확히 해야 하는 건 당연하고, 보다 뛰어나게 잘하려면 연결 멘트를 신경 써야 한다. 예를 들어 신년회에서 대표이사가 인사말을 마치면 박수를 유도하는 것으로 끝낼 게 아니라, 앞선 인사말 중 인상적인 문장을 메모하고 청중의 소감을 대신 전하면 근사하다.

"여러분, ○○○ 대표님께 박수 부탁드립니다. (대표이사가 무대에서 내려갈 때 적은 것을 읽는다.) '우리는 모두 다른 사람이지만 모두 같은 곳을 바라본다. 우리는 함께다.' 대표님의 말씀 중 가장 인상적인 구절이었습니다. 많은 분이 고개를 끄덕여주시네요. (대표이사가 자리에 앉으면) 뜻깊은 말씀을 들려주신 대표님께 다시 한번 큰 박수 부탁드립니다."

쓰면서 들으면 행사 진행을 매끄럽게 할 수 있다. 이렇게 말할 수 있는 직원은 그해 승진자 명단에 오를 것이다.

강연을 들을 때도 쓰면서 들으면 말에 대한 몰입력이 증가한다. 나는 작가들의 강연을 즐겨 듣는다. 다이어리나 작가의 책을 가져가서 인상적인 이야기와 깨달음을 적곤 한다. 책을 읽을 때도 좋았는데, 직접 강연을 들으면 십중팔구 더 좋다. 적으면서 들으면 강연이 귀에 꽂혀서 깨닫는 점도 상당하다. 졸린 상태에서도 쓰면서 들으면 잠이 깬다. 다만 적다가 못 들었다면서 말을 끊고 묻는 일은 삼가자.

스마트폰으로 적어가며 들을 때는 시선을 확실히 말하는 사람에게 향하도록 하자. 스마트폰을 오래 바라보면 채팅을 하는지, 검색을 하는지 알 수 없어 집중하지 않는 사람으로 괜히 오해받을 수 있다. 딱 메모만 하고 나머지 순간에는 말하는 이를 오래 바라보자. 한편 적지 않고 스마트폰으로 녹음하는 사람도 있는데 나는 녹음과 상관없이 적는 것을 추천한다. 깨달음을 주는 메시지는 현장에서 듣는 것과 시간이 흐른 뒤에 듣는 것이 다르다. 읽은 책도 볼 때마다 다르게 읽히듯이 말이다.

집중력을 높일 수 있다

뉴스를 진행할 때 앵커가 펜을 쥐고 있는 모습을 자주 볼 수 있는데, 시청자에게 신뢰를 주는 장치가 된다. 나는 앵커일 때 기사의 내용을 숙지하기 위해 중요한 낱말에 동그라미를 치거나, 보도한 기사를 표시하기 위해 펜을 쥐고 있었다. 이런 방법은 키워드를 강조하고, 뉴스를 전달하는 목적을 상기하는 데 도움이 됐다. 회의에서 안건을 개진할 때 떨린다면 펜을 쥐고 쓰면서 말해보자. 내가 어떻게 보일지 신경 쓰지 않고 의견을 전하는 데 중점을 두게 되어 긴장감이 누그러진다.

식당이나 카페에서도 쓰면서 말하는 방법은 유용하다. 펜을 쥔 순간 "지금부터 제가 하는 말은 중요합니다"라고 알리는 신호가 돼 청자도 집중한다. 제프 베이조스 아마존 의장은 임원들과의 식사 자리에서 아마존이 추구할 '선순환 구조'를 냅킨에 그리며 설명했다. 그림은 한눈에 이해할 수 있을 만큼 단순해서 바로 알아들을 수 있는 효과가 있었다.

쓰면서 말하면 청자의 이해를 도울 수 있다. 간결하게 설명하려고 노력하고, 청자가 기억할 수 있도록 정리하면서 말하니 메시지가 깔끔하다. 단, 낙서하며 말하지는 않도록 주의한다.

발표할 때도 펜과 수첩을 들고 나가자. 갑작스러운 질문에도 답변을 잘할 수 있다. 발표할 때는 프레젠터를 쥐고 있거나 제스처를 해야 하니 펜과 수첩을 교탁에 둔다. 발표를 마치고 질의를 받을 때

교탁에 돌아와서 질문을 필기하며 들으면 질문의 의도를 파악하는 데 유리하다. 질문하는 사람은 말을 길게 하거나 정리하지 않은 채 생각나는 대로 질문할 때가 있다. 이때 쓰면서 듣고 대답하면 질문을 못 듣거나 놓치는 일이 생기지 않아서 질문자가 원하는 대답을 할 수 있다.

🔍 Key Point 쓰면서 듣기의 효과

❶ **향상** 경청 능력이 향상된다.

❷ **몰두** 말하는 사람의 이야기에 몰두할 수 있다.

❸ **신뢰** 상대방에게 신뢰를 준다.

❹ **명료** 차분하게 정돈해 말하려고 노력하게 된다.

🏃 Action 펜과 수첩을 경청에 활용하기

❶ **수첩** 포스트잇보다 수첩을 사용하자.

❷ **준비** 회의에 참석하기 전에 필기도구를 챙기자.

❸ **요점** 중요한 단어와 정보를 적자.

❹ **깔끔** 나중에 알아볼 수 있도록 정갈하게 써두자.

듣기 싫은 말은 제삼자 화법으로

경청이 중요하다고 하니 어쩌면 '듣기 싫은 소리도 들어줘야 하나?'라고 생각할 수 있다. 경청의 묘미는 대화를 자신에게 유리한 방향으로 이끌면서 원만한 관계를 유지할 수 있다는 데 있다. 다음 대화를 살펴보자.

> 삼촌 결혼은 언제 할래?
>
> 조카 조만간 하겠죠.
>
> 삼촌 네가 노력을 해야지.
>
> 조카 결혼이 뭐 제가 노력한다고 되나요.
>
> 삼촌 결혼을 해야 사회생활을 더 안정적으로 하지.
>
> 조카 지금도 안정적이에요, 삼촌! 제가 알아서 해요.

오랜만에 만난 삼촌은 조카에게 결혼하라고 성화를 부린다. 명절에 자주 볼 수 있는 풍경이다. 친척 어른은 '앞으로의 계획'을 곧잘 묻는다. 어릴 때는 "커서 뭘 할 거니?", 학창 시절에는 "어느 대학에 갈 거니?", 대학 가면 "취업은 어디로 할 거니?", 취업하면 "결혼은 언제 하니?", 결혼하면 "애는 언제 낳을 거니?" 식으로 이어진다. 이런 소리는 듣기 싫지만 어른 말씀에 대답은 해야겠고, 계속 듣고 있자니 점점 불편해진다.

그냥 하는 말에 일일이 반응하지 말자

이 모든 말에 감정이 상하는 이유는 '내 이야기'라고 생각하기 때문이다. 내 이야기를 물어봐서 대답했더니 자꾸 잔소리를 해서 기분이 나빠진다. 이제부터는 내 이야기라고 생각하지 말자. 삼촌은 진심으로 조카의 미래가 궁금한 것이 아니라 그저 조카와 대화를 하고 싶다. 그렇지만 오랜만에 만나서 할 말은 없고, 어른이니까 무슨 이야기라도 해줘야 할 것 같은 의무감에 앞으로의 계획을 묻는 것이다. 진짜로 조카에게 관심이 있었다면 이미 조카에 대해 알 것이고, 그의 질문이 진심 어린 것이라면 조카는 기분이 상하지 않을 것이다.

우리가 지금까지 들어왔고 또 앞으로 듣게 될 질문들은 '그냥 하는 말'에 가깝다. 그냥 하는 말에 성심껏 내 이야기로 대답하지 말자. 내 이야기를 하지 않으면 잔소리 들을 일이 없다. 정해지지 않은 미래를, 나 역시 불안해서 고민하는 미래를 굳이 남에게 설명할 필요도 없고, 나라는 사람에 대해 누군가에게 설명하고 이해받지 않아도 된다. '삼촌이 나와 대화하고 싶구나', '삼촌은 저런 방식으로 말을 거는구나'라고 해석하자. 그 마음을 알아채는 순간 대화가 한결 편해진다. 밥 프록터의《부의 확신》에 이런 말이 나온다.

"우리는 반응할 것인지 대응할 것인지 선택할 수 있다. 단순히 반응만 한다면 우리가 선택할 수 있는 권한을 상황이나 다른 사람에게 넘기는 것이다. 예를 들어 누군가의 말에 내가 화가 났다면 나는 그에게 내 선택권을 넘겨준 것과 같다. 그가 나를 화나게 하도록 허용하고, 생각하기를 멈추고 잠재의식에 휘둘린 것이다. 대응은 다르다. 누군가 나를 화나게 하는 말을 했다면 한번 주위를 둘러보고 이렇게 생각한다. '왜 저 사람이 그렇게 말했는지 궁금해. 하지만 그 말은 진실이 아니야. 나는 그가 말한 것과 달리 정말로 멋진 사람이거든. 저 말을 인정할 필요가 없어.'"

앞의 상황에 대입하면 삼촌이 '결혼 계획'을 묻는 말에 조카가 반응해서 화가 나는 것이다. 삼촌의 말에 조카가 내 이야기로 대답함으로써 삼촌에게 자신에 대해 말할 선택권을 넘겨준 것이다.

제삼자 화법으로 남 이야기하듯

듣기 싫은 소리에 반응하지 말고 대응하길 바란다. 제삼자 화법으로 말하는 방법이 있다. 내 이야기가 아니라 남 이야기라고 여기는 것이다. 이야기의 대상은 제삼자이고, 그를 함께 돕자는 식으로 대화를 끌고 간다.

삼촌 결혼은 언제 할래?

조카 (제삼자 이야기인 것처럼) 그러게 말이에요. 언제쯤 하게 될까요?

삼촌 내가 어떻게 아냐. 네가 노력을 해야지.

조카 (제삼자를 도울 방법을 함께 찾기 위해) 어떤 노력을 해야 할까요? 삼촌이라면 어떻게 하실 거예요?

삼촌 네 나이 때? 나는 인기 많았지. 노력이 필요 없었어.

조카 (미래의 시점을 과거로 옮기며) 오! 진짜요? 얼마나 인기가 많으셨는데요? 숙모가 첫사랑이 아니에요? 숙모!

제삼자의 이야기라고 여기면 나와 관련 없는 이야기이므로 기분 좋은 대화를 이어갈 수 있다. 내가 가장 잘하는 말은 "그러게 말이에요"이다. '그러게'는 감탄사로, 상대방의 말에 찬성하는 뜻을 나타낼 때 쓴다. 친척 어른이 제삼자를 걱정하는 데 나도 동의한다는 의미로 "그러게요"라고 말한다. 그러면 이 말을 내뱉는 즉시 대화에서 거론되는 대상과 내가 완전히 분리되는 것을 경험할 수 있다.

"그러게요. 진짜 어떻게 될까요? 저도 무척 궁금해요."

"그러게 말이에요. 지켜보면 알 수 있을까요?"

그다음 우리가 함께 제삼자를 도울 해법을 찾자는 마음으로 방법을 묻는다. 상대방의 생각을 물으면 그 사람은 자신에게 조언을 구한다고 여기고는 흡족해한다.

삼촌 취업은 어디로 할 거니?
조카 그러게 말이에요. 어디로 하게 될까요?

삼촌 애는 언제 낳을 거니?
조카 그러게 말이에요. 언제쯤 그렇게 될까요?

삼촌 사업은 잘되니?
조카 그러게 말이에요. 어떻게 하면 더 잘될까요?

삼촌 앞으로의 계획은 뭐니?
조카 그러게 말이에요. 앞으로 어떤 계획을 세우면 좋을까요?

이어서 상대방에게 만약 자신이었다면 어떻게 했을지 물어보자. 계획은 시점이 미래에 있고, 미래는 아무도 모르는 기라서 이야기하는 데 한계가 있다. 상대방의 생각을 어느 정도 듣다가 미래로 가 있는 시점을 과거로 돌리자. 자신의 이야기를 하도록 묻는 것이다.
"삼촌은 어땠어요?"
"삼촌은 결혼을 결심할 때 어떤 마음으로 하셨어요?"
"삼촌은 취업할 때 무엇을 가장 중요하게 생각하셨어요?"

"삼촌은 아이가 생긴 걸 알았을 때 어땠어요?"

"삼촌은 20대 때 어떤 생각을 제일 많이 하셨어요?"

🔍 Key Point 제삼자 화법으로 대응하는 방법

❶ **분리** 내 이야기로 듣지 않는다.

❷ **호의** 잔소리가 아니라 서툰 관심 표현임을 알아챈다.

❸ **조력** 함께 제삼자를 도울 방법을 찾자고 물어본다.

❹ **과거** 미래의 시점을 과거로 돌린다.

🏃 Action 듣기 싫은 말을 하는 친척 어른에게

❶ **분리** "그러게 말이에요."

❷ **호의** 서툰 관심 표현을 호의로 받자.

❸ **조력** "어떻게 하면 좋을까요?"

❹ **과거** "그럴 때 어떻게 하셨어요?"

때로는 들어달라고 먼저 요구한다

이미 말했듯이 부모님은 나보다 현저히 말을 많이 하는 편이다. 어느 날 나는 내 말을 들어주지 않는 어머니에게 화가 났다.

> 어머니 엄마가 어제 고구마를 사왔는데, 이 고구마는 강원도에서 온 거고 아주 맛있기로 유명해서……. (고구마 자랑이 이어진다.)
>
> 나 　 엄마는 무슨 고구마 타령이야. 나는 심각한데.
>
> 어머니 알겠어. 고구마 먹으면서 얘기해.
>
> 나 　 싫다고. 내가 기분이 이런데 고구마가 넘어가겠어?
>
> 어머니 아이참, 이거 진짜 맛있는 고구마야. 한 입만 먹어봐.
>
> 나 　 아, 진짜! 엄마랑 말이 안 통해!

고구마를 먹다가 목이 막힌 것처럼 내 속은 답답했다. 나는 듣는 걸 좋아하지만, 나도 말하고 싶을 때가 있다. 나도 사람이다. 유난히 힘들거나 지쳐 있을 때, 고민이 있을 때는 내 이야기를 들어줄 사람이 필요하다. 가족, 부모, 연인, 친구처럼 돈독한 사이일수록 내 이야기를 털어놓고 의지하고 싶어지는 법이다. 경청을 잘하는 사람도 매번 듣고만 있을 수 없다. 말하지 않으면 고민이 쌓여서 결국 잘 들어주지 못한다.

이야기를 들어달라고 말하자. 평상시 이야기를 잘 들어주는 사람일수록 요구할 필요가 있다. 왜냐면 평소 모습에 대한 상대방의 인지 때문이다. 워낙 과묵하고 조용한 사람은 감정의 동요가 크지 않다. 기쁠 때도 까무러치게 좋아하지 않고, 힘들 때도 세상이 무너질 것처럼 불안해하지 않는다. 감정 기복이 크지 않아서 힘든 일이 있어도 곁에서 보면 티가 나지 않는다. 다른 날보다 조금 조용한 정도의 변화만 있을 뿐이다. 이런 미세한 변화는 섬세한 사람이 아니면 눈치를 못 챈다.

"꼭 말해야 아나요? 같이 산 세월이 얼마나 긴데"라고 말하며 상대방이 알아주기를 기다리거나 내 마음을 몰라준다고 서운해하지 말자. 당연히 말해야 안다. 지금부터 내 이야기를 들어달라고 요구하자. 당신이야말로 나의 이야기를 들어줘야 하는 소중한 사람이라고 말하자. 이야기를 다 듣고 당신의 생각을 말해달라고 진지하게 부탁하자. 역할을 맡기면 책임감을 가지고 잘 듣는다.

나도 이 방법으로 어머니에게 요구했다.

"엄마, 지금부터 내 이야기를 들어보세요. 엄마가 도와줄 일이 있어요. 중요한 선택을 해야 하는데, 선택지가 여러 개라서 고민돼요. 끝까지 듣고 엄마의 생각을 이야기해주세요."

어머니는 조용하면 잠이 들었거나 음식을 먹는 중일 정도로 말하는 걸 좋아하신다. 그런데도 내가 이렇게 이야기하면 잘 들어주신다. 사실 고민의 해법은 당사자가 가장 잘 알지만, 때로 묵묵히 이야기를 들어줄 믿음직한 사람이 필요하다. 사랑하는 사람이 그런 사람이면 진정 행복할 것이다. 그러니 들어달라고 요구하자.

🔍 Key Point 들어달라고 요구하는 방법

❶ **요구** 나의 이야기를 들어달라고 요구한다.

❷ **소중** 당신은 내게 소중한 사람이라고 말한다.

❸ **역할** 내 이야기를 듣고 생각을 말해달라고 한다.

❹ **차분** 어조를 낮추고 천천히 말한다.

🏃 Action 내 이야기를 들어줬으면 하는 사람에게

❶ **요구** "지금부터 내 이야기를 들어주세요."

❷ **소중** "소중한 당신에게 물어보고 싶어요."

❸ **역할** "내 이야기를 듣고 당신의 생각을 말해주세요."

❹ **차분** 차분하게 이야기를 이어가자.

진심을 전하는 일은 힘들어도 생각보다 어렵지 않다. 진
정성이 전달되면 따뜻한 화해가 이뤄질 것이고, 그렇게
살아가는 일이 우리 자신에게 이롭다. 마음의 짐을 덜고,
서로 다정하게 살아가자.

3장

내가 내뱉는 말에
나의 성품이 묻어난다

긍정적인 언어는 언제나 힘이 있다

말은 그 사람의 인격이므로 일상 속 언어 습관을 다듬자. 부정어를 줄이고 긍정어 사용을 늘리기를 권한다. 아마 한국인이 제일 습관적으로 쓰는 부정적인 말은 '아니'일 것이다.

남편 이쪽 길로 가는 게 아닌가?

아내 아니, 내가 다음 신호에서 우회전이라고 했잖아.

남편 아니, 그러면 말을 정확하게 했어야지.

아내 아니, 맨날 자기가 내 말을 집중해서 안 들으니까 이러는 거 아니야.

일상적으로 접할 수 있는 대화다. 누가 봐도 부부는 말다툼 중인데 '아니'라는 말이 싸움에 불을 지피고 있다. '아니'는 아랫사람이나 대등한 관계에 있는 사람이 묻는 말에 부정하며 대답할 때 쓰는 말이다. "아니, 안 자", "아니, 안 먹어" 같은 식이다. 또 놀라거나 감탄스러울 때, 의아스러울 때 하는 말이기도 하다. "아니, 그럴 수가 있니?", "아니, 벌써 도착했어?", "아니, 이게 어떻게 된 일이야?"라고 말하는 경우다. 대부분은 첫 번째 쓰임처럼 상대방의 말을 부정할 때 쓴다.

감정을 상하게 하는 '아니'

좋은 관계를 맺기 위해서 '아니'라는 말을 빼자는 영상을 인스타그램에 올렸다. 이 영상은 올리자마자 수많은 사람이 공유하고 자신의 연인과 가족, 친구를 태그해서 추천했다. 글을 쓰는 현재 영상을 올린 지 몇 달이 지났는데, 조회 수는 490만 회, 댓글은 5,000여 개가 달렸다. 댓글에는 "'아니'라는 말을 안 하면 어떻게 말해요?", "'아니'를 빼니까 말이 안 나와요", "'아니' 없이 못 살아"라는 재미있는 글이 다수였다. 그만큼 대다수가 '아니'라는 말을 쓰면서도 그 말이 부정적으로 인식된다는 사실에 놀라워했다.

　나는 홈쇼핑 회사에서 근무할 때 '아니'라는 말의 부정적인 파급력을 겪었다.

　　차장 아니, 제가 하고 싶은 말은, 이 상품은 원래 했던 것처럼 브랜드를 확실하게 보여줘야죠.

과장 아니, 그것보다 이번에는 시연부터 가는 게 낫지 않아요? 지난번 매출
도 그렇고…….

팀장 아니, 잠시만요. 제가 먼저 얘기 좀 할게요. 지난번 방송을 떠나서 완전
히 신제품을 판다고 생각하고 의견을 내면 좋겠어요.

차장 아니, 그게 아니고 지금 중요한 걸 놓치고 있는 것 같은데, 무슨 지난번
방송을 떠나서 생각합니까?

홈쇼핑 회사는 방송을 통해 상품을 판다. 365일 쉬지 않고 방송
이 이루어지기 때문에 상품도 많고 회의도 잦다. 나는 하루에 평균
4개 회의에 참여하곤 했다. 회의는 목표 매출액 100퍼센트를 달성
하기 위해 생방송에서 상품을 어떻게 팔아야 할지 전략을 짜는 시간
이다. 쇼호스트, 피디, 엠디, 제조사 관계자가 참석하는데, 회의 분위
기는 여느 회사들과 비슷하다. 무미건조하거나 형식적이라고나 할
까. 그래도 알아서 팔리는 상품은 매출이 원체 높아서 회의 분위기
가 밝다.

이와 반대로 지난 방송에서 매출이 떨어졌거나 실수가 있었다
면 회의 분위기는 침울하다. 매출과 무관하게 일에 감정을 더하는
사람은 자신과 맞지 않는 사람하고 방송하는 게 내키지 않아서 회의
하는 동안 언짢은 내색을 드러낼 때도 있다. 이때 입에 처음 붙는 말
이 '아니'다. 앞사람이 한 말을 반박하고 자기주장을 앞세운다. 당신
의 의견보다 나의 의견이 낫다는 식이다. 결국에는 입김이 세고 권
한을 더 가진 사람의 주장을 따른다. 그럴 때마다 이것이 회의인가

하고 나는 의문을 품곤 했다. 우리는 목표가 같은데 왜 서로 비난하는 걸까?

'아니'를 빼면

'아니'라는 말을 빼고 말하자. '아니'라는 말이 빠지면 긍정문이 된다. 이 점을 활용해서 회의에서 상대방의 의견을 반박하지 않고 자신의 의견을 내자. 상대방의 의견과 엮어서 나의 의견을 제시하지 않고, 상대방의 의견은 그것대로, 내 의견은 따로 낸다. 여러 의견을 내고 함께 의논한 뒤 가장 나은 전략을 결정하는 게 회의다. 회의에서 어떤 말이든 할 수 있는 분위기가 조성돼야 회사가 발전한다. 우리의 목표는 하나라는 점을 기억하면 '아니'라는 말이 튀어나오거나 상대방의 말을 반박하지 않을 수 있다.

차장 ('아니'를 뺀다. '제가 하고 싶은 말은'도 생략해도 되는 말이다.) 이 상품은 원래 했던 것처럼 브랜드를 확실하게 보여줘야죠.

과장 ('아니, 그것보다'를 뺀다. 상대방의 생각보다 내 생각이 낫다는 말처럼 들린다.) 이번에는 시연부터 가는 게 낫지 않아요? 지난번 매출도 그렇고요.

팀장 ('아니, 잠시만요. 제가 먼저 얘기 좀 할게요'를 빼고 상대방의 말이 끝날 때까지 기다렸다가 말한다.) 지난번 방송을 떠나서 완전히 신제품을 판다고 생각하고 의견을 내면 좋겠어요.

차장 ('아니, 그게 아니고'를 뺀다. '지금 중요한 걸 놓치고 있는 것 같은데'는 상대방을 무지하다고 비난하는 말이다. 긍정적으로 바꾼다.) 지난번 방송에서 좋은 점도 여러 가지 있었어요.

'-하지 않아요?'를 '-하는 게 어때요?'로

"이번에는 시연부터 가는 게 낫지 않아요?"

이런 부정 의문문은 긍정 의문문으로 바꾸자. "이번에는 시연부터 가는 게 어때요?"라고 바꿀 수 있다. "이 길로 가는 게 괜찮지 않을까요?"는 "이 길로 가는 게 어때요?"로, "빨리 먹어야 하니까 샌드위치가 좋지 않을까요?"는 "빨리 먹어야 하니까 샌드위치 어때요?"로 전환하자.

나의 의견에 동의를 구하고 싶을 때는 긍정 의문문이 효과적이다. 왜냐면 부정 의문문은 보통 자신이 없을 때 쓰는 말이기 때문이다. 예를 들어 점심으로 뭘 먹을지 물으면 "오늘은 비도 오니까 칼국수가 어울리지 않을까요?"라고 말한다. 솔직히 말해서 사람들이 칼국수를 맛있게 먹을지 자신이 없을 수 있다. 여자친구가 애인에게 어떤 옷이 더 나은지 물어보면 애인은 "원피스가 더 격식 있어 보이지 않아?"라고 말한다. 사실은 원피스와 투피스가 무슨 차이가 있는지 잘 모르는 것일 수 있다.

확신이 있으면 긍정문으로 짧게 말한다.

"칼국수 집 가요. 거기 진짜 맛있어요."

"오늘은 원피스야. 정말 예쁘다."

내가 자신 있고, 얼른 결정을 내려야 하는 상황이라면 확실하게 긍정문으로 말하자.

불가능한 것 말고 가능한 것을 말하자

부모가 자녀에게 불가능한 것을 말할 때는 부정적인 단어가 난무하게 마련이다.

> 아미 아빠, 아이스크림 먹어도 돼?
>
> 아빠 아이스크림은 무슨. 밥 다 먹기 전엔 안 돼.
>
> 아미 그럼 유튜브 보면서 먹어도 돼?
>
> 아빠 안 된다고 했지. 그런 습관은 어린이한테 안 좋아.
>
> 아미 그러면 밥 먹는 동안 엄마가 책 읽어줘. 라디오처럼.
>
> 엄마 엄마는 일하고 있어서 못 해. 아빠한테 읽어달라고 해.

"안 돼", "못 해", "하지 마", "그러는 거 아니야", "안 된다고 했지" 같은 말은 행동을 통제하는 말이다. 하고 싶은데 할 수 없을 때 사람은 박탈감과 상실감을 느낀다. 어른은 자녀를 교육하고 가르칠 의무가 있어서 그렇다고 항변할 수 있다. 정말로 부모가 아이에게 바라는 건 건강하고 맑게 자라서 스스로 옳은 선택을 하는 성인이 되는 것이다. 그렇다면 강제적으로 억압하고 통제하는 것은 도움이 되지 않는다. 자신을 통제하는 사람이 없을 때는 스스로 통제하는 힘을 갖지 못할 테니까 말이다.

이럴 때는 긍정적인 말이 유용하다. 희망이 있으면 기대감이 생기고 능동적으로 행동할 수 있다. 즉 지금 못 한다고 말하는 대신 곧 할 수 있다고 말하는 것이다.

"밥 다 먹으면 아이스크림 먹자."

"유튜브는 이따가 보자. 지금은 밥 먹는 것에 집중하는 거야. 그래야 소화도 잘 되고, 밥이 더 맛있어."

"엄마가 일 끝나고 30분 뒤에 읽어줄게. 지금 꼭 듣고 싶으면 아빠한테 읽어달라고 할까?"

나는 이 방법으로 참을성을 길렀다. 강제와 억압, 통제가 아니라 희망으로 말이다. 아무리 힘든 과업이 있고, 밖에는 달콤한 일이 있어도 참고 할 일을 마친다. 예를 들면 지금 글을 쓰는 일은 고통스럽다. 아무것도 하지 않고 글만 10시간씩 쓴다. 그렇지만 글을 다 쓰면 보람과 만족, 보상과 휴식이 기다리고 있다는 사실을 안다. 희망이 있기에 글 쓰는 현재가 힘들어도 견딜 수 있다. 더욱이 최선을 다하면 기쁨은 더 크게 다가온다.

🔑 Key Point 긍정적으로 말하는 요령

❶ **빼기** '아니'를 빼고 말한다.

❷ **존중** 상대방의 의견을 반박하지 않고 내 의견을 말한다.

❸ **긍정** 질문할 때 부정 의문문 대신 긍정 의문문으로 말한다.

❹ **가능** 불가능한 것 말고 가능한 것을 말한다.

🏃 Action 긍정어로 바꾸기

❶ **빼기** "아니, 이리로 가라고 했잖아." → "이쪽으로 가자."

❷ **존중** "그것보다는 이게 낫지 않아요?" → "이건 어때요?"

❸ **긍정** "이 집이 괜찮지 않아요?" → "이 집 어때요?"

❹ **가능** "숙제 다 하기 전엔 안 돼." → "숙제 다 하고 하자."

같은 말도 예쁘게

친구가 소개팅을 주선하려고 이상형을 묻는다.

친구 이상형이 뭐야? 주변에 괜찮은 사람 있으면 소개해줄게.

비읍 술을 매일 마시는 사람은 싫어. 사소하게 거짓말하는 사람도 별로야. 운 동 안 하는 사람도 게을러 보여서 좀 그렇고. 생각 없이 말하는 사람은 진짜 안 만나고 싶어. 바쁘다고 연락을 자주 안 하는 사람도 오래는 못 만나겠더라.

친구 와! 받아 적어야겠는데?

과연 친구는 소개팅 주선에 나설까? 비읍은 까다로운 사람같이 보인다. 싫어하는 것들을 이야기할수록 싫어하는 것이 많은 사람처 럼 느껴진다. 싫어하는 것을 말하는 비읍의 표정도 기억에 남을 것이다. 사람은 싫어하는 것을 말할 때면 자동적으로 인상이 구겨지기 때문이다.

싫어하는 것 대신 좋아하는 것을 말하자

비읍은 자신이 싫어하는 행동을 하지 않을 사람을 바라고 있다. 그렇다면 싫어하는 것 대신 좋아하는 것을 말하면 어떨까?

"술을 매일 마시는 사람은 싫어"라고 말하는 대신 "술을 적당히 마시는 사람이 좋아"라고 말하는 것이다. "사소하게 거짓말하는 사람도 별로야" 대신에 "정직한 사람이 좋아"라고 말할 수 있다. "운동 안 하는 사람도 게을러 보여서 좀 그렇고"보다 "자주 운동하는 사람이 좋아", "생각 없이 말하는 사람은 진짜 안 만나고 싶어" 대신에 "말의 무게를 아는 사람을 만나고 싶어", "바쁘다고 연락을 자주 안 하는 사람도 오래는 못 만나겠더라"보다 "바빠도 연락을 자주 하는 사람이 좋아"라고 말하는 것이다.

좋아하는 것을 말할 때는 이감도 표정도 밝다. 사랑하고 좋아하고 소중히 여기는 것들을 떠올려보라. 생각만 해도 입가에 미소가 번지고, 지금이 어떤 상황이든 그 생각만으로 기분이 환해진다. 류시화 시인은 자신의 페이스북에 이런 글을 올렸다.

"세상에는 두 종류의 사람이 있다. '나는 불행한 것이 싫어'라고 말하는 사람과 '나는 행복한 것이 좋아'라고 말하는 사람. 예민한 사람일수록 싫어하는 것이 많다. 하지만 우리가 부여받은 예민함은 좋은 것, 아름다운 것, 위대한 것을 발견하는 능력이어야 한다. 자기 주위에 벽을 쌓는 쪽으로 그 재능이 쓰여선 안 된다. 자신이 좋아하는 것으로 자신을 정의하라.”

평가를 가장한 칭찬의 말

칭찬이 평가에서 비롯되는 경우가 있다. 가령 “나는 네가 약속을 잘 지켜서 좋아”라는 말이 평가에서 나온 칭찬이다.

“나는 자기가 항상 멋있어서 좋아.”

“우리 아들이 공부를 잘해서 엄마는 너무 기뻐.”

“넌 언제나 씩씩해서 좋아.”

“어른한테 인사도 잘하고 착하네.”

이런 말들이 평가에서 비롯된 칭찬이다. 그런데 이것은 진정 상대방을 위한 말일까? 상대방은 이 말을 듣고 기분이 좋을까?

나는 그렇게 생각하지 않는다. 상대방을 위한 말이 아니라 ‘내’가 중심에 있는 말이기 때문이다. 자신이 바람직하다고 정해놓은 기준에 부합하는 행동을 상대방이 했을 때 하는 말로, 칭찬을 가장한 평가라 할 수 있다. 또는 상대방이 변하도록 유도하려고 하는 말이기도 하다. 그래서 이런 유의 칭찬을 들으면 마냥 기분이 좋지만은 않다. 상대방을 위한 행동은 처음 얼마간은 할 수 있으나 오래가지 못한다. 나 자신을 위한 행동일 때 장기간 지속하는 힘이 있고 상호 발전적이다.

약속을 잘 지켜서 좋다고 말하니 혹시라도 약속을 못 지키게 되면 실망하지 않을까 걱정할 수 있다. 멋있어서 좋다고 하니까 왠지 꾸민 모습만 보여야 할 것 같다. 공부를 잘할 때 엄마가 기뻐하니까 행여 성적이 떨어질까 봐 불안하다. 씩씩한 모습이 좋다고 하니까 힘들 때 당신한테는 내색하지 못할 수 있다. 그러니 이런 의도가 없다면 앞으로 상대방이 진심을 고스란히 느낄 수 있도록 정확히 표현하자.

평가하는 사람 말고 발견하는 사람

평가하는 사람 말고 발견하는 사람이 되어보자. "당신이 -해서 좋아"라고 조건을 달아 평가하는 대신에 그 좋은 점을 발견한 나의 생각과 그 발견에 따른 나의 감정 또는 느낌을 말하는 것이다. "나는 네가 약속을 잘 지켜서 좋아" 대신에 "네가 나와의 약속을 소중하게 여기는 것 같아서 나는 참 고마워"라고 말할 수 있다. 칭찬은 즉 감사의 말이다.

발견을 잘하기 위해서는 상대방이 한 행동에 따른 결과를 판단하기보다 그 행동이 지닌 의미를 파악하는 노력이 필요하다. "나는 자기가 항상 멋있어서 좋아"는 멋지게 꾸며놓은 현재의 결과를 판단하는 말이다. 의미를 파악해보면 상대방이 멋있어 보이는 것은 내가 그 사람을 사랑하고 있다는 방증이다. "나는 자기가 언제나 멋있어 보여. 잠을 자는 모습도, 이를 닦는 옆모습도, 토라져서 등을 돌리고 있을 때 뒷모습마저도 멋있어. 정말 많이 사랑해"라고 말할 수 있다.

마찬가지로 "우리 아들이 공부를 잘해서 엄마는 너무 기뻐" 대신에 "엄마는 아들이 뭐든 성실하게 하는 모습에 감동받았어", "넌 언제나 씩씩해서 좋아" 대신에 "너의 씩씩한 모습을 보면 나도 힘이 나는 것 같아", "어른한테 인사도 잘하고 착하네" 대신에 "먼저 와서 인사해줘서 고마워"라고 말할 수 있다.

힘든 순간에 기분을 바꾸는 기술

나는 예전에 불평을 자주 했다.

"일이 왜 이렇게 많아. 피곤해 죽겠네."

"짜증 나. 말 걸지 마."

"힘들어 죽겠어."

이런 말로 상황을 부정적으로 해석하고 부정적인 감정을 표출했다. 나를 봐달라고 투정 부리는 불평투성이였다. 그러나 투덜거려도 상황은 나아지지 않았다. 오히려 내가 처한 상황이 더 부정적으로 느껴졌고, 함께 있는 사람의 의지까지 꺾곤 했다. 죽을 만큼 힘든 상황에서는 구조를 바라지 불평하지 않는다. 불평은 그저 유치한 습관이다.

그래서 의식적으로 불평하지 않으려고 애썼고 입에서 불평하는 말이 튀어나오는 순간 입을 닫았다. 그리고 짜증 나고 불쾌해지려는 순간 희망을 떠올렸다. 지금 이 상황은 희망찬 순간을 맞이하기 위한 과정이라고 의식적으로 인지하면서 말이다. 그랬더니 이제는 사소한 일로 웬만해선 불평하지 않는다. 유일하게 불평하는 순간은 운동할 때다. 산을 오를 때면 오르막길에서 무척 힘이 드는데, 내 의지대로 산에 갔으면서 희한하게 불평이 하고 싶다. 참다 참다 결국 입에서 힘들다는 말이 툭 나온다. 하지만 그럴 때 곧바로 바람을 덧붙인다.

"아, 진짜 힘들어. 그렇지만 정상에 곧 도착하겠지."

"내가 여기 왜 왔는지 모르겠어. 그래도 결국에는 올라갈 거라는 걸 알아."

이렇게 정말 소리 내서 말하면 참을 만하다. 내 강의를 듣던 수강생도 예전부터 이런 습관을 들였다고 했다.

"오늘따라 왜 다들 나만 찾는 거야? 내가 일을 잘한다는 뜻이지."

"짜증 나. 하지만 나는 웃을 거야. 이런 일쯤은 나한테 아무것도 아니니까."

이렇게 힘든 순간 바람을 덧붙여 말하면 금세 기분이 상쾌해지고 긍정적인 언어 습관이 길러질 것이다.

❶ **긍정** 똑같은 의미를 '좋아하는 것'으로 말한다.

❷ **칭찬** 당신의 행동이 나에게 이로움을 주어 고맙다고 말한다.

❸ **발견** 상대방의 행동이 지니는 의미를 파악한다.

❹ **바람** 불평이 나왔다면 희망찬 바람을 덧붙인다.

🏃 Action 가까운 사람에게 예쁘게 말하기

❶ **긍정** "대화할 때 내 말에 귀 기울이는 사람이 좋아."

❷ **칭찬** "항상 만날 때마다 환하게 웃어줘서 고마워."

❸ **발견** "그 웃음을 보면 언제나 날 환영해주는 게 느껴져."

❹ **바람** "피곤해. 하지만 괜찮아. 내일은 쉬는 날이잖아!"

문장 부호를 이기는 한 문장 더하기

지금은 채팅으로 소통하는 시대다. 혹시 주변에 문자나 톡 메시지를 보낼 때 문장 부호와 이모티콘을 유독 많이 쓰는 사람이 있지 않은가?

팀장 이메일로 서류 양식을 보내주시겠어요?
대리 넵!!!!

흐로 그럼 내일 오후 3시에 대표님 회사에 도착해서 연락드릴게요.
대표 감사합니다~~~

후배 선배님!! 어제 진~~짜 너무너무 감사했어용~~~~!!!
선배 그래~ 어제 정말 잘했어!!! ^^

대화 내용을 보면 느낌표, 물결표, 부사를 남발하고 있다. 느낌표, 물결표, 부사를 남발하면 표현력이 떨어질 수 있다. 메시지에서 느낌표는 확실히 알아들었을 때, 물결표는 친절하게 말할 때, 부사는 마음을 표현할 때 주로 쓴다. 하지만 이렇게 마음을 문장 부호나 부사로 대신 전하는 것은 의존하고 있는 것이다. 말로 하기에는 부끄럽고 서툴러서 말이다. 그러나 진심은 지금 상황에서 꼭 그 사람에게 할 수 있는 말일 때 가닿는다. 마음을 진심으로 표현하는 습관을 기르자. 처음이 어렵지 하다 보면 익숙해지고 표현력이 는다.

그러기 위해서는 마음속에서 일어나는 느낌과 감정을 표현하는 한 문장을 덧붙이자. 확실히 알아들었으면 "넵!!!!" 대신에 "네, 지금 바로 보내드리겠습니다"라고 말하자. 상대방이 친절을 베풀면 "감사합니다~~~" 대신에 "저희 회사를 방문해주셔서 정말 감사합니다. 내일 뵙겠습니다", 선배의 가르침에 감사하면 "어제 진~~짜 너무너무 감사했어용~~~~!!!" 대신에 "어제 선배님 덕분에 보고를 잘 마쳤습니다. 선배님께 언제나 놀라운 것들을 배웁니다. 진심으로 감사합니다"라고 표현하자.

느낌표의 올바른 쓰임

느낌표를 여러 개 쓰는 경우는 주로 상대방의 말을 확실히 이해했을 때, 그래서 지시대로 반드시 이행하겠다는 것을 강조할 때다. 상대방이 제안을 수락해줘서 무척 기쁘고 신날 때도 사용한다. 대화를 끝마칠 때나 상대방이 말을 끝내길 바랄 때 흔히 "넵!!"이라고들 한다. 나는 수강생들에게 "넵!!"을 하지 말라고 누누이 말한다. 한편 뭔가를 놓치거나 실수했을 때도 "앗!!!"이라고 쓴다.

국립국어원 한국어 어문 규범 '한글 맞춤법'에 따르면 느낌표는 "어머! 큰일이 났구나!", "정말 멋지구나!"처럼 감탄문이나 감탄사의 끝에 나온다. 또 "대답해!", "열심히 할 거야!"처럼 특별히 강한 느낌을 나타내는 어구와 평서문, 명령문, 청유문에도 쓰인다. 물음의 말로 놀람이나 항의의 뜻을 나타내는 경우에도 쓰인다. 예를 들어 "이게 누구야!", "내가 왜 나빠!"라고 하는 식이다. "홍수야!", "네, 선생님!"처럼 다른 사람을 부르거나 감정을 넣어 대답할 때도 사용한다.

이외에 느낌표를 여러 개 써서 더 강한 느낌을 나타낼 수 있다는 설명은 없다. 한글 맞춤법에 따르면 문장 부호는 문장의 구조를 드러내거나 글쓴이의 의도를 전달하기 위해 사용하는 부호다. 따라서 글의 의미를 효율적으로 전달하기 위해서는 문장 부호를 적절하게 사용할 필요가 있다. '적절하게' 말이다. 문장 끝에 딱 한 번만 붙여도 감정은 충분히 전달된다. "감사합니다!", "알겠습니다!"에 덧붙여 나의 마음을 표현하는 한 문장을 더하자. 그리 오래 걸리는 일도 아니다.

물결표의 올바른 쓰임

물결표는 친절한 말투를 흉내 낼 때 쓴다. "안녕하세요~", "나중에 연락해요~~~" 같은 식으로 메시지와 메일에 수시로 등장한다. 나는 수강생들에게 말꼬리를 늘이는 말투를 바꾸자고 말하면서 일상에서 물결표를 쓰지 말라고 강조한다. 말꼬리를 늘이는 건 단지 친절한 척하는 것이다.

친절은 마음에서 나오는 것이지 말투에서 나오는 게 아니다. 친절한 마음이 있으면 말투는 상관없다. 여성 중에는 음성이 낮으면 불친절해 보일까 봐 일부러 높이는 사람이 있는데, 그럴 필요 없다. 남성들이 낮은 음성이라고 해서 모두 불친절해 보이는 건 아니지 않은가. 친절한 내용을 말하고 친절한 행동을 하면, 굳이 다른 표현을 하지 않아도 상대방은 친절을 느낄 수 있다. 말투나 메시지로 친절을 보여주려는 것은 친절한 사람처럼 보이고 싶은 자신을 위한 행동일 뿐이다.

친절하게 보이려고 말꼬리를 늘이면 전달력도 떨어진다. 말끝마다 늘어져서 독특한 말투가 들리기 때문이다. 말은 전달하는 내용이 들려야지 말투가 들리면 전달력을 해친다. 메시지에서 물결표가 여러 개 달리면 보기에도 지저분하다. 전문성도 떨어져 보인다. 일을 잘하는 사람은 친절하게 보이려고 애쓰기보다 메시지를 정확하게 전달하기 위해 노력한다.

한글 맞춤법에 따르면 물결표는 기간이나 거리 또는 범위를 나타낼 때 쓴다. 그리고 물결표 대신 붙임표(-)를 쓸 수도 있다. 그래서 나는 수강생들에게 일상에서 물결표를 없애고 붙임표를 쓰라고 권한다. 물결표에게는 미안하지만, 눈에서 물결표가 보이지 않으면 말투도 메시지도 깔끔해져 전달력이 좋아질 것이라고 믿는다.

"물결표 없이 마침표만 있으면 딱딱하지 않나요?"라고 질문하는 사람이 있다. 마침표에서 대체 무슨 감정을 느끼는 것인가. 문장 끝에는 마침표, 느낌표, 물음표를 쓰는 게 원칙이다. 말줄임표가 달려도 마침표를 찍어야 올바른 문장이다. 그래야 읽는 사람이 글에서 의미를 파악한다. 만약 책에 실린 문장 끝에 물결표가 달렸거나 마침표가 없으면(이런 책은 한 번도 본 적이 없지만) 오타이므로 올바르게 수정해서 다시 인쇄해야 한다. 그동안 책에서 마침표가 찍힌 문장을 읽으면서 불친절함을 느끼지는 않았을 것이다. 그러니 고민할 필요 없다. 친절한 마음만 있으면 충분하다.

부사의 올바른 쓰임

부사는 아름다운 우리말이다. 다만 내가 우려하는 점은 똑같은 부사만 쓰는 경우다. "어제 진~~짜 너무너무 감사했어용~~~~!!!" 처럼, 우리는 '진짜', '정말', '자주', '되게', '많이', '너무', '아주', '굉장히'라는 부사만 돌려 쓴다. 나는 쇼호스트로 일하던 시절 '굉장히'라는 말을 굉장히 빈번하게 썼다. 상품이 썩 마음에 들지 않거나 뭐라고 할 말이 없을 때 쉽게 그렇게 말했다.

특정 부사는 입에 붙어서 더욱 자주 쓰게 된다. 예를 들어 "생각 났어"라고 말할 때 우리는 거의 "갑자기 생각났어" 또는 "진짜 생각 났어"라고 말한다. 부사는 용언 또는 다른 말 앞에 놓여 그 뜻을 분명하게 하는 품사다. 부사를 다양하게 사용하면 상황을 알맞게 표현할 수 있다. '갑자기'나 '진짜' 대신에 '문득', '얼핏', '돌연', '난데없이', '느닷없이', '명확히', '명백히', '분명히', '정확히', '똑똑히', '확실히' 등 여러 가지 표현을 활용할 수 있다. 가능한 한 부사를 다양하게 사용하자. 자주 쓰는 단어를 인터넷 국어사전에서 검색하면 비슷한 뜻을 지닌 '유의어'를 볼 수 있다. 나는 아나운서를 준비한 2008년부터 현재까지 15년간 거의 매일 국어사전에서 낱말을 찾는다. 발음을 확인하고, 뜻을 읽고, 낱말의 쓰임을 예문으로 살펴보고, 유의어와 반의어까지 숙지한다. 이런 습관이 어휘의 양을 늘려준다.

얼마 전 1년 만에 만난 후배와 대화를 나누다가 무슨 이야기 끝에 내가 이렇게 말했다.

"때때로 그런 적 있지."

후배는 웃으면서 말을 이었다.

"'때때로'라는 표현을 정말 오랜만에 들어요. 책에서 봤지만, 육성으로 듣는 건 처음이에요."

어찌나 웃기던지. 나는 아마도 어느 시절에 책에서 '때때로'를 본 모양이다. '아! 오랜만에 본다, 때때로' 하고 동그라미를 치고 소리 내어 말했을 것이다. 내가 어휘를 공부하는 또 하나의 방법이다.

최근에 책에서 '저절로'라는 부사를 봤을 때도 그랬다. 그래서 그날도 대화하다가 무심결에 나온 말이다. 그렇게 내 단어가 된 것이다.

흔하게 사용하는 부사를 쓴 다음에도 한 문장을 덧붙여보자. 부사를 두 번씩 말하는 건 지양하자. 미성숙해 보일 수 있다. "진짜 진짜 맛있다"라고 말하는 대신 "진짜 맛있다. 어릴 때 엄마가 끓여주신 김치찌개 맛이 나", "오늘 정말 정말 예쁘다" 대신에 "오늘 정말 예쁘다. 멀리서 걸어오는데 너만 보여"라고 말하는 것이다.

🔍 Key Point 문장 부호에 의지하지 않는 표현력

❶ **문장** 문장 부호 뒤에 한 문장을 덧붙인다.

❷ **표현** 떠오르는 감정과 마음을 표현한다.

❸ **정확** 문장 부호는 정확하게 사용한다.

❹ **수집** 다양한 부사를 수집한다.

🏃 Action 고마움을 메시지로 전할 때

❶ **대상** 고마운 사람을 떠올리자.

❷ **문장** 하고 싶은 말을 쓰자.

❸ **표현** 떠오르는 감정과 마음을 덧붙여 표현하자.

❹ **정확** 문장 부호를 정확히 사용해서 깔끔하게 전하자.

쑥스러워도 전해야 하는 감사의 말

부모님은 환상의 짝꿍이다. 이 경상도 출신 부부가 식사를 한다.

아버지 밥 먹자. 온나.
어머니 국물 맛있재?
아버지 흠.
어머니 딸도 맛있재? 아빠는 말 없으면 맛있는 거다.

아버지는 맛이 있거나 마음에 들면 아무 말이 없다. 반대로 맛이 없거나 마음에 안 들면 요리사처럼 훈수를 둔다. 그래서 두 분은 자주 다툰다. 이런 부모님이 아직까지 부부의 연을 이어갈 수 있는 건 아버지가 매일 어머니에게 다정한 메시지를 보내기 때문이다.
　"밖이 추우니까 따뜻하게 입고 나가요. 사랑해요."

가족이니까 더 표현하면 좋은 말

가족이니까 감사한 게 더 크다. 여기서 가족은 법적 관계에 국한된 말이 아니라 모든 형태의 가족을 의미한다. 같이 살고 있고 가족처럼 나를 아껴주는 친구와 연인, 이웃, 주변 사람까지 포함한다. 나를 나답게 살게 해주는 사람들, 더 살고 싶은 마음이 들게 하는 사람들, 세상을 살아갈 이유인 사람들 말이다. 이들에게 우리는 감사의 마음을 표현해야 한다. 사랑을 받고 있다는 것, 그리고 사랑을 줄 대상이 있다는 것은 경이로운 일이다.

감사한 마음을 간직한 채 그대로 두지 말고 언어화하자. 사랑에 빠지면 사랑한다는 말이 마음을 다 표현하지 못하는 것처럼 느껴진다. 계속 말해도 부족한 말이 사랑한다는 말이 된다. 감사하다는 말도 이와 똑같아서 한 번 했다고 끝내지 말자. 사랑한다, 고맙다, 좋아한다는 말은 듣고 또 들어도 행복해지는 말이다.

이메일을 주고받으면 한국인은 언제나 "감사합니다. ○○○ 드림"으로 마무리한다. 업무상 메시지로 연락할 때도, 식당에서 계산하고 나올 때도 마찬가지로 감사의 인사를 전한다. 어른은 아이에게 "고맙습니다"라는 말을 가르치고, 모르는 사람이나 낯선 사람에게도 감사하다는 말을 수시로 하고 산다. 그렇게 하루에도 남들에게 수없이 감사하다고 말하는데, 가족한테는 얼마나 자주 하는가? 가족에게도 매일 말해보자.

감사하다는 말이 가슴에 닿으려면

감사하다는 말은 입에 발린 소리처럼 하면 마음에 가닿지 않는다. 예를 들어 방을 말끔히 청소한 가족에게 "방이 진짜 깔끔하다. 언제 이렇게 다 치운 거야? 진짜 고마워"라고 말하는 건 겉치레로 하는 말이 될 수 있다. 상대방이 방을 깨끗이 치울 때의 마음을 헤아려주거나, 방을 청소한 노력과 과정에 대해 고마워하고 있지 않기 때문이다. 단순히 방이 깨끗해진 결과에 자신의 기분이 좋아져서 감정에 치우쳐 고맙다고 말한 것이다. 앞으로 상대방이 계속 방을 깔끔히 치워주길 바라는 마음도 있을 것이다.

내가 한 말이 상대방의 가슴에 닿으려면 상대방의 행동을 '사실적으로' 표현하고, 그 행동에 대한 나의 '생각'과, 그 행동이 나에게 일으킨 '느낌'을 분리해서 말하자. 이때 느낌은 고마움, 안도감, 평온함, 깨달음, 자신감, 믿음, 위로 등이다. 바꿔서 말하면 이렇게 표현할 수 있다.

"내가 방을 어질러놓고 나갔는데, 호텔처럼 깨끗해졌어(사실)! 그런데 당신은 짜증도 안 부리고, 생색도 안 내고, 너그럽게 웃고 있네(사실). 치우느라 몇 시간 동안 고생했겠다(생각). 언제나 나를 배려해주는 당신에게 항상 미안하고 정말 고마워(느낌)."

평소 당연하게 여긴 가족의 사소한 배려를 떠올려보자. 그리고 그 행동들을 깊이 헤아려 고마운 마음을 고스란히 전해보자.

기프티콘으로는 부족하다

생일이나 감사한 일로 온라인 선물 쿠폰인 기프티콘을 보내기도 한다. 그러나 기프티콘은 고마움을 전하는 데 한계가 있다. 대형 프랜차이즈 커피 브랜드 쿠폰을 보내며 "이거 마시고 힘내"라면 괜찮지만, 특별한 날에 감사한 마음을 기프티콘으로 전하기에는 부족하다.

기프티콘은 상대방을 생각해서 보내기보다 나의 감사한 마음을 재빨리 전달해 털어내려는 의도가 크다. 도움을 받아 빚진 기분에서 벗어나고 싶은 것이다. 그 정도 사이라면 그래도 된다. 그렇지만 친밀한 사이고 깊은 감사의 마음이 있다면 제대로 표현하자. 감사한 마음을 온전히 전하는 것이 인간관계를 돈독히 할 기회다. 선물을 주고 싶다면 고마운 사람에게 의미 있거나 그가 원하는 것을 주자. 무엇을 필요로 하는지 관찰하면 쉽게 알 수 있다.

선물하는 게 쑥스럽고, 뭔가 선심을 쓰는 것같이 보일까 봐, 상대방이 부담스러울까 봐 머뭇거리게 될 때가 있다. 하지만 마음을 전하는 일이라고 생각하면 전하는 게 맞다. 그리고 이것도 자신의 입장에서 생각한 것이다. 상대방의 반응은 선물을 주고 난 뒤에 알 수 있다. 만약 상대방이 예의상 거절하면 나는 나를 위해 받아달라고 말한다. 선물을 보면서 나를 기억해달라고 말이다.

무엇이 필요한지 물으면 끝까지 말 안 하는 사람도 있다. 그럴 때 나는 '요즘에는 뭐가 필요할까?'를 상대방의 입장에서 생각한다. 필요한 게 없는 사람도 있다. 그렇다면 '어떤 걸 주는 게 의미 있을까?'를 상대방의 입장에서 고려한다.

선물은 마음이 전해질 때 값지다. 가격이나 브랜드는 중요하지 않다. 내가 소중히 간직하는 선물은 수강생들이 직접 쓴 편지와 메시지다. 빼곡하게 감사한 마음을 적은 글을 보면 내가 누군가를 돕는다는 사실에 기쁘고, 그 마음을 표현해줘서 무척 고맙다. 인상적인 선물은 직접 요리해서 나눠준 음식, 내가 아주 필요로 한 것을 딱 알아차려서 건넨 것들이다. 관심과 애정이 깃든 선물들이었다.

🔑 Key Point 감사함을 전하는 방법

❶ **가족** 가족에게 매일 감사한 마음을 전한다.

❷ **순서** 사실—생각—느낌 순으로 분리해서 말한다.

❸ **마음** 상대방의 행동에 담긴 고마운 마음을 들여다본다.

❹ **관찰** 선물을 하기 위해 상대방을 관찰하고 마음을 담아서 준다.

🏃 Action 고마운 사람에게 감사의 인사를 전하기

❶ **감사** 오늘 하루 중 가장 고마웠던 일을 떠올리자.

❷ **순서** 사실—생각—느낌 순으로 분리해 적어보자.

❸ **마음** 그 사람이 어떤 마음이었을지 생각하자.

❹ **관찰** 현재 그 사람이 필요로 하는 것을 선물로 준비하자.

제대로 사과하지 않으면 일만 커진다

신호 대기 중에 택시가 뒤에서 차를 들이받았다. 나는 차 상태를 점검하려고 내렸다.

택시 기사 괜찮죠?

나 네?

택시 기사 보니까 차도 멀쩡한 것 같은데 그냥 가시죠.

'괜찮다', '그냥 가라'는 말은 내가 괜찮으면 할 말이다. 그런데 택시 기사는 사과 한마디 없었다. 사고를 낸 사람은 상대방이 다친 데가 없는지 살피고, 차량 파손과 사고에 따른 피해에 대해 사과하고 조치할 의무가 있다. 신호 대기 중 차량 후미 추돌 사고는 뒤차의 100퍼센트 과실이다. 나는 경미한 사고라 그냥 가려고 했지만 기사의 오만한 태도에 마음을 바꾸고 경찰과 보험 회사를 통해 사고를 처리했다.

사과는 즉시 제대로

"괜찮으세요? 죄송합니다"라는 사과 한마디면 해결될 일이었다. 사과를 제대로 하지 않으면 문제는 일파만파 불어난다. 명백히 자신이 잘못한 상황에서도 사과하지 않는 사람들이 있다. 사과하면 잘못을 인정하는 게 되고, 문제의 책임을 떠안기 싫어서, 혹은 자존심이 상해서다. 거기다 자신도 나름의 이유가 있다며 억울해하고 사과는커녕 변명을 한다. 이처럼 사과하지 않는 건 자기만 생각하는 이기적인 행동이다.

사과는 즉각적으로 제대로 해야 한다. 잘못을 인지한 순간 즉시 사과하자. 사과가 늦어질수록 상대방의 화는 더 커진다. "생각할수록 화나네"라고 말한 적 있지 않은가? 분노의 불길이 걷잡을 수 없이 번질 수 있다. 일단 "죄송합니다"라는 사과의 말을 제일 먼저 한 다음 자신이 잘못한 행동을 '사실적으로' 표현한다. 자신의 행동으로 인한 상대방의 느낌, 기분, 감정, 마음을 헤아리고, 그 일에 대해 사과한다.

택시 기사는 이렇게 말하면 좋았을 것이다.

"죄송합니다(사과). 괜찮으세요? 다친 데는 없으세요? 제가 깜

빡 졸아서 브레이크 페달을 밟고 있다가 놓치는 바람에 사고를 냈습니다(사실). 갑자기 부딪혀서 놀라셨겠어요(상대방의 느낌). 사고 나서 속상하실 텐데 정말 죄송합니다. 어떻게 처리해드릴까요?"

참고로 교통사고를 발생시킨 운전자는 도로교통법에 따라 피해자를 구호하고, 피해자에게 자신의 이름, 연락처, 주소 등의 인적사항을 제공한 후 경찰에 신고 조치해야 한다.

잘못한 부분을 정확히 뉘우쳐야

사과를 했는데도 상대방이 "무슨 잘못을 했는지 다시 말해봐"라고 할 때가 있다. 상대방이 사과를 받아들이지 않는 게 아니라 자신이 엉뚱한 것을 사과했기 때문이다. 그건 사과가 아니다. 가령 당신은 술을 진탕 마시고 집에 들어온 다음 날 아내에게 이렇게 사과한다.

"잘못했어. 다시는 술 안 마실게. 용서해줘."

이 말은 틀렸다. 아내는 단순히 당신이 술에 취해서 화가 난 게 아니다. 그러니 술을 안 마시겠다는 것은 화를 풀어줄 대안이 될 수 없다.

이때 아내는 당신에 대한 믿음이 파괴되고 있다. 술을 마셔도 인사불성으로 취하지 않고 집에 들어오기로 한 약속, 술을 마실 때 걱정되니까 연락을 받아달라는 약속을 지키지 않은 당신에 대한 신뢰가 붕괴된 것이다. 사소한 약속도 지키지 않는 당신으로 인해 두 사람의 미래까지 불안해진 것이다. 이 사람을 평생의 동반자로 믿고 의지할 수 있을지 걱정도 된다. 또 둘이 한 약속을 소중하게 생각하지 않는 것은 사랑이 식었다는 뜻이 아닐까 염려하기도 한다.

그러니 제대로 사과하려면 이렇게 말해야 한다.

"정말 미안해(사과). 내가 어젯밤에 술을 마시고 인사불성으로 집에 들어왔어. 연락도 받지 못했고, 당신과 한 약속을 지키지 못했어(사실). 나한테 실망했고 속상했지? 내가 약속을 어겨서 다른 말도 믿을 수 없다고 생각할 것 같아(상대방의 느낌). 나를 신뢰하지 못하게 해서 미안해."

변화는 자신이 어떤 점을 잘못했는지 정확히 깨달은 지점부터 시작돼야 한다.

사과는 받아들여질 때까지

사과하자마자 용서해달라거나, 한 번만 봐달라고 사정하거나, 화를 그만 내라며 마음을 풀라고 말하는 사람이 있다. 그렇게 말하면 화를 더 키운다. 사과하는 사람 자신을 위한 말이기 때문이다. 상대방이 얼른 사과를 받아들여서 이 불편한 상황이 속히 끝나기를 바라는 것이다. 진정으로 상대방을 위한다면 마음이 풀릴 때까지 사과해야 한다.

언제까지 사과할 수 없지 않냐고 말할 수 있다. 사과는 상대방이 받아들일 때까지 하는 것이다. 매일같이 찾아가서 무릎을 꿇고 사과하라는 말이 아니다. 미안한 마음을 갖고 살아가라는 뜻이다. 상대방도 마음이 무겁고 힘들고 괴로울 것이다. 잘못한 사람이 상황을 그렇게 만든 것이다. 그러니 미안한 마음을 가지고 잘못에 따른 책임을 통감하며 살아야 한다. 가까운 사이라면 책임감 있게 변화하는 모습을 보여주려고 노력하자.

약속하면 행동으로 보여주자. "술 안 마실게" 같은 지키지 못할 약속을 하지 말고, 다시 믿음을 쌓을 수 있도록 행동하자. 술을 마실 때도 연락이 오면 잘 받고, 술을 마셔도 멀쩡한 모습으로 집에 들어가고, 귀가하기로 한 시간에 집에 들어가면 된다. 이 일관된 행동을 상당 기간 지속하는 모습을 보이면 두 사람 간의 믿음은 다시 회복될 수 있다. "이제 술 때문에 내 속을 안 썩이네"라는 말이 나오면 그제야 용서할 마음이 드는 것이다.

한편 "또 옛날이야기 하는 거야? 나도 시작해볼까?", "당신은 진짜 뒤끝이 길어"라며 되려 상대방을 타박하는 사람이 있다. 잘못한 것은 끝까지 잘못한 것이다. 또 용서했다고 해서 잘못한 사실이 무마되는 게 아니다. 잘못은 잊지 않아야 또다시 반복하지 않는다. 기회가 있다면 이런 말로 한 번 더 사과하고 고마움을 전하자.

"당신한테 늘 믿음을 주고 싶어. 나 정말 노력하고 있어. 앞으로도 계속 나를 믿어주길 바라. 지켜봐줘. 그동안 속상하게 해서 정말 미안했어. 다시 믿어줘서 고마워."

늦었더라도 꼭 사과하기

우리는 마음 한구석에 가까운 사람들을 향한 미안한 마음이 있다. 밥 먹으라는 말에 짜증을 내고, 집에 조심히 오라는 소리에 버럭 화를 냈다. 타인으로 인해 기분 나쁜 감정을 아무 상관이 없는 사람에게 풀었다. 방문을 쿵 닫아서 거실에 얌전히 있는 가족을 놀라게 했다. 통화하다가 화를 못 참고 전화를 끊어버렸다. 입에 담지 못할 말을 퍼부었다. 분노를 감정적으로 표출하고 막무가내로 짜증 내고 무례하게 굴었던 날들이 떠오르는가?

그렇다면 나는 늦었더라도 사과하라고 말하고 싶다. 사랑하는 사람이 나의 옆을 지켜주고 있다면 지금이라도 사과하자. 그때 미안했다고, 오랫동안 마음속에 담고 있었는데 말하지 못했다고 말하자. 내게 소중한 사람을 소중하게 대해야 했는데 그러지 못해서 잘못했다고 말하자. 진작 사과하고 싶었는데 용기가 없었고, 더 늦기 전에 사과하고 싶었다고, 미안하다고 말하자.

앙금을 묻어두고 살아가면 시간이 흐를수록 마음의 골은 깊어지고 사이는 소원해진다. 진심을 전하는 일은 힘들어도 생각보다 어렵지 않다. 진정성이 전달되면 따뜻한 화해가 이뤄질 것이고, 그렇게 살아가는 일이 우리 자신에게 이롭다. 마음의 짐을 덜고, 서로 다정하게 살아가자.

🔑 Key Point 제대로 사과하는 방법

❶ 즉시 사과는 즉시 한다.

❷ 사과 사과의 말을 가장 먼저 한다.

❸ 사실 잘못한 사실을 인정하고 말로 표현한다.

❹ 느낌 자신의 잘못으로 인한 상대방의 느낌에 공감하고 사과한다.

🏃 Action 미안한 사람에게 제대로 사과하기

❶ 대상 마음속으로 미안한 누군가를 떠올려보자.

❷ 준비 사과—사실—느낌—고마움 순으로 적어보자.

❸ 심경 상대방은 그때 어떤 심경이었을지 생각하자.

❹ 용기 늦었더라도 용기를 내어 사과하자.

말의 품격을 드러내는 호칭

집을 수리하고 싶은 고객이 인테리어 업체와 상담하고 있다.

고객 방 네 군데의 벽지를 새로 하려고 하는데요.

업체 네, 사모님, 집이 몇 평이지요?

고객 45평이에요.

업체 사모님, 그러면 견적을 내러 한번 방문해도 될까요?

고객 저, 죄송한데요. 제가 사모님이 아니에요.

업체 아, 죄송합니다. 사모님이 입에 붙어서요.

표준국어대사전에 따르면 '사모님'은 스승의 부인, 남의 부인, 윗사람의 부인을 높여 부르거나 이르는 말이다. 한마디로 누군가의 부인인 여성을 부르는 호칭이다. 그런데 이처럼 결혼 여부를 모른 채 상대방이 여성이라는 이유로 사모님이라는 호칭을 쓰는 사람들이 있다. 이들은 남성에게는 '사장님'이라는 호칭을 쓴다. 그게 예의라고 생각해서다.

"어떻게 부르면 될까요?"

나는 주차장에서 사모님이라는 소리를 처음 들었다. 주차 관리원이 3분 동안 5번 이상 나를 사모님이라고 불렀다.

"선생님, 저는 사모님이 아니에요. 결혼하지 않았습니다."

"그럼 뭐라고 불러야 하나요?"

"'손님'이라고 부르거나 굳이 호칭을 부르지 않아도 되지 않을까요?"

사모님이라는 호칭이 가져오는 긍정적 효과는 크지 않다. 요즘은 비혼 여성이 늘고 있고, 결혼한 여성일지라도 모르는 사람에게 듣는 사모님 소리는 달갑지 않다. '내'가 주체가 아니라 '누군가'의 부인인 위치에 서기 때문이다. 사모님이라고 부르기 전에 상대방에게 물어보자. "제가 뭐라고 부르면 될까요?" 또는 "성함이 어떻게 되시죠?"라고 할 수 있다. 우리는 모두 이름을 갖고 있고 이름을 부르는 게 더 낫다. 사모님이라고 부르기 적합한 상황은 남편을 아는 경우 그의 부인을 지칭할 때다.

"선생님, 사모님은 잘 지내시죠?"

타인을 존중하는 호칭

부적절한 호칭은 인상을 찌푸리게 한다. 특히 병원에서 간호사를 '간호사 언니'라고 부르는 사람을 볼 때 그렇다. 의사를 부르는 경우에는 '의사 선생님'이라고 하는데, 개인 병원에서는 '원장님', 대학병원에서는 '교수님'이라고도 한다. 만약 의사를 '의사 오빠', '의사 언니'라고 부르는 사람을 보면 이상하게 볼 것이다. '간호사 언니'가 과연 자연스러운 호칭인가? 여성이라는 이유만으로 그렇게 부르는 게 타당한가?

최근에는 남성 간호사도 늘고 있는 추세다. 실제로 대한간호협회에 따르면 2023년에 남성 간호사 3,769명이 간호사 국가시험을 통해 배출되면서 전체 합격자 중 16.1퍼센트를 차지했다. 19년 전인 2004년에 비해 30배 넘게 증가했다. 이로써 국내 남성 간호사 수는 총 3만 1,963명으로 늘어났다. 이들을 '간호사 오빠'라고 부를 것인가?

성별이나 나이를 가늠해 부르는 호칭은 자신의 편견을 드러내는 것이다. 가볍게 부른 호칭은 타인의 기분을 상하게 할 수 있다. 타인에게 존중받기를 원한다면 먼저 타인을 존중하자. 적절한 호칭은 존중의 마음을 나타낸다. 간호사는 의사와 함께 의료 현장에서 환자의 건강을 위해 힘쓰는 의료진이므로 '간호사 선생님'이라고 부르면 된다. 성별이나 나이에 국한된 호칭이 아니라 어디서나 통용되고 누구에게나 예의를 갖춘 호칭이 곧 나의 품위를 보여준다.

한편 아기를 돌보거나 가사일을 맡은 사람을 두고 '아줌마', '이모님'이라고 부르는 사람들이 있다. 이제부터는 '가사관리사님'이라고 부르자. 고용노동부는 가사근로자의 새로운 명칭으로 '가사관리사'를 선정했다고 밝혔다.

성별이나 나이와 무관한 호칭

일상에서도 마찬가지로 성별이나 나이와 무관한 호칭을 부르자. 식당에서는 '이모', '아줌마', '아저씨', '아가씨', '언니', '학생' 대신 '사장님'이라 부를 것을 권한다. 어려 보여서 종업원이나 아르바이트생 같은데 사장님이라고 불러도 될지 의문이 들 수 있다. 요즘에는 이른 나이에 창업하는 젊은 사장님도 많고, 나이보다 동안인 사람도 많다. 그리고 처음 보는 사람의 직급을 꼭 가늠해서 불러야 할 이유는 없다. 호칭 대신 "저희 주문할게요"라고 말해도 된다.

'어머님', '아버님'이라는 호칭도 초면에는 삼가자. 얼마 전 나의 북토크 행사에서 아나운서가 질문자인 여성을 가리키며 "어머님께 마이크 전달 부탁드려요"라고 했다. 옆에 있던 나도 놀랐다. 그 여성은 민망해하며 "나보고 어머님이래?"라고 친구에게 물었다. 100명이 넘는 사람이 모인 곳에서 '자녀를 둔 여성'으로 낙인찍은 것이다. 그런데 과연 그 여성은 진짜로 어머니일까? 모른다. 확실한 건 그 여성의 표정은 '어머님'이라고 불려 언짢다고 말하고 있었다.

병원에서 환자의 나이를 보고 '○○○ 아버님'이라고 부를 때도 있다. 자녀가 없는 경우 그 말은 실례가 된다. 일흔이 넘은 '어르신'이어도 결혼하지 않았거나 결혼했어도 자녀가 없는 사람이 있다. 고유의 이름으로 '○○○ 님', '○○○ 환자분'이라고 부르는 게 적절하다. 또 전 연령층을 대상으로 운영하는 학원이라면 어머님, 아버님이라고 하기 전에 "누가 배울 건가요?"라고 물어보자.

택시나 버스 기사를 부를 때는 '아저씨' 대신 '기사 선생님'이라고 부르자. 선생님은 '선생'을 높인 말로, 보통 학생을 가르치는 사람을 이르지만 성이나 직함에 붙여 높이는 말이기도 하다. 그러니 모르는 사람에게 '선생님'이라고 부르는 것이 알맞다. 만약 지나가는 사람을 불러야 한다면 특징을 부르는 것도 한 방법이다.

"파란색 재킷 입으신 분! 지갑을 떨어뜨렸어요."

이름을 물어보자

하와이에 갔을 때였다. 첫날에 음식을 포장하려고 식당에 갔는데 종업원이 계산을 마치고 내 이름을 물었다. 포장한 음식이 나오면 나를 부르기 위해서였다. 커피를 사러 갔을 때도, 택시를 탔을 때도 그곳 사람들은 내 이름을 묻고 부르며 활기차게 이야기했다. 그들은 처음 보는 사람에게 이름을 물어보는 것이 당연한 듯했다. 낯선 땅에 도착한 첫날 처음 보는 외국인 3명이 내 이름을 불러줬고 나는 환대를 받은 기분이었다.

강의나 회의를 하러 가면 사람들은 나에게 묻는다.

"제가 뭐라고 불러야 할까요? 대표님, 아나운서님, 강사님, 선생님, 홍버튼 님?"

사업을 시작한 초기에는 나의 정체성을 확립할 목적으로 '대표님'으로 불러달라고 했다. 그러다 언젠가부터는 이름이 듣고 싶어서 이제는 "이름을 불러주세요"라고 말한다. 이름과 호칭을 함께 부르거나 이름을 불러주면 좋겠다. 나는 이름을 불러주는 사람이 좋다. 내 이름을 몹시 사랑하기 때문이다. 우리나라에서는 이름이 생략된 채로 직함이 호칭이 된다. 직함 앞에 성을 붙여 '정 대표님'이라고 하거나 그냥 '대표님'이라고 부른다.

교포들은 우리의 이런 호칭 문화가 적응이 안 된다고 했다. 이름이 있는데 왜 직함을 부르냐는 것이다. 미국 교포인 나의 수강생은 나를 "홍수!"라고 부른다. "홍수야!"라고도 하지 않는다. 그래서 나도 그를 "철수!"라고 부른다. 직함을 생략한 채. 마찬가지로 미국 교포인 나의 영어 선생님은 남편 이야기를 할 때 "정우성 씨"라고 말한다. '신랑'이나 '남편'이라고 부르지 않는다. 그게 더 어색하다고 한다. 어쩌면 우리나라의 수많은 호칭이 서로의 이름을 궁금해하지 않고 부르지 않게 영향을 미친 건 아닐까? 하긴 불만이 생기면 그제야 "당신 이름이 뭐야!"라고 하니 말이다. 호칭을 부르기 전에 그 사람의 이름을 한번 물어보자.

🔍 Key Point 호칭이 곧 말의 품격이다

❶ **호칭** 나이와 성별을 판단해 부르지 않는다.

❷ **존중** 호칭은 존중을 담아 부른다.

❸ **의견** 자주 볼 사이라면 호칭을 상대방에게 묻는다.

❹ **이름** 서로 인사하며 이름을 물어본다.

🏃 Action 이름을 모르는 사람과 대화할 때

❶ **호칭** '선생님'이라는 호칭을 붙이자.

❷ **존중** 상대방을 존중하는 마음을 갖자.

❸ **의견** "제가 뭐라고 부르면 좋을까요?"라고 묻자.

❹ **이름** "제 이름은 ○○○입니다. 성함이 어떻게 되세요?"라고 해도 된다.

요즘 시대에 피해야 할 말

표준어지만 사회 풍토에 따라 분노를 유발하는 단어로 전락한 것들이 있다.

남편 말을 왜 그렇게 예민하게 받아들여?
아내 몰랐어? 나 원래 그래.

상사 택배 상자를 누가 여기에 뒀는지 알아요?
직원 원래부터 거기에 있었는데요.

고객 늦은 퇴실이 가능할까요?
직원 죄송합니다. 원래 규정상 불가합니다.

'원래'라는 말 대신 시점을 밝히기

'원래'는 '사물이 전해 내려온 그 처음'이라는 명사로 쓰이거나 '처음부터' 또는 '근본부터'라는 부사로 쓰인다. 그런데 이 '원래'라는 말이 일상 대화에 나오는 순간 상대방은 할 말을 잃는다. 분노 버튼이 눌린 것처럼 슬슬 화가 치민다.

"나 원래 그래."

"저는 원래 그래요."

꾸중을 받거나 혼나고 있는 사람, 또는 싸우다가 상대방의 화를 돋우려는 술수를 쓰는 사람이 '원래'라는 말로 공격한다. 이 말은 변화의 의지가 없는 것처럼 들려서 화를 자초한다. 상대방은 '원래'라는 말에 꽂혀서 "원래 그런 게 어디 있냐? 네가 노력을 안 하는 거지"라고 맹비난하며 싸움이 거세진다.

상사가 택배 상자를 누가 여기에 뒀는지 물은 것은 거기에 택배 상자가 있는 게 마음에 안 들어서다. 다음부터는 택배가 오면 발견한 사람이 주인에게 갖다 주자는 말을 하려던 참이다. 그런데 직원은 "원래부터 거기에 있었는데요"라면서 대표가 보기에 눈치 없는 말을 한다.

대부분 책임을 피하려고 할 때 원래부터 그랬다는 식으로 말한다. 회사 측 상담원이나 직원이 "원래 규정상 안 됩니다"라고 단칼에 자르면 고객이나 민원인은 기분이 상한다. 협상의 여지 없이 어떤 이유인지 들어보지도 않은 채 자기 입장만 강변하는 것처럼 느껴지기 때문이다.

'원래'라는 말을 빼고 시점을 밝히자. "나 원래 그래" 대신 "고등학생 때부터 습관이야", "원래부터 거기에 있었는데요" 대신 "어제부터 거기에 있었는데요", "원래 규정상 불가합니다" 대신 "고객 약관이 생긴 이후 10년간 예외 사항을 적용한 적이 없습니다"라고 말하는 것이다. 그리고 왜 그러는지 물어보자.

"고등학생 때부터 습관이야. 왜 그렇게 느껴?"

"어제부터 거기에 있었는데요. 왜 그러세요?"

"예외 사항을 적용한 적이 없는데요. 왜 그러시나요?"

상대방의 의중을 물어보고 공감하는 것만으로 대화는 풀릴 것이다.

'문제'가 문제를 키운다

사장이 회의에서 본론으로 들어가기 전에 참석한 직원들에게 안부를 묻는다.

사장 요즘 마케팅팀은 어떤 문제가 있나요?

팀장 얼마 전 입사한 신입이 퇴사하겠다고 했는데요. 면담을 잘한 끝에 남기로 한 상황입니다. 그래서 현재는 문제가 없습니다.

사장 그러면 홍보팀은 어떤 문제가 있나요?

차장 한 언론사에서 신제품 출시와 관련해 미흡한 고객 서비스를 질타하는 기사를 냈는데요. 이 기사를 보도한 산업부 부장을 이번 주에 만나기로 했습니다. 빠르게 조치하고 있습니다.

나의 수강생인 사장이 '문제'라는 단어를 쓰며 안부를 물어서 나는 깜짝 놀랐다. '문제'는 '해답을 요구하는 물음', '논쟁, 논의, 연구 따위의 대상이 되는 것' 또는 '해결하기 어렵거나 난처한 대상이나 그런 일'이라는 뜻이다. 주로 부정적인 문장에 쓰인다. 사장이 문제가 있는지 물으니까 직원들이 문제에 대해 말하고, 이로 인해 회의는 분위기가 가라앉은 채 시작됐다. 내가 이렇게 설명하니까 사장은 자신은 전혀 그런 뜻이 없었고, 직원들의 안부를 물은 것이라고 했다. 이제 그는 "요즘 어떤 소식이 있나요?", "요즘 마케팅팀은 어떤 화제가 있나요?", "요즘 홍보팀은 잘 지내나요?"라는 말로 바꿔 회의를 시작한다.

사람에게 문제가 있다고 하지 말자. 부모가 자녀에게, 선생이 학생에게 "네가 이러니까 문제야", "너는 네 문제를 뭐라고 생각하니?", "네 문제가 뭔지 네 입으로 말해봐"라고 말할 때가 있다. 자꾸 이런 말을 들으면 '나는 문제 있는 사람인가?'라는 생각에 빠져든다. 문제점을 깨달아서 나아지기를 바라는 마음으로 하는 말이라면 해결책을 제시하자.

"너는 어떤 고민이 있니?", "내가 어떤 도움을 줄 수 있을까?", "지금 상황에서 어떤 게 필요하니?"라고 묻고 적극 돕자. 개인이 문제를 만드는 경우는 극히 드물다. 환경과 상황, 사회, 구조적 요인이 큰 영향을 미친다. 그러니 사람을 지목해 문제아, 문제투성이, 문제 있는 인간으로 폄훼하지 말자. 한 개인을 문제 인간으로 낙인찍는 것은 오만한 행동이다.

"나는 장점으로 가득하다"

자신에 대해 이야기할 때도 스스로 '문제'라고 말하지 말자. 내가 수강생에게 "앞으로 어떻게 말하는 사람이 되고 싶어요?"라고 목표를 물으면 '문제점', '단점'이라는 단어를 쓰며 반성을 하는 사람들이 많다.

"저의 문제점은 말이 잘 정리가 안 되고, 발표할 때 준비를 열심히 해도 막상 실전에서 긴장을 심하게 하는 거예요. 이런 문제를 없애고 싶어요."

현재의 증상을 없애는 건 목표가 아니다. 목표는 원대하고 가치 있는 것이어야 한다. 이들을 보면 과거의 내가 보인다. 나도 발표가 어렵고 말을 못해서 문제라고 여겼다. 20여 년간 말이다. 내가 만든 감옥이었다. 발표 울렁증은 누구도 아닌 내가 만든 공포였다. 아무도 내게 "너의 발표는 엉망진창이야", "너는 왜 그렇게 뉴스 도중에 말을 씹어?", "네가 말할 때 진짜 듣기 싫어"라고 엄포를 놓은 적이 없다. 완벽함에 도달하지 못한 나 자신이 마음에 들지 않아 스스로를 인정하지 않았다. 이 사실을 깨닫고 달라졌다.

말을 잘하지 못한 것은 나의 문제가 아니다. 교육 시스템의 부재로 인한 것이다. 제대로 말하기를 배울 수 없는 환경이었다. 그렇지만 나는 계속 발전하려고 노력한다. 어제보다 오늘 더 발전하고 있다. 나는 성장하는 사람이다. 내가 나를 믿었더니 지금처럼 말하기를 널리 퍼뜨리는 사람으로 거듭날 수 있었다.

우리는 문제가 없다. 진짜 문제가 있는 사람은 자신의 말이 타인을 찌르고 할퀴는데도 변화하지 않고 그대로인 사람이다. 우리는 변화하기 위해 모여 있다. 이 책을 읽는 당신은 긍정적인 변화를 위해, 자신과 주변과 세상에 따뜻한 말을 전하고 좋은 관계를 맺기 위해 여기에 있다. 그러니 앞으로는 목표에 주목해 말하자. 목표란 내가 도달할 지향점이다.

"청중이 발표 내내 주목하도록 당당하게 말하고 싶어요."

"한눈에 신뢰할 수 있는 사람이 되고 싶어요."

"누구와 대화를 나눠도 편안하고 따뜻한 인상을 주는 사람으로 발전하고 싶어요."

목표를 표명할 때 자신감도 한껏 오른다.

게다가 당신은 단점도 약점도 없다. 단점이니 약점이니 하는 것은 상대적인 관점이다. 가령 완성도를 중요시하는 사람이라면 일을 꼼꼼하게 처리하면서 시간을 느긋하게 가져간다. 반면에 신속성을 중요시하는 사람이라면 마감 시간 내에 완성도를 끌어올려 일을 빠르게 처리하는 것을 높이 평가한다. 이 두 사람은 일 처리 방식이 달라서 서로를 향해 단점을 가졌다고 말하며 꺼릴 수도 있고, 서로 보완할 수 있는 장점을 가졌다고 반길 수도 있다. 그리고 이건 상황에 따라 계속해서 변할 것이다. 마치 집에 있을 때는 비가 오는 게 반가운데, 놀러 갈 때는 비 오는 게 마음에 안 드는 것과 비슷하다. 강권하건대 당신은 앞으로 "나는 장점으로 가득하다", "나는 장점으로 무장했다"고 외치길 바란다.

'평범하다'고 말하지 말고 정확하게 표현하기

"홍수 씨도 평범하게 자랐잖아요. 저도 평범한 부모님 밑에서 자랐어요."

한 남자가 내게 고백이랍시고 자신도 평범하게 자랐다면서 우리는 잘 맞을 거라고 이야기했다. 그날 그 자리에서 그를 거절하며 말했다.

"저는 전혀 평범하게 자라지 않았어요. 지금 살아 있는 게 기적이라고 여길 만큼 특별한 날들을 보냈어요. 지금도 그렇고요. 저는 모든 사람이 특별하다고 여겨요. 제가 만난 그 누구도 평범한 사람이 없었어요. 살아 있는 모든 생명체는 살아 있기 위해 엄청난 노력을 기울이고 있어요. 저는 그 사실을 알고 있어요. 그래서 우리는 전혀 맞지 않아요."

나는 사람 앞에 '평범하다'는 형용사를 쓰는 것을 거부한다. 평범한 사람은 없다. 그 대상을 알려고 하지 않고 평범하다고 말하는 사람이 있을 뿐이다. 자신의 시선이 어디를 향해 있느냐에 따라 평범한 사람과 특별한 사람을 구별하는 인간이 존재할 뿐이다. 아버지는 새벽 4시면 기상해서 마당을 쓸고, 소에게 풀을 먹이고, 논밭을 정비한 뒤 등교했다. 바닷가 집에서 읍내 학교까지 가려면 산을 2-3개 넘어야 했고, 왕복 5시간씩 걸리면서 즐겁게 학교에 다녔다. 아버지는 그 시절에 누구나 그렇게 학교에 갔다며 담담하게 말했지만, 내겐 특별한 어린이가 보였다. 또 친척 집에 놀러 가면 이모, 숙모, 삼촌의 파란만장한 이야기를 듣는데, 각양각색의 특별한 삶이 펼쳐져서 밤늦도록 대화에 동참한다.

내가 만난 수십만 명의 수강생도 특별했다. 자신을 평범한 사람이라고 말하지만, 내가 묻고 물으면 너무나 빛나는 삶이 반짝였고, 각고의 노력을 하며 살아온 특별한 사람이 보였다. 단 한 명도 특별하지 않은 사람은 없었다. 우리 모두는 자신만의 드라마와 영화를 쓰고 있다. 그러니 스스로 평범하다고 여기지 말자. 자신을 평범하다고 여긴다면 스스로 알려고 하지 않는 것이다. 들여다보자. 수많은 이야기가 살아 숨 쉬고 있다. 내가 나를 알아가는 과정은 행복으로 가는 여정이다.

평범하다는 말은 평범한 길, 평범한 도로 정도에나 쓰자. 그런데 이마저도 특징을 나타내지 못해서 나는 권하지 않는다. 평범한 길이라고 하면 어떤 길인지 짐작이 가는가? 각자 다르게 해석할 것이다. 도심에 사는 사람은 시멘트 도로를 떠올릴 수 있고, 유럽에 사는 사람은 돌길을 떠올릴 수 있고, 자연 속에서 사는 사람은 들길을 떠올릴 수 있다. 제대로 소통하고 표현력을 기르기 위해서는 '평범'이라는 단어 대신 정확한 단어를 쓰자. '평범한 길' 대신 '흙길', '평범한 도로' 대신 '반듯한 왕복 8차선 도로'라고 말하는 것이다.

폭력을 의미하는 말은 없애야 한다

"먼저 맞는 매가 덜 아프다고 하니까 제가 먼저 하겠습니다."

발표를 시키면 이렇게 말하면서 앞으로 나오는 사람들이 있다. 그때마다 나는 앞으로 그 속담을 쓰지 말자고 이야기한다. '매도 먼저 맞는 놈이 낫다'는 속담은 '이왕 겪어야 할 일이라면 아무리 어렵고 괴롭더라도 먼저 치르는 편이 낫다'는 말이다. 요즘 시대에 쓰지 말아야 하는 말이다. '잘못을 했으면 맞아야지'라는 폭력적인 사고가 지배하던 옛날옛적에 만들어진 속담이다. 인간이 인간을 때리는 것을 옹호하는 것만으로 폭력적인 사회를 지지하는 것이다. 그리고 매를 먼저 맞으면 무척 아프다. 틀린 말이다. 체벌로 바뀔 수 있는 건 없다.

오은영 정신건강의학과 전문의는 '사랑의 매'라는 말도 불편하다며《오은영의 화해》에서 이렇게 말한다.

"때리는 것이 사랑의 매가 되려면, 모든 단계에서 부모의 감정이 철저하게 조절되고 통제돼야 합니다. 그런데 이렇게 철저히 자신을 통제할 수 있는 사람이라면, 때리지 않고 말로 훈육하는 것도 충분히 가능해요. 그렇다면 말로 하라는 겁니다. (중략) 어떤 사람은 인간이 맞았을 때 느끼는 충격이 반성이나 각성을 일으킨다고 주장하기도 합니다. 그러나 그보다 더 많은 사람이 맞으면서 모멸감을 느끼고 공포감에 떨어요. 부모는 훈육의 시간이라고 생각하지만, 아이는 그저 너무너무 무서워서 벌벌 떠는 공포의 시간일 수 있어요."

이런 속담 대신 "제가 먼저 하고 속 편하게 쉬겠습니다", "긴장이 너무 되지만 도전하겠습니다", "제가 먼저 해보겠습니다"라고 말하자.

한편 친구들 사이에서 짓궂게 놀리는 사람이 있다. 놀림을 받은 친구는 힘센 친구에게 고자질하며 "쟤 좀 때려줘"라고 말한다. 진짜 때리라는 건 아니지만, 그 사람의 의식을 나타내는 말이 된다. 폭력을 지지하는 사람이거나 폭력이 당연시되는 사회에 있었던 사람으로 오인할 수 있다. 또 웃으면서 옆 사람을 퍽퍽 때리는 행동, 장난친다면서 머리를 콕 쥐어박거나 때리는 행동, 친구를 놀라게 하려는 요량으로 등을 주먹으로 세게 가격하거나 팔을 찰싹 때리는 행동, 화가 날 때 "아휴, 이걸 그냥!" 하고 손을 드는 행동 같은 것도 하지 말자. 요즘은 이런 말과 행동을 하는 사람을 무지몽매하게 여기는 품격 있는 사회다.

🔍 Key Point 내 인격을 지키는 말하기 요령

❶ **시점** '원래'라는 말 대신 정확한 시점을 밝힌다.

❷ **장점** 스스로 문제점, 단점, 약점이 있다고 여기지 않는다.

❸ **특별** '평범하다'고 보는 것은 알려고 하지 않아서다.

❹ **언행** 폭력을 의미하는 속담이나 말을 쓰지 않는다.

🏃 Action 스스로에게 말하기

❶ **시점** '원래'라는 말 대신 시점을 말하는 습관을 기르자.

❷ **안부** "요즘 어떻게 지내?"

❸ **장점** "나는 장점으로 가득하다."

❹ **특별** "나는 특별한 존재다. 당신도 그러하다."

행동에는 동기가 있는 법이다. 그 이야기를 듣고 공감하고 마음을 토닥여주자. 이렇게 힘들어할 때까지 나는 얼마나 무심했는지 반성하고 사과하자. 소중한 존재에게 온 마음을 다해 노력하자.

4장

풍요로운 삶은
일상 대화에서 시작된다

스스로 뭘 원하는지 알아야 한다

부부가 집에서 밥을 먹은 지 몇 시간이 지났다. 이날은 아내가 설거지를 하는 날이다.

> **남편** 설거지 좀 하지?
>
> **아내** 응, 이따 할 거야. 이것 좀 끝내고.
>
> **남편** 내가 먹고 나면 바로 설거지하라고 했잖아. 벌레 생긴다고.
>
> **아내** 알아. 근데 나 지금 일하고 있잖아. 안 보여?
>
> **남편** 그러니까, 아까 했으면 얼마나 좋아.
>
> **아내** 이따 한다고 했지! 그렇게 싫으면 직접 하면 되잖아!

두 사람 중 누가 잘못한 걸까? 설거지를 바로 하지 않은 아내? 아니면 눈치 없이 잔소리한 남편? 남편은 아내가 집안일을 미루는 습관을 고치기를 바란다. 자신은 어릴 때부터 신발을 벗으면 가지런히 두고, 아침에 일어나면 이불을 정리하고, 식사를 마치면 바로 설거지를 했다. 아내는 정반대다. 신발은 아무렇게나 던져놓고, 이불이 바닥에 떨어져도 그대로 두고, 개수대에 그릇을 둘 데가 없어야 설거지를 한다. 남편은 딸이 이런 모습을 본받을까 걱정이다.

아내는 남편이 자상하고 다정해서 결혼했다. 음식을 흘리면 바로 닦아주고, 자다가 이불을 발로 차면 덮어주고, 식료품이 떨어지면 장을 봐서 맛있는 요리를 해주는 사람이었다. 그런데 결혼하고 몇 년이 지나니까 사사건건 잔소리다. 남편이 변해도 너무 변한 것 같다.

아무도 잘못하지 않았다

두 사람은 아무 잘못이 없다. 바라는 점이 다를 뿐이다. 다만 자신이 바라는 것을 명확히 표현하지 않고 서로를 비난하고 있다. 대체로 잔소리는 상대방이 자기 기준에 어긋난 행동을 하거나 마땅히 해야 한다고 생각하는 일을 하지 않을 때 돌려서 하는 표현이다.

"내가 쓰레기통이 가득 차면 내다 버리라고 했잖아."

"변기 뚜껑 닫고 물 내리라고 했지."

"빨래통에 있어야 할 양말이 왜 책상 밑에 있을까?"

이처럼 잔소리는 내가 맞고 상대방은 틀렸다는 생각에서 비롯된 말이다. 내가 옳으니까 상대방이 나에게 맞추라고 하는 식이다. 얼마나 일방적인 요구인가. 엄밀히 말해 집안의 규칙이라는 것은 가족 구성원 모두가 머리를 맞대고 협의해 만들어야 합리적이라고 할 수 있다. 그러나 한쪽이 일방적으로 무엇을 하라고 요구하는 것은 강요다.

이런 강요나 비난, 잔소리로는 상대방을 변화시킬 수 없다. "알았어"라고 하면서 행동에 옮길지라도 잔소리를 듣기 싫어서 한 행동이거나 싸움을 피하려는 일시적인 행동에 불과하다. 잔소리가 반복되기라도 하면 상대방을 공격하거나 자기방어를 하며 다툰다.

"그만 좀 해."

"내가 알아서 해!"

"별것도 아닌 걸 가지고 잔소리야."

마음속 욕구를 표현하고 부탁하는 일

잔소리는 상대방이 잘못해서가 아니라 잔소리를 하는 사람의 욕구가 충족되지 않을 때 나온다. 개수대에 그릇이 쌓여 있으면 불만족스러운 이유는 깨끗한 부엌을 보고 싶은 자신의 욕구가 충족되지 않아서다. 그리고 이것은 상대방과는 관련이 없고 예전부터 자기 마음속에 있는 욕구와 관련이 있다. 예를 들어 상사 집에 갔는데 가득 찬 쓰레기통을 보게 되면 마음에 들지 않는다. 곧바로 상사를 지저분한 사람이라고 판단한다. 그러니까 예전부터 그것은 내가 싫어하던 것이고 나는 그 부분에 예민한 사람인 것이다.

앞으로 불편한 감정이 들면 상대방에게 화살을 돌리지 말고 내 마음속 욕구를 들여다보자. 욕구는 무엇을 바라는 상태다. 그 욕구가 채워지지 않을 때 드는 생각과 기분, 느낌을 살피자. 그다음 상대방에게 솔직하게 말하고 내 바람을 부탁하자.

설거지를 하지 않은 아내를 나무랄 게 아니라 이렇게 자신의 욕구와 느낌을 표현하고 부탁하면 된다.

"설거지 그릇이 쌓여 있으면(현상) 나는 걱정이 들어(느낌). 우리 딸이 책임감 있는 어른으로 자라기를 바라거든(욕구). 우리가 부모로서 그런 모습을 보여줘야 한다고 생각해. 집에서는 작은 습관으로도 본보기가 될 수 있으니까(생각). 앞으로 우리 딸을 위해서 책임감 있는 어른의 모습을 보여주는 게 어떨까? 작은 것도 미루지 않고 바로 하는 모습을 보여주면 좋겠어(부탁)."

싫어하는 것을 표현하기

싫어하는 것을 잘 표현하지 못하는 사람이 있다. 싫은 걸 내색하면 까탈스러운 사람처럼 보일까 봐 너그러운 척, 아무렇지도 않은 척 "좋아요", "괜찮아요"라고 말한다. 나만 참으면 관계를 해치지 않으니까, 그게 상대방을 배려하는 행동이라고 여기고 별일 아닌 일로 마찰을 일으키지 않으려고 꾹 참는다. 하지만 괜찮은 척은 진짜 괜찮은 게 아니다. 그러니까 불만이 생기고, 괜한 사람을 트집 잡아 화풀이하고, 뒤돌아서 욕하고, 나중에는 참다가 폭발한다.

이것은 상대방을 위하는 게 아니라 자기 생각일 뿐이다. 상대방이 싫어할지 아닐지는 말해봐야 안다. 어쩌면 본심은 상대방과 친하게 지내고 싶지 않은 것일 수 있다. 우리는 친한 사람의 성향은 잘 알아서 그 사람이 무엇을 싫어하고 좋아하는지 안다. 그래서 서로 이해하고 맞추려고 노력한다. 그런데 내가 싫어하는 것을 감추고 말하지 않는 것은 그 사람과 친해지고 싶지 않은 마음에 나도 그 사람에게 다가가지 않고 그 사람도 나에게 다가오지 못하도록 선을 긋는 것일 수 있다.

앞으로는 솔직히 말하자. 단, 싫어하는 것을 말할 때 기분 좋은 말투로 하자.

자기 이해가 필요하다

자기 자신을 잘 모르면 "너는 습관이 잘못 들었어"라면서 자신의 소중한 사람을 비난하게 된다. 누군가는 집이 지저분해도 아무렇지 않고, 쓰레기가 쌓여 있어도 개의치 않는다. 물건이 많아야 기분이 좋아지는 사람도 있다. 정돈이 안 된 것처럼 보여도 나름의 정리 방식이 있을 수도 있다. 그런데 그것을 보고 기분이 상한다면 자신이 그

부분에 예민한 것이다. 그러니 예민한 사람이 상대방에게 부탁하는 게 맞다.

우리는 사랑하는 사람과 사소한 일로 말다툼한다. 그 일이 집안의 근간을 무너뜨리거나 나라 경제를 휘청이게 하지 않는데도 사랑하는 사람의 마음을 갈기갈기 찢어놓는다. 자신이 예민하게 반응하는 것이 무엇인지 정확히 알아야 상대방에게 부탁할 수 있다. 반대로 부탁을 받았는데 그 행동을 하지 않았다면 사과할 때 "설거지 안 해서 미안"이 아니라 "미안해. 자기가 그렇게 싫어하는 건데 깜빡했어"라고 말하는 게 좋다. 이것이 서로에 대한 진정한 이해다.

욕구를 표현하고 부탁하기 위해서는 '자기 이해'가 필요하다. 좋아하는 것과 싫어하는 것을 왜, 언제부터, 얼마나 좋아하고 싫어하게 되었는지 자기 자신에 대해 공부해야 한다. 우리는 저마다 특이한 습관이 있고, 그 습관이 형성된 계기가 있어서 싫어하는 것과 좋아하는 것이 분명히 나뉜다. 독특하고 기이한 행동을 하고 싶을 때가 있고, 죽을 때까지 자기만 알고 싶은 유별난 모습도 있다. 그렇지만 그런 모습을 감춘 채 자신을 '보통 사람'으로 포장하기 때문에 스스로를 잘 모른다. 자신이 어느 면에서는 특이하고 예민한 구석이 있는 사람임을 받아들일 때 비로소 타인에게 나를 이해해달라고 부탁할 수 있다.

🔍 Key Point 욕구를 표현하고 부탁하는 방법

❶ **이해** 자신이 좋아하고 싫어하는 것을 파악한다.

❷ **고찰** 언제부터, 얼마나, 왜 좋아하고 싫어하게 됐는지 깊이 분석한다.

❸ **표현** 자신의 어떤 욕구가 채워지지 않았고, 어떤 생각이 드는지 말한다.

❹ **부탁** 자신의 기분을 헤아려달라고 말하면서 행동을 부탁한다.

🏃 Action 싫어하는 것을 표현하기

❶ **이해** 자신에게 '내가 싫어하는 것은 무엇인가?'

❷ **고찰** 자신에게 '나는 그것이 왜 싫고, 또 얼마나 싫어하는가?'

❸ **표현** 상대방에게 "네가 그렇게 행동하면 나는 -한 기분이 들어."

❹ **부탁** 상대방에게 "네가 앞으로 -한 모습을 보여주면 좋겠어."

"그럴 수 있어"라는 마법의 말

아내가 화장실 바닥에 떨어진 머리카락을 치우다가 화가 나서 남편을 부른다.

아내 샤워하고 머리카락 떨어진 거 치우기로 했잖아.

남편 아니, 무슨 머리카락 가지고 자꾸 그래.

아내 대체 몇 번을 말해. 머리카락 치우라고. 왜 맨날 내가 치워야 해?

남편 그게 그렇게 싫어? 이해가 안 가네. 왜 싫은데?

아내 응, 싫어, 싫다고! 엄청! 화장실이 지저분해 보이잖아.

남편 알았어. 내가 화장지 뜯는 쪽이 앞으로 오게 걸자고 했지. 근데 반대로 네, 그치?

아내 뭐? 앞이나 뒤나 무슨 상관이야? 진짜 어이없어.

우리는 별일도 아닌 것으로 치열하게 언쟁을 벌인다. 분노가 치솟으면 상대방을 비난하면서 이해가 안 간다는 말을 되풀이한다. 도대체 왜 그러냐면서 원인을 추궁하기도 하는데, 이 말은 상대방을 이해하려고 물어보는 건 아니다. 어디 말 같지도 않은 이유나 들어보자는 심정으로 묻는 것이다. 얼마나 이상한 사람인지 보자는 식이다. 상대방이 덫에 걸려서 이유를 말하면, 그것 보라며 말도 안 되는 논리를 펼친다고 꼬투리를 잡아서는 더욱 힐난한다.

생각은 각자 다를 수 있다

이럴 때 우리가 재빨리 머릿속에 떠올려야 할 말은 '그럴 수 있어'다. 상대방은 나와 생각이 다를 수 있다. 왜냐면 다른 사람이기 때문이다. 타인이 나와 같은 생각을 하고 나의 예상대로 행동할 거라고 기대하는 건 나만의 상상이고 바람일 뿐이다.

생각이 다르다고 상대방을 비난하며 이해할 수 없다고 말하는 것은 결국 누구에게도 도움이 되지 않는다. 모든 사람은 나와 다르다고 생각하는 게 먼저다. 다른 사람임을 인정하면 '그럴 수 있어'라는 생각이 든다. 그리고 입에서도 "그럴 수 있어"라는 말이 나온다. 나도 자주 하는 말이다. 나는 "그럴 수 있어요", "맞아요. 그렇게 생각할 수 있어요"라고 이야기한 뒤 설득하곤 한다.

한번은 기업에서 강의를 하는데 누군가가 삐딱한 어조로 질문을 했다.

"발음을 그렇게 정확히 해야 하나요?"

나는 아나운서 출신이자 말하기를 강의하는 사람으로서 발음을 중요하게 여긴다. 발음이 부정확하면 전달력이 떨어지기 때문이다. 그때도 이런 이야기를 하면서 40명의 직원과 발음 연습을 하고 있었다. 일순간 나의 교육에 반기를 드는 듯한 질문에 반감을 느끼며 수백 가지 논리로 그를 공격하고 싶은 마음이 들었다. 하지만 생각은 다를 수 있다는 걸 자각하고 그에게 왜 그러냐고 물었다. 그가 대답했다.

"불편하잖아요. 이상해 보이기도 하고요."

그의 발언에 다른 직원들이 내 눈치를 살피기 시작했다. 내가 이상해 보인다는 건가? 그렇지만 나는 인내심을 발휘해 나를 겨냥하는 말이 아니라고 분리해 생각하고, 그의 입장에서 교육을 바라봤다. 그랬더니 곧바로 "그럴 수 있어요"라는 말이 나왔다.

"이상해 보일 수 있지요. 불편하고요. 지금까지 이렇게 안 했으니까요. 신기한 건 이렇게 불편하다가 며칠 지나면 입 모양이 자연스럽고 편안해져요. 전달력은 눈에 띄게 좋아지고요."

이 말을 들은 그는 열심히 발음 연습을 하고 끝까지 성실하게 강의를 들었다.

만약 내가 나를 방어하기 위해 그의 말을 반박하고 그를 공격하는 말을 했다면 어땠을까? 강의 분위기는 최악으로 치달았을 테고, 나는 그날을 떠올릴 때마다 후회하며 수치심을 느꼈을 것이다. 하지만 내가 "그럴 수 있어요"라는 말로 그의 생각에 동의했더니 그는 곧바로 태도를 바꿔 나의 말에 귀를 기울였다. 우리는 종종 자신을 공격한다는 생각이 들면 매섭게 받아친다. 하지만 그저 표현 방식이 직설적인 거지 사람을 공격하려고 한 말은 아닐 수 있다.

"그럴 수 있어요"라는 말은 이처럼 타인을 내 편으로 만들 수 있는 마법의 말이다. 낯선 사람과의 대화나 회사에서 의견 대립이 있을 때 이 말을 해보자. 다른 생각을 존중하는 순간 분위기가 한층 부드러워지는 것을 느낄 수 있다.

있는 그대로 존중받는다는 것

다만 누군가가 자꾸 나의 행동을 이해시켜달라면서 설명을 요구하면 경계해야 한다. 그것은 내 생각이 맞고 네 생각은 틀리다는 인식에서 나오는 말이다. "그럴 수 있어"라는 말은 나와 다른 상대방의 생각을 존중하고, 상대방과 다른 나의 생각을 존중하게 하는 효과가 있다. 그렇게 양측이 서로의 의견을 존중하며 합일점을 찾는 열쇠다. 그런데 일방적으로 한쪽만 상대방의 생각을 존중하면서 설명하고 있다면 비정상적인 관계다. 그럴 때는 관계를 점검하고 더 이상의 설명을 멈춰야 한다.

가령 나는 아나운서 시험을 준비할 때 학원에서 거의 매일 종일 시간을 보냈다. 아나운서 학원의 특성상 8명의 소수가 수업을 듣고 함께 스터디를 하면서 시험 준비를 한다. 같이 밥도 먹고, 뉴스 리딩 연습도 하고, 모의 면접 준비도 하면서 끈끈하게 지낸다. 그런데 당시 만나던 친구는 이런 나를 이해하지 못했다. 자신은 컴퓨터 학원에 다닐 때 이름도 모르는 애가 수두룩했다면서 왜 나더러 학원 사람들과 그렇게 친하게 지내냐고 했다.

나는 그를 이해시키기 위해 몇 차례 설명하다가 이상한 점을 감지했다. 당시 20대였던 나는 그에게 나의 10대 시절 친구들과 돈독히 지내던 성향을 설명하고, 그래도 이해를 못 해서 유년기까지 거슬러 올라가 설명하고 있었다. 그건 설명이 아닌 해명이었다. 불현듯 깨달았다. 사람은 이해받아야 하는 존재가 아니라 그대로 존중받아야 하는 존재라는 걸 말이다. 그와의 관계를 청산하며 말했다.

"나는 이해를 받아야 하는 존재가 아니야. 있는 그대로 존중받아야 하지. 이상한 건 내가 아니라 너야."

이해할 수 없으면 그냥 외국인으로 보기

너와 다른 생각을 존중하려고 해도 상대방이 정녕 이해가 안 되면 외국인이라고 생각하는 것도 한 방법이다. 우리는 한 집에 사니까, 함께 오랜 시간을 보냈으니까, 세상에서 나를 가장 잘 이해하는 사람이라고 믿으니까 가족과 연인을 자신과 동일시하기도 한다. 이 정도 말하면 알겠지 싶었는데 기대와 완전히 어긋나는 행동을 하니 속상해하고 실망한다. 타인이 아닌 나의 전부라고 여기면서 나와 같은 생각을 하고 같은 미래로 나아가기를 바랐는데 말이다.

　나도 그랬다. 그러다가 교포 수강생을 만나면서 생각이 360도 바뀌었다. 그는 미국에서 살다가 서른두 살에 한국에 출장 오면서 처음으로 한국어를 배웠다. 겉은 한국인이지만 속은 미국인이다. 그런데도 외모가 한국 사람이니까 나는 자꾸 그 사람이 외국인이라는 사실을 잊었다. 그가 "한국 사람들은 왜 발표를 두려워하나요?"라고 물어보면 그제야 '아, 맞다. 이 사람은 미국인이지'라고 인지했다. 차이를 당연하게 받아들이면서 그를 대하는 내 모습이 점점 관대해졌다.

　그리고 깨달았다. 우리가 타인을 비난하는 가장 큰 이유는 눈으로 보이는 게 비슷하기 때문이다. 한국 사람들은 피부색과 체형이 비슷하다. 우리는 같은 문화를 겪고 학업 수준과 생활 방식이 비슷해서 서로 생각도 비슷할 거라고 여긴다. 그러니 조그마한 의견 차이가 생겨도 큰 싸움으로 번지게 된다. 이렇게 닮은 너와 내가 다른 생각을 한다는 사실이 이해되지 않아 충격을 받는다.

　하지만 우리가 겉모습이 비슷하고 동일하게 한국어를 사용하더라도 각자 다른 언어를 구사하고 있음을 기억하자. 외국에 나가면 피부색과 체형이 확연히 다른 여러 인종의 사람들을 만나게 된다. 자연스럽게 다름을 인식하며 식습관이나 문화, 언어 표현 방식이나 제스처가 달라도 그러려니 받아들인다. 독특한 행동을 해도 외국인이라 그런가 보다 하고 넘어간다. 바로 이런 관대함을 가까운 사람들에게 베풀자. 내 말을 잘 알아듣지 못하면 외국인을 대하듯 다시 정확하게 표현하자.

🔑 Key Point 이해하기 어려운 타인을 대하는 요령

❶ **다름** 누구나 다를 수 있다고 인식한다.

❷ **생각** 그럴 수 있다고 생각한다. 다른 사람이니까!

❸ **타인** 나와 완전히 다른 사람임을 인지한다.

❹ **이해** 나의 언어를 이해하도록 더욱 친절하게 표현한다.

🏃 Action 나와 많이 다른 사람 앞에서

❶ **다름** '나와 다른 사람인 건 당연해.'

❷ **생각** '그럴 수 있어!'

❸ **타인** '외국인이야!'

❹ **이해** '내 말을 알아듣도록 잘 설명하자.'

가족을 친구 같은 대화 상대로

부모가 성인이 된 자녀에 관해 모르는 게 쌓이면서 어느새 그들의
대화는 겉돌고 있다.

> 어머니 요즘 회사는 별일 없고?
>
> 아들 　네, 똑같죠, 뭐.
>
> 어머니 그래, 밥은 잘 챙겨 먹고 다니지? 속 버리면 안 된다.
>
> 아들 　그럼요. 너무 많이 먹어서 문제예요. 배 나온 거 보세요.
>
> 어머니 그래도 잘 챙겨 먹어야 해.
>
> 아들 　네, 걱정하지 마세요. 아픈 데는 없으세요?

60대 수강생들과 대화법을 주제로 수업을 한 적이 있다. 이 대화
속 여성은 30대 아들이 있는데 집에 오면 대화거리가 모자라서 고민

이라고 했다. 같이 밥 먹으며 안부를 묻고는 조용히 TV를 보다가 헤어진다는 것이다. 아들이 하는 일을 물었더니 회사 이름을 말했다.

"아들이 무슨 일을 하는지 설명하지 못하겠어요. 잘 몰라요. 생각해보니 아들에 대해 모르는 게 많네요. 아들이 성인이 된 후로는 저와 의논하지 않아요. 말해도 잘 모르니까 안 하는 것 같아요."

부모님을 친구로 만들면

어린 시절 부모님은 최고의 대화 상대였다. 아기였던 시절에는 부모님에게 모르는 것을 끊임없이 묻고, 일하러 간 부모님이 집에 오기를 하염없이 기다렸다. 세상에서 가장 친한 사람이 부모님인 셈이다. 그런데 자라면서 부모님의 자리는 친구나 애인이 차지하고, 부모님이 모르는 비밀도 생긴다. 독립을 하고 직장을 얻어 말 그대로 어른이 되면 부모님의 자리는 위치만 남는다. 자식은 도리를 지키려고 주말에 종종 찾아뵙고 명절에 인사드리고 가족 행사에 참석한다. 멀리서 보면 화기애애하지만 서로를 잘 모를 때가 많다. 함께 밥을 먹고 잠을 자고 여행도 가지만 대화다운 대화는 부재하다.

어머니는 무엇을 할 때 가장 행복한가? 아버지는 태어나서 가장 기뻤던 날이 언제인가? 두 분은 어떤 음식을 제일 좋아하는가? 요즘에는 어떤 노래를 부르는가? 자주 하는 고민은 무엇인가? 어떤 이웃과 제일 친하게 지내고 무슨 이야기를 나누는가? 어떤 프로그램을 좋아하고, 왜 즐겨 보는가? 최근에 언제 가장 행복했고, 언제 마지막으로 눈물을 흘렸는가? 이 모든 질문에 당신은 대답할 수 있는가?

앞으로는 부모님을 친구로 만들어보자. 당신이 30대 이상이라면 더욱 환영이다. 부모님에게 예의를 너무 갖춘 깍듯한 말투 대신 친한 친구를 대하는 말투로 장난기 어리게 말해보자. 부모님은 말해도 모를 거라는 생각을 버려야 한다. 우선 자신이 하는 일부터 자세히 설명하자. 내가 어떤 일을 하는지 부모님이 정확히 이해하면 고민을 털어놓을 수 있는 사이로 발전한다.

고민이 생기면 걱정하실까 염려하지 말고 부모님에게 털어놓자. 부모님은 생각하는 것보다 강하다. 부모님이 생각하는 것보다 내가 강한 것처럼 말이다. 그러니 친구한테 말하듯이 이야기하고, 충분히 이야기한 뒤에는 부모님의 의견을 듣자. 삶의 지혜가 축적된 부모님은 내가 미처 생각지 못한 점까지 발견해 조언할 수 있다. 때로는 잔소리도 있겠지만 걸러 들으면 된다.

최고의 대화 상대는 가족

20대 시절에는 부모님과 시간을 자주 보내도 나의 고민을 의논하지 않았다. 그렇지만 사업을 시작하면서 부모님과 대화를 깊이 있게 하고 싶었다. 고민이 있으면 의논하는 사이로 개선되고 싶었다.

나는 부모님에게 나의 사업에 대해 세세하게 설명했다. 대한민국 국민의 말하기 수준을 높이기 위해 교육을 한다는 사명, 사람들이 어떤 이야기도 할 수 있는 다정한 세상을 만들겠다는 포부, 전 세계로 콘텐츠를 수출해 엄청 거대한 회사를 만들 것이라는 꿈을 말했다. 전화하고, 만나서 이야기하고, 회사에 모셔와 사무실을 보여줬다. 정말 친구한테 하는 것처럼 말이다. 그래서 지금 부모님은 내가 무슨 일을 하는지 이해한다. 부모님은 나의 유튜브와 틱톡, 인스타그램 등 각종 소셜 미디어를 구독한다. 내가 일일이 앱을 설치하고 사용법을 알려드렸다. 온라인 클래스 플랫폼 수업도 올리면 보고, 어떤 기업에서 무슨 강의를 하는지도 잘 알고 있다.

부모님과 친구처럼 대화를 나눈 후로 나는 대화 실력이 크게 늘었다. 이해의 폭이 넓어지고 경계가 허물어지면서 대화를 더욱 즐기게 됐다. 어쩌면 부모님을 일찍 여의거나 부모님이 없는 셈 치고 사는 편이 더 나은 사람도 있을 것이다. 그렇다면 부모 같은 형제자매나 친척, 이웃 어른에게 친구처럼 다가가보자.

대화가 단절된 부부를 위해

남편 와이프가 진짜 이해가 안 가.

친구 왜? 무슨 일인데?

남편 애가 밥을 안 먹으면 먹여야 하잖아? 안 먹어. 그냥 둬.

친구 왜?

남편 나야 모르지. 대체 왜 그러냐고. 약을 안 먹잖아? 안 먹여!

친구 왜 그럴까?

남편 그러니까. 나도 이해가 안 돼서 미치겠다니까.

부부 상담을 하는 프로그램에서 기억나는 장면이다. 아이 문제로 갈등하는 부부였다. 남편은 친구와 술을 마시고 인사불성이 된 채 귀가했다. 아내는 남편이 집에 들어오면 대화를 해보려고 기다렸지만 소용없었다. 보는 내내 답답했다. 아내가 이해가 안 가면 아내한테 물어봐야지, 왜 아무것도 모르는 친구한테 묻는 걸까?

말해봤자 다투니까 입을 다무는 부부가 있다. 중요한 의사 결정이 필요하면 어쩔 수 없이 대화하는데 그럴 때는 통화하거나 메시지를 주고받는다. 같은 프로그램에는 5년 동안 메시지로 대화를 나눈 부부가 나와서 충격을 안기기도 했다. 이 부부도 말하면 부딪치고 싸우니까 침묵을 택했다. 앞에서 경청할 때는 침묵이 필요하다고 했지만, 이런 침묵과는 다르다. 상대방의 말을 듣기 위한 침묵은 관계에 유용해도, 상대방을 피하려는 회피의 침묵은 관계를 망친다.

행동을 이해할 수 없다면 당사자에게 직접 물어보자. 사랑해서 결혼한 배우자에게 자존심을 내세우거나 자기 주장만 앞세우지 말고 다가가자. 책임을 따져 묻거나 타박하는 말은 금지다. 공감하기 위한 말이 필요하다.

"나는 정말 당신을 알고 싶어. 어떤 점이 힘든지 말해줄래? 어릴 적 당신은 밥 먹을 때 어땠어?"

"어렸을 때 당신, 안아주고 싶다. 힘들었겠다. 말해줘서 고마워."

행동에는 동기가 있다. 그 이야기를 듣고 공감하고 마음을 토닥여주자. 사랑하는 사람을 소중한 친구라고 여기자. 나를 무시한다고 비난하지도 말고, 신경질적이라거나 성격 파탄자라고 손가락질하지도 말자. 배우자가 이렇게 힘들어할 때까지 나는 왜 몰랐는지, 얼마나 무심했는지를 반성하자. 그리고 미안하다고 말하자. 소중한 존재에게 온 마음을 다해 노력하자.

🔍 Key Point 가족과 친구가 되는 방법

❶ **말투** 너무 깍듯한 말투를 쓰지 않는다.

❷ **친밀** 가족을 친구처럼 대한다.

❸ **놀기** 심심할 때 친구처럼 가족을 불러낸다.

❹ **사과** 침묵하는 가족에게 미안함을 전하고 대화를 시도한다.

🏃 Action 가족과 친구처럼 지내기

❶ **말투** "엄마, 오늘 저녁에 뭐하세요?"

❷ **친밀** "아빠, 저랑 영화 보러 가실래요?"

❸ **놀기** "영화 보고 싶은데, 같이 가요."

❹ **사과** "이렇게 힘들 때까지 몰라서 미안해요."

기대하거나 바라고 서운해하지 않기

친구들 모임에 가고 싶은데 이번에도 일정이 겹쳐서 못 나간다. 친구가 서운함을 드러낸다.

시옷 이번에도 못 나와?

미음 진짜 가고 싶은데, 미안. 일정이 계속 겹치네.

시옷 그렇게 바빠? 끝나고도 못 와?

미음 좀 어려울 것 같아. 언제 끝날지 나도 확실히 몰라서.

시옷 누가 보면 너 혼자 일 다 하는 줄 알겠다.

미음 미안해. 네가 대신 애들한테 안부 좀 전해줘.

시옷은 서운한 마음에 뾰족한 말로 이응을 찌르고 있다. "이번에도 못 나와?"라고 말하면서 지난번 모임에 불참한 사실을 들춰서 더 미안하게 한다. "그렇게 바빠? 끝나고도 못 와?"라고 말하면서 이웅의 사정을 이해하지 못하고 있다. 이웅은 자꾸 미안한 마음이 들고, 사정을 말할수록 변명하는 것 같다.

이들처럼 친한 사이일수록 서운하고 실망감이 들 때가 있다. 내가 상대방을 생각하는 것만큼 상대방으로부터 반응이 오지 않는 경우에는 어떻게 해야 좋은 관계를 유지할 수 있을까?

눈치 주는 사람, 미안해하는 사람

어떤 관계는 눈치 주는 사람과 미안해하는 사람이 나뉜다. 눈치 주는 사람은 이런 말을 잘한다.

"바빠? 연락 좀 해."

"내 생각은 안 하냐? 나는 안 보고 싶어?"

"일이 그렇게 중요해? 네가 없어서 다들 아쉬워했어."

미안해하는 사람은 이런 말을 잘한다.

"미안해. 이번에도 어쩔 수가 없네. 자꾸 일정이 꼬여."

"요즘 회사 분위기도 안 좋고 갑자기 급한 업무가 생겨서……."

눈치 주고 미안해하는 사이는 서로 진짜 좋아하거나 아끼는 사이가 아닐 수 있다. 진심으로 아끼는 친구가 바쁘면 걱정이 앞설 것이다. 밥은 잘 먹고 다니는지, 영양제라도 챙겨 먹는지, 몸이 힘들거나 피곤하지는 않은지 말이다. 친구를 가족처럼 아끼면 절로 드는 마음이다. 고단하게 쓰러져 잠든 배우자를 보면 안쓰럽고, 이른 아침 서둘러 집을 나서는 가족에게 한 숟갈이라도 먹이고 간식을 손에 쥐여주는 그 마음 말이다.

가족이라고 생각해보자. 정상적인 관계라면 부모님이나 배우자, 자녀가 일이 잘돼서 바쁘면 '내가 도울 수 있는 건 뭘까?' 하고 고민한다. '왜 저렇게 바쁜 척하지?'라고 생각하는 경우는 없다. 바빠도 건강 잘 챙기라고, 힘내라고 격려하면서 주변에 은근슬쩍 자랑하기도 한다. 가족이 일을 잘해서 능력을 인정받는 모습을 보면 멋있고 자랑스러우니까 말이다.

친구 사이에 책임과 의무는 없다

바쁘냐고 눈치 주는 말은 주로 남한테 하게 된다. 남이라고 생각하니까 타박이 나오는 것이다. 그러니 미안해할 필요도 없고 잘못한 것도 아니다. 당신이 친구를 서운하게 한 게 아니다. 친구가 자기 뜻대로 되지 않으니까 오히려 당신을 미안하게 만드는 것이다. 당신이 없어도 그 친구는 모임에서 재미있게 놀 게 뻔하다. 진심으로 좋아하는 친구가 못 오면 약속을 다른 날로 잡을 텐데 당신이 빠져도 괜찮으니까 그날 그 시간에 그 장소에서 자기들끼리 모이는 것이다.

마냥 미안해하지 말자. 친구 사이에는 책임과 의무가 없다. 회사에서 업무를 제대로 하지 않으면 책무를 다하지 못한 것이니 잘못한 게 맞다. 사과하고 시정해야 한다. 월급을 받고 일하는 이해관계니까. 하지만 친구 사이는 마음으로 맺어진 관계여서 더욱 특별하다. 특별하게 서로를 위하고 마음으로 아껴야 한다. 친구를 못 만나는 것은 한쪽이 바빠서, 일방적인 이유로 못 만나는 게 아니다. 두 사람이 똑같이 서로를 위하는 마음이 작아서 만나지 못하는 것이다.

정말 보고 싶은 친구라면 바쁜 친구를 직접 찾아갈 것이다. 제대로 된 밥을 먹으려고 회사 앞으로 갈 것이다. 친구 동네의 편의점이나 카페에 가서 음료 한잔 마시자고 할 수도 있다. 잠깐이라도 얼굴 보고 이야기를 나누고 싶어서 말이다. 모임 장소를 바쁜 친구의 회사 근처로 잡을 수도 있다. 친구가 야근을 끝내고 와서 막간이라도 다 같이 볼 수 있도록 말이다. 못 만나는 동안에는 안부를 묻는다. 우정은 그런 것이다.

우정 깊은 친구 사이란

진한 우정을 나누는 친구 사이는 못 만난다는 이유로 미안해하거나 서운해하지 않는다. 서로 보고 싶은 마음을 이미 잘 알고 있고, 서로의 사정을 깊이 헤아리고 있다. 지금 못 만나도 어떻게든 만날 것임을 안다. 내가 아끼고, 계속 보고 싶고, 진짜 좋아하는 친구라면 태도를 바꾸자. 친구가 바빠서 못 만나는 게 아니라, 친구의 시간에 내가 맞추려는 노력이 부족했다는 사실을 인정하자. 그러면 서운한 마음은 사라질 것이다.

　습관적으로 상대방을 공격하는 말을 하는 사람이 있다. 그런 사람이 친구를 지적해서 잘못한 사람으로 만든다. "나 안 보고 싶어?"라는 말은 친구가 자주 연락하지 않은 것을 잘못했다고 생각해서 서운함을 표현하는 말이지만, 자신도 노력을 안 해서 못 만났다는 사실을 인지하면 이런 말은 나오지 않는다. 그 사실을 인지한다면 "보고 싶다. 오늘 갑자기 생각나서 연락해. 잘 지내?"라고 안부를 물을 것이다. 마음은 멀리 떨어져 있어도 전해진다.

　표현이 서툴러서 자기도 모르게 날이 선 말을 할 수 있는데 되도록 부정적인 말은 삼가자.

　"그렇게 바빠?"

　이 말은 단칼로 상대방을 빠르게 베는 것과 같다. 사람은 부정적인 말을 하는 사람과는 마음이 불편해서 멀어지게 돼 있다. 세상에 죄책감으로 유지되는 좋은 관계는 없다. 좋은 관계를 유지하고 싶다면 부정적인 말을 뱉기 전에 잠깐 생각하며 나를 돌아보자.

솔직한 마음을 전하자

'나만 맞춰야 해?'라는 생각이 들 수 있다. 최선의 방법은 먼저 내 마음을 보여주는 것이다. "왜 그렇게 바빠?"라고 쏘아붙이기 전에 친구에 대한 내 마음을 바로 보자. 어느새 바빠진 친구가 점점 멀어지는 것 같고 나를 소홀히 여기는 게 아닐까 싶어 섭섭하다. 이렇게 자주 못 만나면 우리의 우정에 금이 갈까 봐 두렵고, 내가 필요할 때 옆에 있어주기를 바라는데 못 만나서 서운하다. 이런 속마음을 말하자. 내 마음과 사정을 모른 채 무방비 상태인 친구를 나무라지 말자.

"보고 싶은데 괜히 바쁜 너한테 방해될까 봐 연락을 못 했어. 사실 내가 요즘 고민이 있었어. 일이 내 마음 같지 않아서 너랑 맥주 한잔 마시면서 이야기 나누고 싶었거든. 그래도 이렇게 메시지로 이야기하니까 조금 후련하다."

"점점 바빠지는 너를 보니까 왠지 우리 사이가 멀어질까 봐 걱정됐어. 평생 너랑 놀고 싶은데 말이야! 보고 싶다, 친구야."

"일이 바빠서 못 만나는 건데 네가 나를 거부한다고 생각한 거 있지. 혼자 괜히 서운했어."

만약 마음을 전달했는데, 상대방이 마음으로 공감하지 않고 점점 멀어진다면 관계를 회복하기 위한 노력을 멈추자. 살다 보면 지나가는 우정도 있고, 희미해지는 관계도 있다.

한편 지금은 마음을 다른 데 쏟아야 해서 여유가 없거나 친구에게 말 못 할 고통스러운 일을 겪고 있을 수 있다. 그럴 때는 좋은 친구 사이는 마음이 있으면 시간이 흘러도 돌아온다는 점을 기억하자.

"잘 지냈어? 그동안 일이 많아서 연락을 못 했어. 우리 보자. 언제 시간 돼?"

이 한마디로 수십 년의 공백을 깨는 게 우정이다.

🔍 Key Point 친구에게 서운해하지 않는 방법

❶ **연락** 보고 싶은 친구에게 먼저 연락한다.

❷ **주기** 주고받는 사이는 이해관계다. 친구에게는 준다.

❸ **솔직** 서운한 마음이 든다면 면박하기 전에 내 마음을 점검한다.

❹ **우정** 깊은 우정은 희미해지지 않으니 걱정하지 않는다.

🏃 Action 자주 못 보는 친구가 있다면

❶ **대상** 친구의 얼굴을 떠올리자.

❷ **바람** 친구가 어떻게 지내기를 바라는지 적어보자.

❸ **솔직** 그동안 못 만나서 얼마나 보고 싶은지 솔직하게 전하자.

❹ **연락** 친구를 깊이 생각하는 마음을 표현하자.

약속을 대하는 자세

친구들과 만나기로 했지만, 약속일이 다가올수록 내심 가기가 꺼려진다.

> 나   진짜 미안. 내일 약속 못 가겠다. 내일 밤까지 끝낼 일이 있는데, 아직 마무리를 못 했어.
>
> 지웅   뭐야, 한 달 전에 잡은 약속인데. 치웅은 휴가까지 냈잖아.
>
> 치웅   흑 어쩔 수 없지 다음에 봐.
>
> 나   미안해. 지난주에 아팠더니 일이 밀렸어. 둘이 재미있게 만나.
>
> 치웅   맞아. 그래서 컨디션 관리가 정말 중요해. 건강 잘 챙기고!
>
> 지웅   얼굴 보기 힘드네.

약속을 잡아놓고 그냥 가지 말까 싶을 때가 있다. 이런 행동의 이유를 내향적인 성격에서 찾는 사람도 있다. 자신은 근본적으로 사람을 만나는 것보다 집에 있는 것을 선호하는 성향이라고 말한다. 과연 성향 때문일까? 내가 약속에 못 나간 것은 일 때문에 어쩔 수 없다고 말하고 싶지만, 솔직히 변명이다. 정말로 만나고 싶다면 다음 약속을 잡겠지만 나는 그러지 않았다. 툭하면 불러내고 싶은 친구가 있는 반면 약속을 잡기가 꺼려지는 친구가 있는 이유는 뭘까?

언젠가 치웆이 나에게 "너는 그거 못 하잖아"라고 말한 적이 있다. 시간이 흐를수록 기분이 나빠지는 말이었고, 나를 무시한다는 생각에 치웆을 보고 싶지 않았다. 다른 친구들은 아무것도 모른 채 만나자고 하는데, 나가지 않으려니까 딱히 할 말이 없어서 약속을 잡았다. 그런데 날짜가 다가올수록 치웆을 보기 불편한 마음이 커져서 약속 장소에 나가기 싫었다. 당신도 비슷한 경험을 한 적이 있을 것이다. 우리는 왜 약속을 잡아놓고 취소하는 걸까?

누군가를 만나기 꺼려질 때

우리는 약속을 미루거나 취소하는 게 예의 없고 관계에 안 좋은 영향을 미칠 것을 알고 있다. 이 점을 알면서도 자신이 그렇게 행동하는 이유는 성향이나 성격 때문이라기보다 특정인이 불편해서다. 미워하는 마음이 생겨서, 만나서 아무렇지 않은 척할 자신이 없어서, 꽁한 모습을 보여주기 싫어서 약속을 잡았다가 못 간다고 말하고 안 가는 것이다.

그럼 친구를 안 보는 게 답일까? 내가 찾은 결론은 내 마음을 살피는 게 먼저고 친구와의 관계는 그다음에 생각하자는 것이다. 내마음이 상한 건 친구 잘못이 아니다. 친구가 한 말이 내 오랜 상처를 건드렸지만, 그건 그 친구가 만든 상처가 아니다. 나는 가족과 친구들이 나를 전적으로 응원하고 지지해주기를 바란다. 그러기 위해서는 그들이 나의 능력과 가능성을 믿어야 한다. 그런데 "너는 그거 못하잖아"라는 말은 그 믿음에 반하는 말이라고 판단했기에 기분이 나빠진 것이다. "나는 너를 믿을 수 없어"라고 하는 것처럼 들렸다.

원인을 알게 된 나는 친구와의 관계를 어떻게 할지 자문해보았다. 친구는 정말 나를 무시했을까? 잘 모르겠다. 그럴 수도 있고 아닐 수도 있다. 그 친구의 인정이 나에게 중요한가? 아니다. 날 믿고 응원하는 사람은 많다. 무엇보다 내가 나를 믿는다. 그러면 그 말을 무시할 수 있는가? 그렇다. 그 말은 나를 무너뜨릴 만큼의 타격감이 없다. 그러면 그 상처는 건드려도 덧나지 않는 것이 아닌가? 그렇다. 괜찮다. 친구를 다신 안 보고 싶은가? 아니다! 그 친구와 나는 좋은 추억이 엄청나다. 장점이 가득한 친구다.

객관적인 질문을 던져보니 나는 여전히 그 친구를 아끼고 좋아하고 있다는 것을 깨달았다. 그때 나는 아물지 않은 상처가 있었고, 그걸 건드린 친구가 미웠던 것이다. 다행히 한발 떨어져서 나를 돌아봤더니 당시 내가 스스로를 믿지 못해서 그 말에 영향을 받은 것뿐이란 걸 알았다. 이렇게 내 마음을 돌아봤더니 과거의 약했던 내가 어느새 단단해졌다는 걸 발견했고, 소중한 친구를 잃지 않았다. 만나기 꺼려지는 친구가 있다면 자신의 마음을 먼저 살피면서 자문해보자. 앞으로의 관계를 어떻게 만들어 나갈지, 비슷한 말을 또다시 들었을 때 어떻게 받아들일지 성숙하게 대처할 수 있을 것이다.

누군가에게 불편하고 미워하는 마음이 드는 것은 나를 돌봐야 한다는 신호다. 만나기 싫은 이유는 분명히 있다. 이때 그 이유가 어디에서 비롯됐는지 알아야 한다. 그러지 않으면 그 사람이 아닌 다른 사람에게도 불편한 감정이 또다시 생길 것이기 때문이다. 원활한 인간관계를 위해서 제일 먼저 자기 마음을 살피자.

가능하면 약속을 지키자

약속을 취소하면 자신과의 관계를 하찮게 대한다고 상대방이 오해할 수 있다. 왜냐면 우리는 사회생활에서 다른 약속은 잘 지키기 때문이다. 회사 출근 시간은 물론이고 사업차 만나는 외부 인사나 사내 경영진과 만나는 자리는 30분 혹은 1시간 먼저 가서 기다리기도 한다. 업무와 직결된 자리는 약속의 무게를 무겁게 느끼는 것이다. 그러니 어떤 약속을 가볍게 어기거나 미루면 상대방은 자신과의 관계를 등한시한다고 느끼기 쉽다.

약속을 취소하는 일이 반복되면 소중한 사이가 소원한 사이로 변질될 수 있다. 자신의 인생에서 우선순위가 무엇인지 재점검할 필요가 있다. 일하고 돈을 버는 이유는 결국 소중한 사람들과 행복하게 살기 위해서다. 약속을 잡거나 취소할 때는 신중해야 한다.

소중한 사람과 한 약속을 회사 규율처럼 여기면 어떨까? 임의로 변경할 수 없고 꼭 지켜야 하는 출근 시간처럼 가족과 친구와의 약속 시간을 철저히 지키는 것이다. 또 회사에 지각하거나 미팅 일정을 변경하면 충분히 사유를 설명하듯이 가족과 친구에게도 늦으면 충실하게 이유를 설명하는 것이다. "미안"이라는 말로 어물쩍 넘기지 말고, 회사에서 지각하면 깍듯하게 사과하듯 가족 모임에 늦으면 진심으로 사과하자. '그렇게까지 피곤하게 살아야 돼?'라는 생각이 들 수 있다. 그러니 약속을 함부로 잡지 말자.

사람을 환대한다는 것

가족과 친구, 사이 좋은 사람들과 더 잘 지내고 그들을 설득하기 위해서는 매, 순간 웃으면 좋다. 바로 환대다. 데일 카네기의 《데일 카네기 인간관계론》에 따르면 어디서든 환영받는 사람이 되는 방법은 강아지를 보면 배울 수 있다. 강아지는 어디서든 주인을 보면 꼬리를 흔든다. 횡단보도 앞에 친구가 서 있으면 건널 때까지 스마트폰만 보지 말고 강아지가 사람을 환대하듯 친구에게 손을 흔들어보자.

만나기로 약속한 카페에 먼저 와 있다가, 기다리던 사람이 들어오면 우리는 보통 앉아서 그가 다가올 때까지 기다린다. 그러지 말고 마치 처음 만난 사람처럼 반가워하며 벌떡 일어나 맞이하는 건 어떨까? 무표정하거나 어색한 표정을 짓기보다 크게 웃으며 밝은 미소를 지어 보이면 어떨? 상대방에 따라서는 정말 반갑다면서 어깨를 두드려주는 것도 좋다. 반가움을 적극적으로 표현하는 것이다.

사랑하는 사람이나 친밀한 사이에서는 애정 어린 시선을 주고받고 스킨십을 자주 하려고 노력하자. 당신이 환대할수록 상대방은 당신을 더욱더 만나고 싶어 할 것이다.

🔍 Key Point 원활한 관계를 유지하는 약속의 자세

❶ **신중** 약속을 잡거나 취소할 때 신중해야 한다.

❷ **책임** 약속은 가능하면 철저히 지킨다.

❸ **가족** 가족과의 약속도 회사 규율처럼 여긴다.

❹ **환대** 만났을 때 반가움을 적극적으로 표현한다.

🏃 Action 만나기 펄끄러운 친구가 있다면

❶ **신호** 친구를 불편하게 느끼는 내 감정을 오롯이 마주하자.

❷ **마음** 왜 만나기 싫은지 자신에게 객관적으로 묻자.

❸ **신중** 마지못해 약속을 잡지는 말자.

❹ **사과** 약속을 깰 때는 진지하게 이유를 설명하자.

때와 장소에 맞게 발휘하는 센스

우리 곁에는 싹싹한 사람이 있는가 하면 눈치가 없는 사람이 있다. 두 부류의 차이는 '센스'가 있느냐 없느냐에 있다. 센스는 '어떤 사물이나 현상에 대한 감각이나 판단'이라는 뜻이다.

센스가 있는 사람은 어디를 가도 사람들에게 환영을 받고 좋은 인상을 남긴다. 이들은 눈치가 빨라서 상황을 잘 판단하고 알아서 척척 행동한다. 이와 반대로 센스가 없는 사람은 눈치 빠른 사람에게 항상 밀려서 뒤에서 뚱하니 서 있을 때가 있다. 이런 상황을 여러 번 겪어도 눈치 없는 사람의 눈치는 쉽사리 늘지 않는다. 지금부터는 때와 장소에 맞춰 센스 있게 말하고 행동하는 방법을 살펴본다. 살면서 자주 맞닥뜨리는 몇 가지 상황에서 이 방법을 익혀 센스 있게 활용하자.

누군가의 집을 방문한다면

남의 집을 방문할 때는 손에 뭐라도 들고 가자. "빈손으로 와요"라는 말을 들어도 말이다. 뭔가를 꼭 챙겨 가는 사람은 그렇지 않은 사람과 비교된다. 사람 마음이란 어쩔 수 없다. 나도 강사가 되고 나서야 어릴 적 학교 선생님이 공부 잘하고 열심히 하는 학생을 예뻐한 이유를 이해했다. 집주인의 취향을 고려해 약소한 선물을 하거나 건강한 식품, 다과를 가져가는 것을 추천한다.

선물은 비싼 것 말고 최대 3만 원 이하 범위에서 고르자. 자신이 마음 편한 예산 안에서 준비하자. 너무 과한 선물을 주면 서로 마음이 무겁다. 함께 나눠 먹을 디저트를 가져가는 것도 추천한다. 집주인이 디저트까지 준비하는 부담을 덜 수 있다. 요즘에는 건강한 재료로 만든 케이크나 쿠키도 다양하다. 만약 시간이 촉박해서 직접 살 시간이 없다면 배달로 주문을 해두자. 집주인을 만나자마자 선물을 건넨 뒤에는 화장실을 물어보고 가서 깨끗이 손을 씻자. 다른 사람의 집에서는 위생에 신경 쓰면 좋다.

음식은 보통 집주인이 한다. 손님으로 음식을 대접받았으면 설거지는 직접 하자. 배달 음식을 시켜 먹었다고 해도 마찬가지다. "놔둬요. 이따가 내가 하면 되니까"라는 말을 들어도 움직이자. "제가 할게요. 그래야 마음이 편해요"라고 말하자. "아니에요. 식기세척기가 있어서 이렇게 안 해도 돼요"라고 집주인이 한 번 더 말리면 "그럼 적당히 헹궈서 물에 담가놓을게요"라고 말하자.

'집주인이 나름의 방식으로 설거지하겠지', '식기세척기가 있는데?', '우리 집에서도 안 하는데 여기서 설거지를?'이라고 생각하지 말자. 센스 있는 사람은 빠릿빠릿하게 일어나서 집주인의 손을 거든다. 집주인이 말리는 경우는 손님인데 미안하고, 자기가 하는 게 깨끗해서다. 그런데 말은 그렇게 해도 손님이 설거지하는 것을 반긴다. 만약 집주인이 너무나 깔끔한 사람이라서 다시 설거지하더라도 한 번 씻어놓은 그릇을 설거지하는 편이 상식적으로 더 낫지 않겠는가. 그래도 집주인이 세 번째 거절하면 다시 한번 하겠다고 말하자. 만약 집주인이 네 번째 거절하면 그때는 진짜 거부하는 거라고 여기고 안 해도 된다. 세 번까지는 시도하자.

집을 나설 때 쓰레기를 가지고 나가자. 집에서 한껏 놀고 나면 정리할 일이 보통이 아니다. 사람이 모였다 하면 음식을 먹기 때문에 그릇 사용량도 늘고, 여기저기 음식 찌꺼기나 과자 부스러기가 흩어져 꼼꼼하게 청소해야 한다. 상당한 양의 쓰레기도 발생한다. 쓰레기를 매일 버릴 수 있는 집도 있고, 정해진 요일에만 버릴 수 있는 집도 있다. 이걸 잘 아는 센스 있는 사람은 쓰레기를 자신이 가지고 간다. 청소를 다 한 뒤에 재활용품을 분리하고, 일반 쓰레기와 음식물 쓰레기를 구분해 버리는 일이 까다로운 걸 알기 때문이다.

집주인이 "에이, 무슨 쓰레기를 가지고 가요. 이리 주세요"라고 해도 가지고 나가자. "제가 직접 버릴게요. 이거라도 도와드리고 싶어요"라고 말하자. 집주인을 아끼는 마음으로 말이다.

경조사를 대하는 자세

결혼식에 초대받으면 30분 전에 도착하자. 결혼식 주인공은 일생일 대 한 번 있는 경사다. 회사 일로 중요한 업무 미팅에 갈 때 서두르 는 것처럼 식장에 일찍 가자. 결혼식 전에 신랑 신부를 만나서 이야 기도 나누고 축하 인사도 전하자. 단, 얼굴을 비췄다고 돌아가거나 밥 먹으러 가지 말자. 예식이 끝날 때까지 자리에 있다가 단체 사진 도 찍자. 나는 아나운서라서 친구들의 결혼식 사회를 수십 번 맡았 다. 하객이 너무 많을까 봐 걱정하는 커플도 있지만, 하객이 너무 적 을까 봐 걱정하는 커플이 더 많다. 사회자로서 식장에 서면 하객석 이 듬성듬성 비어 있는 것보다 꽉 찬 게 훨씬 보기 좋다. 기쁨은 나 눌수록 커진다. 웬만하면 자리를 채워서 앉고, 자리가 꽉 차면 문가 에 서 있자.

축의금도 너무 아끼지 않는다. 친구와 상의하지 말고 자신이 줄 수 있는 만큼 마음을 담아서 주자. 지인에게 현금으로 선물하는 일 은 한평생 결혼식과 돌잔치가 거의 유일하다. 나는 형편이 넉넉지 않은 20대 때 경조사 통장을 만들어 매달 20만 원씩 적금을 넣었다. 월급에서 경조사 비용을 빼지 않고, 미리 모아놓은 경조사 통장에서 지출해서 마음을 전할 수 있었다.

부고 소식을 들으면 듣자마자 장례식에 가자. 최대한 빨리 갈 수 있도록 하자. 친한 사이라면 장례 기간에 매일 가고 발인하는 날에 마지막까지 곁에 있자. 나는 친구들의 부모님 장례에서 발인까지 함께한다. 친구의 슬픔을 헤아릴 길이 없어서 그저 옆에서 자리를 지킨다. 그것만이 내가 할 수 있는 전부다. 친구들은 장례가 끝난 뒤에 오랫동안 고마워했다. 나는 그게 더 고마웠다.

장례식 이후에도 친구의 안부를 묻자. "아프셔서 준비하고 있었어", "괜찮아"라고 씩씩하게 말하더라도 슬픔은 예고 없이 불쑥 찾아오는 법이다. 슬픔을 잊기보다는 애도를 충분히 할 수 있도록 돕자. 일정상 장례식장에 갈 수 없었다면 메시지라도 보내서 애도를 표현하자. 늦게 소식을 접했다면 모르는 체하지 말고 위로의 말을 전해야 한다.

애도는 적절하게 우리의 감정을 표현하고 우리가 새로운 하루를 견뎌내고 덜 힘들게 지나갈 수 있는 힘을 얻기 위한 과정이다. 조성준 강북삼성병원 정신건강의학과 교수는 한 라디오 프로그램에서 애도의 말을 전할 때 조심해야 할 표현을 알려줬다.

"'좋은 곳에 갔을 거다', '더 편한 곳에서 쉬실 것이다'라는 상투적이고 진부한 위로를 하지 않는 게 필요합니다. '그래도 다른 가족은 살아 있지 않습니까?'라는 표현은 해서는 안 되고요. 애도자를 어떤 역할 속으로 떠밀지 않는 것도 중요해요. '극복하도록 노력하셔야 한다', '너무 잘하고 계시네요', '이제는 네가 이 집의 어른이다' 같은 말들은 큰 부담을 줄 수 있어요. 또 상실한 대상을 대체하라고 제안하는 경우도 있는데요. '죽은 아이를 대신해서 아이를 새로 가져', '얼른 새로운 사람을 다시 만나'라는 말은 삼가야 합니다."

모범 답안이 있냐는 물음에는 "저는 사실 별말을 하지 않아요.

꽃을 놓고 향을 피우고 진심으로 기도하고 말을 아낍니다. 오히려 그 자리를 더 지켜주고 일상적인 대화들을 나누고 상대방의 사연을 듣지요"라고 말했다.

반려동물을 떠나보낸 주변인이 있다면 위로를 전하자. 이들은 가족을 잃은 것과 똑같은 상실감을 겪는다. 그렇지만 아직 반려동물을 키우지 않거나 반려동물을 잃은 상실감을 헤아리지 못하는 사람들로 인해 슬픔을 드러내지 못한다. 조철현 고려대학교 안암병원 정신건강의학과 교수는 매체를 통해 이런 말을 전했다.

"마치 가족과 같은 반려동물이 사망하면 슬픔, 상실감, 괴로움 등을 겪게 되는데 이를 '펫로스 증후군(Pet Loss Syndrome)'이라 한다. (중략) 주변인들은 슬픔에 공감하지 않더라도 가족을 잃은 슬픔으로 인정하고 위로를 아끼지 말아야 한다. '한낱 동물일 뿐인데 왜 이렇게 슬퍼하냐', '대신 다른 동물을 키워라' 등 무분별한 조언은 삼가야 하며, 가족과 같은 반려동물을 잃은 슬픔을 공감해주고 인정해주는 마음가짐이 필요하다."

참고로 조문할 때는 검은색 옷을 입고, 웬만하면 긴 팔과 긴 바지를 입는 걸 권한다. 여름에도 검은색 양말을 신는 게 예의다. 장례식장 입구에 마련된 방명록에 이름을 쓰고, 조의금 봉투를 전달하거나 부의함에 넣는다. 상주와 가볍게 고개를 숙여 목례를 한다. 고인의 영정 앞에서 헌화나 분향을 한다. 헌화할 때는 장례식장에 마련된 국화를 들고 꽃봉오리가 영정 사진을 향하도록 놓는다. 향은 초에 대고 연기를 일게 한 뒤 향로에 꽂는다. 불이 크게 붙은 경우에는 입김으로 불어 끄지 말고 손을 흔들어 끈다. 영정에 정면으로 서서 절을 두 번 하거나 목례를 한다. 자신의 신념에 따라 선택한다. 상주와 맞절을 한 번 하거나 목례를 한 뒤 짧은 위로의 말을 건넨다. 이때는 "삼가 고인의 명복을 빕니다" 등의 짧은 한마디만 하자.

🔍 Key Point 때와 장소에 따라 처신하는 방법

❶ **선물** 집에 초대받으면 작은 선물을 챙긴다.

❷ **청소** 설거지와 쓰레기 수거는 손님이 한다.

❸ **결혼** 식장에 30분 전에 가서 끝까지 남아 축하한다.

❹ **장례** 최대한 빨리 가서 오래 머문다.

🏃 Action 센스 있게 말하고 행동하기

❶ **활기** "집에 초대해주셔서 감사해요."

❷ **선물** "집에 어울릴 것 같아서 가지고 왔어요."

❸ **청소** "제가 할게요. 그래야 마음이 편해요."

❹ **애도** 상실을 겪은 사람들이 감정을 표현하도록 연결되자.

설득하고 싶으면 상대방이 원하는 것을 말해야 한다. 자신이 원하는 것을 상대방의 입장에서 말하는 것이다. 그가 원하는 것은 무엇인지, 그가 나와 일하고 싶게 하려면 어떻게 해야 하는지, 나는 그에게 무엇을 줄 수 있는지 상대방의 입장에서 생각하자.

5장

일 잘하는 사람은
말의 태도가 다르다

어색한 사이는 어색한 대로

한 사람이 회사 휴게공간에 커피를 가지러 갔다. 그곳에서 별로 친하지 않은 선배가 먼저 커피를 내리고 있다.

후배 안녕하세요.

선배 어, 안녕!

후배 ……. (어색함이 흐른다.)

당신이 후배라면 이런 상황에서 무슨 말을 할 것인가? 이 사람은 선배가 그곳을 나갈 때까지 아무 말도 하지 않았다. 선배가 나갈 때는 길을 비켜주려고 거리를 최대한 유지하며 벽에 붙었다. 평소에 말수가 적은 사람이었다. 주로 컴퓨터로 작업하는데 하루 동안 말하는 문장이 한 손에 꼽을 정도다. 아예 말하지 않는 날도 있다.

어색함은 당연한 것

어색한 상황을 힘들어하는 사람들이 있다. 이들은 낯설거나 친하지 않은 사람을 만나면 어색함을 느끼고 할 말도 생각나지 않는다. 이런 이유로 낯선 모임을 피하거나, 어색한 분위기를 깨보려고 계속 떠들다가 쓸데없는 이야기를 한 것 같다며 후회하기도 한다. 어색한 상황에서도 말을 잘하는 사람이 있는데 그들은 어떻게 하는 걸까?

어색함을 받아들이면 된다. 처음 본 사람, 친하지 않은 사람은 어색한 게 당연하다. 그러니 할 말이 없는 것도 당연하다. 잘 아는 사이에는 정보가 많지만, 모르는 사이에는 아는 게 없으니 말을 붙이기가 어려울 수밖에 없다. 무슨 말을 해야 하나 고민할 필요는 없다. 쓸데없이 떠들었다가 말실수를 하는 것보다 아무 말 안 하는 게 낫다.

어색한데 어색하지 않은 척할 필요도 없다. 감정을 숨기는 것은 재채기를 참는 것만큼 어렵다. 어색함을 감추려는 건 상대방을 어색해하는 게 미안해서이기도 한데, 미안해할 일은 아니다. 그 사람이 불편한 게 아니라 상황이 어색한 거니까.

이럴 때는 반가움이 필요하다. '쑥스럽지만 만나서 반가워요' 하는 마음 말이다. 꼴 보기 싫은 사람을 마주친 게 아니라면 어색하다고 해서 상대방을 불편하게 여기지 말자. 어색함을 불편해하면 인사를 건넬 때 말투에서 벌써 티가 난다. 목소리를 낮추고 말꼬리를 떨어뜨리는데, 그러면 상대방은 자신을 반가워하지 않고 불편해한다고 여긴다. 반대로 하자. 웃으면서 말꼬리를 올리자. '당신을 우연히 만나서 반가워요' 정도의 뉘앙스를 담아서 다정하게 인사하자.

어색한 사람과 어떤 대화를 하면 좋을까?

한 여성이 인천공항에서 외국인을 태우고 서울로 이동하는 중이다. 여성은 외국인에게 무슨 말을 할지 고민이다.

> 여성　한국엔 처음 오셨어요?
>
> 외국인 네, 이번이 처음이에요. 서울이 기대돼요.
>
> 여성　어디 가고 싶은 데 있으세요?
>
> 외국인 글쎄요. 일 끝나면 저녁에 천천히 찾으려고요.
>
> 여성　올 때는 힘들지 않으셨어요?
>
> 외국인 네, 자주 출장을 다녀서 괜찮습니다.

　여성은 어색한 상황을 모면하고자 몇 가지 질문을 해본다. 질문을 여러 차례 던지면서 머릿속으로 다음 질문을 고민하지만 적당한 말이 생각나지 않는다. 외국에서 먼 길을 온 사람이니 자신이 대화를 주도해야 할 것 같은데 마음처럼 되지 않는다.

　대화가 어색한 이유는 여성이 상대방의 이야기를 경청하지 않아서다. 대화 도중에 다음 질문을 생각하면 앞에서 상대방이 하는 이야기가 들리지 않는다. 자기 머릿속 생각에 집중하고 있기 때문이다. 대화에 몰입해야 자연스럽게 이어서 할 말이 생기는 법이다.

대화 '주제'를 찾기보다 현재의 대화에 '몰입'하자. 하나의 주제로 깊이 대화하고 상대방에게 관심을 가지면 된다. 외국인이 "서울이 기대돼요"라고 하면 "어떤 점이 기대돼요?"라고 물어볼 수 있다. 또 "요즘 블랙핑크에 빠져 있어요!"라고 하면 "와, 저도 좋아해요! 어떤 계기로 블랙핑크를 좋아하게 됐나요?"라고 응할 수 있다. 상대방이 좋아하는 것을 듣기 위해 계속 질문하는 것이다. 1장 "질문의 중심에 '사람'을 두는 법"과 일맥상통하는 이야기다.

내 머릿속에서 답을 찾지 말자. 어색한 사람과 나눌 '적당한 주제'란 없다. 예전에 다른 사람과 나누었던 적당한 주제로 새로운 사람과 대화한다고 해서 똑같이 재미있으리란 법도 없다. 그리고 준비한 질문을 계속하면 그것이야말로 대화를 지루하게 한다. 스스로도 대화를 즐기고 있지 않기 때문이다. 즐거운 대화는 상대방을 궁금해하는 데서 비롯한다.

어색함은 뛰어넘어야 할 대상이 아니다. 침묵해도 괜찮다. 무수한 상황에서 침묵이 낫다. 일하다 만난 사람과 사적인 이야기를 오래 할 필요는 없다. 인천공항에서 서울로 가는 시간이 꽤 걸리고, 장시간 비행기를 타고 왔을 테니 쉬라고 해도 된다. 가만히 있을 때 스스로 어색함을 느끼지 않으면 누구든 상황에 알맞게 잘 대처할 수 있다. 우린 이미 성인이고, 사회생활을 하면서 사람들과 잘 어울리고 있다. 자신을 믿자.

본론으로 곧장 들어가도 된다

회의나 식사 자리에서 어색한 분위기를 깨고 친분을 쌓기 위해 칭찬을 하는 사람이 있다.

"머리 스타일이 바뀌었네요. 정말 잘 어울리십니다!"

"요즘 잘 지내시죠? 사업이 나날이 번창하는 것 같은데요."

그런데 상대방의 기분을 좋게 해주는 말이 과연 필요할까? 자칫 아부 떠는 사람으로 보일 수 있다. 둘은 친한 사이일 수도 있지만, 둘의 친분을 모르는 타인이 보기에는 아부성 의도가 짙다. 사적인 이야기는 단둘이 만났을 때는 어울리나, 공적인 자리에는 어울리지 않는다.

내가 존경하는 선배는 회의실에 앉자마자 "다 오셨죠? 시작할까요? 업체 관계자분, 설명해주시죠"라고 말한다. 바로 본론부터 들어가면 너무 차갑지 않냐고 말할지 모르겠다. 일 잘하는 사람은 대부분 본론으로 직진한다. 업무의 연장선에서 만나는 관계에는 목적이 존재한다. 목적은 바로 '이익 증진'이다. 매출을 늘리고 사업을 확장하기 위해 머리를 맞대고 치열하게 토론하려고 모였으니 그것에 관한 이야기를 심도 있게 논의하는 게 우선이다. 이외의 사적인 이야기는 시간을 잡아먹는다.

때로는 안부를 생략해도 된다. 회의실에서 만나 "식사는 하고 오셨어요?"라고 묻는 사람이 있다. "아니요, 바빠서 아침, 점심 다 못 먹고 왔네요"라고 말하면 "어떡해요. 배고프시겠어요"라고 한다. 어쩌라는 말인가. 음식을 줄 것도 아니면서 왜 묻는가. 센스 있는 사람은 이렇게 말한다.

"혹시 식사 못 하고 오실까 봐 빵과 음료를 간단히 준비해뒀어요. 드시면서 회의하세요."

상대방을 위해 음식을 마련한 게 아니라면 밥을 먹었는지 묻지 않아도 된다.

마찬가지로 "요즘 별일 없으시죠?"라고 안부를 물었는데 상대방이 "요즘 들어 아이가 자꾸 아파서 병원에 입원했어요. 걱정이에요"라고 말하면 뭐라고 할 것인가?

"아휴, 걱정이 많으시겠어요. 어디가 아파요?"

고작 이 정도의 대화밖에 할 수 없다. 왜냐면 업무차 논의하기 위해 만났으니 시간이 부족해서다.

진짜 안부가 궁금하면 따로 시간을 잡아 대화하자. 회의가 끝난 뒤에 사적인 대화를 나누자. 양측 모두 마음에 여유가 생겨 대화가 편해질 것이다. 만약 상대방이 궁금하지 않다면 형식상의 안부는 묻지 말자. 궁금하지 않은데 물으면 빤히 보인다. 매일 마주치는 사람일수록 일 이야기를 하자. 시간을 아껴주는 것이 상대방에 대한 예의다. 아무리 칭찬을 하고 가깝게 지낸다고 한들 사회에서 만난 관계는 실력이 없으면, 다시 말해 자신에게 이익을 가져다주는 사람이 아니면 보지 않는다.

아이스 브레이킹 준비하기

어색함을 깨야 할 때가 있기는 하다. 예를 들어 소그룹 강의, 친목 모임, 동호회 같은 자리에서다. 친분을 쌓고 취미를 함께 즐기고 새로운 것을 배우기 위해 모인 사람들은 서로 친해질수록 유익한 시간을 보낼 수 있다. 분위기가 편할수록 적응도 잘하게 된다.

일면식 없는 사람들이 모인 이런 자리에서는 분위기 전환을 시도하자. 이른바 '아이스 브레이킹'을 잘하는 방법이 있다. 아이스 브레이킹은 얼어 있는 분위기를 깨트리기 위해서 하는 가벼운 말이다. 내가 강사로서 10여 년간 소그룹 수업을 재미있게 이끈 노하우를 소개한다.

모임을 하기 전에 미리 아이스 브레이킹 주제를 공유한다. 모임 성격에 맞는 질문을 2-3개 정도 준비해서 메시지를 전송한다.

"[아이스 브레이킹 답변 준비] 1. 스피치 수업을 신청한 계기는 무엇인가요? 2. 수업이 끝날 때쯤 어떤 모습으로 달라지기를 기대하나요? 각 질문에 1분 정도 분량으로 답변을 생각해 오세요. 수업 초반에 수강생 전원이 돌아가면서 이야기하는 시간을 갖겠습니다."

처음 둘러앉아 있을 때는 다들 어색해서 어쩔 줄 몰라 한다. 그런데 아이스 브레이킹을 시작하자마자 공기가 달라진다. 서로 이 자리에 왜 왔는지 궁금했는데, 내가 대신 물어봐줬기 때문에 다른 사람이 이야기할 때 경청한다. 미리 답변을 준비했으므로 자기 차례에서 무슨 말을 해야 하나 고민하지도 않는다. 이처럼 모임의 목적에 충실한 아이스 브레이킹 주제를 선정해 이야기하면 공감대가 형성돼 분위기가 화기애애해진다.

🔍 Key Point 어색한 분위기에 대처하는 방법

❶ **인정** 어색함을 당연하게 받아들인다.

❷ **침묵** 침묵보다 나은 말만 한다.

❸ **본론** 업무차 만난 자리라면 본론으로 곧장 들어간다.

❹ **공유** 친분을 형성하는 자리라면 의제를 공유한다.

🏃 Action 일부러 어색한 자리에 가보기

❶ **검색** 관심사와 맞는 취미 모임을 찾아 등록하자.

❷ **어색** 어색한 상황에 다들 어색해하는 것을 직접 느끼자.

❸ **침묵** 말하지 않아도 괜찮은 편안함을 느껴보자.

❹ **주제** 모임을 이끈다고 가정하고 아이스 브레이킹 주제를 적어보자.

원하는 것을 얻는 가장 확실한 설득법

어느 날 이메일로 함께 일하자는 제안을 받았다. 이메일에는 회사 소개와 요청하는 내용으로 가득했다.

"안녕하십니까? ○○회사 △△△입니다. 귀사에 협업을 제안하기 위해 이메일을 보냅니다. 자사는 국내 최고의 유통망을 갖춘 업계 1위 기업입니다. 회사를 소개해드리면, 자사는 1930년 초대 회장이신 ×××회장님께서 쌀 공장으로 시작해 우리나라 제일의 쌀 공급망을 확보하며 현재 유통업계 10위권 안에 드는 매출 7,000억 원 규모의 회사로 성장했습니다. 앞으로 20대 고객을 확보하기 위한 신사업을 준비하고 있습니다. 이에 소셜 미디어 마케팅을 위해 귀사와 함께 이 분야의 사업을 확장하고 그 방안을 논의하고 싶습니다. 미팅 가능한 일정을 말씀해주시면 조율하겠습니다. 감사합니다."

이런 유의 이메일은 설득력이 없다. 같이 일하고 싶은 마음이 들지 않는데 무엇보다 내가 왜 이 회사와 일해야 하는지 언급하지 않고 있다. 내가 이 회사와 손을 잡으면 무엇이 좋은지, 함께 일하면 어떤 미래를 그릴 수 있는지, 나의 어떤 점이 마음에 들어서 제안했는지는 말하지 않고 있다. 자기 회사 소개만 늘어놓고 있다. 자신들이 필요한 이야기만 하는데 이건 마치 자기 자랑을 하는 사람과 다를 바 없다. 나는 당신의 회사가 궁금하지 않다. 나의 미래가 궁금하다.

상대방이 원하는 것은?

《데일 카네기 인간관계론》에 이런 구절이 있다.

"세상에서 유일하게 다른 사람에게 영향을 미칠 수 있는 방법은 다른 사람이 원하는 것에 대해 이야기하고, 어떻게 하면 그것을 얻을 수 있을지 보여주는 방법뿐이다."

누군가를 설득하고 싶으면 상대방이 원하는 것을 말해야 한다. 다시 말하면 자신이 원하는 것을 상대방의 입장에서 말하는 것이다. 그기 원하는 것은 무엇인지, 그가 나와 일하고 싶게 하려면 어떻게 해야 하는지, 나는 그에게 무엇을 줄 수 있는지 상대방의 입장에서 생각해보자. 그러면 주어부터 달라진다. "자사는"이 아니라 "귀사는"으로, "우리는 당신과 -를 하고 싶습니다"가 아니라 "당신이 우리와 함께 일하면 -을 얻을 수 있습니다"로 바꾸어 말하게 된다.

한번은 유튜브 경제 채널에서 나에게 출연을 제의하며 나의 책

《말 잘한다는 소리를 들으면 소원이 없겠다》를 소개해달라고 했다. 스크롤을 한참 내릴 만큼 긴 메일이었다. 자신들의 채널 소개를 시작으로 진행자들이 무엇을 하는 사람인지, 최근에 누가 출연했는지, 최대 조회 수가 나온 영상은 무엇인지, 구독자가 몇 명인지를 소개했다. 아래쪽에는 촬영 장소와 일정이 나와 있었고, 연락을 바란다며 마무리했다.

나는 답신을 하지 않았다. 이름만 바꿔 복사하고 붙여넣은 무성의한 이메일이었다. 내가 이 채널에 왜 출연해야 하는지, 나의 어떤 점이 흥미로워서 제안했는지, 내가 출연하면 흥버튼 채널에는 어떤 발전이 있는지, 나의 강의에는 어떤 도움이 되는지, 책 판매 부수는 얼마나 늘 수 있는지, 내가 그들과 촬영하며 어떤 것을 배울 수 있고, 그 깨달음을 통해 훗날에도 어떤 긍정적인 영향이 나에게 미칠지에 관해서는 일말의 언급도 없었다.

상대방의 입장에서 설득하려면

나의 입장을 생각했다면 이메일은 이렇게 달라졌을 것이다.

"정홍수 대표님께서 오랜 기간 삼성전자, LG전자에서 활발하게 강의를 하는 모습을 지켜봤습니다(관심 표현). 이번에 저희 채널에 출연하시면 강의 확장과 고객 확보에 크게 도움이 될 거라 확신합니다(상대방의 이점). 저희 채널의 구독자는 금융권, 증권사, 투자사

등의 대기업에서 유료 구독을 하고 있고, 40-50대 경영진이 주축을 이루고 있습니다. 30만 명의 구독자는 곧 홍버튼의 잠재적 고객입니다(상대방의 이점에 대한 근거). 저는 정홍수 대표님의 책《말 잘한다는 소리를 들으면 소원이 없겠다》를 읽고, 이 책은 모든 기업에서 읽어야 할 필독서라고 생각했습니다. 또 학교에서 교과서로 지정해야 한다는 생각이 들 만큼 읽는 내내 유익했습니다. 석 달 동안 벌써 5번째 읽고 있습니다. 책을 읽고 수록된 영상을 함께 보면서 따라 했을 뿐인데, 확실히 달라졌습니다. 주변인과 구독자 몇 분은 벌써부터 저에게 발음이 좋아졌다면서 요즘 뭘 배우냐고 물었습니다. 그래서 정홍수 대표님을 꼭 모시고 싶습니다. 저희 채널에 나와주신다면 제가 받은 도움을 수십만 명이 동일하게 받을 수 있을 것입니다(개인의 진실된 체험으로 상대방에게 신뢰 주기). 아래에 채널 소개와 그동안 촬영한 영상을 링크로 첨부했습니다. 영상을 보시면 어떤 분위기인지 가늠하실 수 있습니다(상대방의 관심을 끈 후 채널 소개). 참고로 저희 채널에 지난달에 출연한 작가님은 시간 관리에 관한 책을 쓰신 분인데요. 출연 이후 한 달간 2,000부의 책 판매가 이뤄졌습니다. 정홍수 대표님의 사업을 확장하는 좋은 기회가 되기를 바랍니다(상대방의 이점 추가). 검토해보시고 꼭 답신 부탁드립니다(적극적인 제안)."

똑같이 출연 제안을 했지만, 확연한 차이가 나지 않는가? 전적으로 상대방의 입장이 되면 설득력이 높아진다. 이것은 관심이 있어야 가능한 일이다. 상대방에 대해 깊이 고민하고 쓴 이메일은 처음부터 끝까지 눈에 띄게 다르다. 이런 말을 할 수 있으면 세상을 얻을 수 있다. 항상 다른 사람의 눈으로 세상을 바라보기 때문에 시야가 넓고 더 큰 것을 볼 수 있다. 상대방이 원하는 것을 얻을 수 있는 방법을 제시하자. 설득은 어렵지만 한 번 깨우치면 술술 풀린다.

성공적인 설득의 예

학교에서 학생이 담배를 피우다가 걸렸다면 대개 선생은 뭐라고 할까? "학생이 무슨 담배야? 부모님 모셔 와", "네가 아주 제정신이 아니구나"라고 으박지르고 야단칠 것이다. 하지만 그런다고 학생은 담배를 끊지 않는다. 참된 선생님은 학생의 입장에서 타이른다. 만약 이 학생이 점심시간마다 밥을 5분 안에 해치우고 축구를 한다면 이렇게 말할 수 있다.

"네가 그렇게 축구를 좋아하는데 담배를 피우면, 나중에는 지금처럼 쏜살같이 뛰기 힘들 거야. 오랫동안 축구 하고 싶지 않니?"

사람은 누구나 자신이 원하는 것에 관심이 있어서 자신의 관심사에 관심을 보이는 사람에게 설득당하게 마련이다.

나는 교보문고 판교점을 설득해 북토크를 진행한 적이 있다. 애초에 교보문고 판교점은 내 책을 구매하는 독자에게 온·오프라인 수강 할인권을 제공할 수 있는지 문의했다. 나는 그것도 할 수 있고, 북토크도 진행하자고 제안했다. 교보문고는 어릴 적부터 애용한 서점이기에 첫 책의 북토크를 그곳에서 하는 건 나로서는 근사한 일이었다. 북토크를 잘할 자신도 있었다. 만약 상대방의 입장을 고려하지 않고 내 입장에서 말했다면 어땠을까?

"저는 교보문고 판교점에서 북토크를 열고 싶습니다. 교보문고는 제가 책을 좋아하기 시작한 스무 살 초반부터 즐겨 찾는 단골 서점입니다. 저의 첫 책을 교보문고에서 연다면 제 인생에 새로운 역사를 쓰는 멋진 추억이 될 것입니다. 또한 국내 1위 서점인 교보문고에서 북토크를 한다면 제 책 판매에도 큰 도움이 될 것입니다. 저는 스피치 강의를 활발히 하는 강사로서 유익하고 즐거운 북토크를 할 자신이 있습니다. 이번에 기회를 주시면 더없이 감사하겠습니다."

나의 이익만을 늘어놓았다면 나는 교보문고 판교점에서 북토크를 하지 못했을 것이다. 나는 내가 얻을 수 있는 것은 아무것도 말하지 않았다. 그 대신 교보문고 판교점이 나와 북토크를 개최하면 얻을 수 있는 것들을 요목조목 언급했다. 결과는 성공적이었다.

"교보문고 판교점에서 북토크를 열면 저의 수강생들이 대거 올 것입니다. 흥버튼 수강생들은 자기계발에 기꺼이 투자할 여력이 있는 전문 직종 사람들과 기업 임직원들이 다수입니다. 스피치는 말할 기회가 많고 발표를 자주 하는 일 잘하는 사람들이 욕심내는 분야이기 때문입니다. 그들 대다수가 판교에서 일하는 사람들입니다. 제가 출강을 한 네이버웹툰과 카카오뱅크, LIG넥스원 또한 판교에 있고, 동탄과 기흥에 있는 삼성전자는 판교와 20분 거리에 있습니다. 사람들은 북토크에 온 김에 사고 싶었던 책을 교보문고 판교점에서 구매하며 고객이 될 겁니다. 한 번 발을 디디면 이후 책을 사려고 다시 서점을 찾겠지요. 또 교보문고 판교점의 독자들도 스피치에 관심이 클 것입니다. 나날이 미디어와 플랫폼이 발달하고 말하기와 소통이 점차 중요해지고 있기 때문입니다. '말하기' 관련 북토크 소식을 접하면 독자들도 즐거운 마음으로 참여할 것입니다. 북토크 일정이 확정되면 저는 60만 명의 구독자가 있는 제 모든 소셜 미디어 채널과 온라인 클래스 수강생들에게 적극 홍보하겠습니다. 그러니 북토크를 위해 가장 큰 규모의 강의실을 제공해주시면 감사하겠습니다."

🔍 Key Point 가장 확실하게 설득하는 방법

❶ **입장** 상대방의 입장에서 고려한다.

❷ **내용** 상대방이 원하는 것을 얻을 수 있는 방법을 말한다.

❸ **비전** 구체적이고 비전 있는 내용을 담아 말한다.

❹ **설득** 성공적인 설득의 예를 반복해 읽고 학습한다.

🏃 Action 설득하기 전에 고려할 것

❶ **목적** 내가 상대방을 통해 이루고 싶은 것은 무엇인가?

❷ **입장** 상대방이 원하는 것은 무엇인가?

❸ **전략** 상대방이 얻는 것과 함께 나도 얻는 것은 무엇인가?

❹ **내용** 상대방의 입장에서 나는 어떤 비전을 제시할 수 있는가?

존경받는 리더의 화법

신입 직원이 중요한 서류를 놓고 왔다. 그 서류는 고객사 사업 수주를 위한 제안 자료였다.

> **신입** 죄송합니다. 정말 죄송합니다.
>
> **팀장** 내가 중요한 거라고 똑똑히 챙기라고 말했지! 회의까지 10분 남았는데 어떻게 할 거야?
>
> **신입** 오기 전까지도 확인했는데, 정말 죄송합니다. 급하게 나오느라. 죄송합니다.
>
> **팀장** 한 번 더 확인했어야지. 이제 어쩔 거야? 네가 얼마나 큰 실수를 한 건지 알아?
>
> **신입** 죄송합니다. 일이 잘못되면 제가 책임지겠습니다.
>
> **팀장** 네가 뭔데 책임을 져? 네가 뭐라도 돼?

신입 직원이라면 상상하기 끔찍한 일이 벌어졌다. 고객사에 도착해 회의 직전에 서류가 없는 것을 알게 된 팀장은 혼란에 빠졌다. 팀장은 다음에 또 문제가 발생하지 않도록 신입의 잘못을 확실히 지적했다. 스스로 얼마나 큰 실수를 저질렀는지 제대로 알아야 잘못을 반복하지 않을 것이다. 신입이 성장하도록 이끄는 게 팀장의 의무이기도 하니까.

괜한 화풀이는 성장을 방해할 뿐

잘못을 지적하면 사람이 변할까? 혼쭐이 나면 사람은 성장할까? 나는 동의하지 않는다. 팀장은 직원을 야단치고만 있다. 중요한 서류를 챙기지 않은 것과 한 번 더 확인하지 않은 것, 신입의 실수가 회사의 수익에 악영향을 가져올 중대한 잘못이라는 사실을 반복해서 알려준다. 신입은 이것으로 무엇을 배울까? 실수한 자신을 탓하고, 회의 내내 안절부절못하고, 밤에는 잠을 설치며 다음 날 회사 갈 일을 걱정할 것이다. 불안, 공포, 걱정을 얻는다.

이것은 팀장의 화풀이다. 신입이 실수해도 사업에 위기가 오지는 않는다. 제안 내용이 충족되면 자료가 없어도 수주를 딴다. 설득은 자료가 아니라 사람이 하는 것이고, 유능한 사람이라면 머릿속에 내용이 다 있어서 자료가 없어도 능란하게 말할 수 있다. 일을 잘하는 사람은 상황 대처 능력이 뛰어나다. 팀장이 신입을 혼내는 이유는 자신이 자료가 없어서 불안한 것이다. 이 사업을 수주하지 못하면 어쩌나 걱정했는데 책임을 떠넘기려고 신입한테 화풀이하는 것이다. 감정 조절을 잘하지 못하는 사람이다.

이것은 원활한 사회생활 대화법이 아니다. 문제가 발생하면 원인을 따질 게 아니라 즉시 해결할 방법을 골몰하는 게 먼저다. 그런데 팀장은 방법을 알려주지 않고 혼만 내고 있지 않은가. 이런다고 신입이 성장하지 않는다. 어쩌면 신입은 이날이 트라우마로 남아 팀장을 기피할 것이다. 이렇게 서로 감정만 상한다.

비난, 비판, 불평의 말은 내뱉지 않기

내가 기업에서 직원들에게 어떤 목표로 스피치 강의를 듣는지 물으면 이렇게 말한다.

"보고할 때 상사한테 안 혼나고 싶어요."

얼마나 많은 리더급 직원이 이런 말을 하는지 놀라울 따름이다. 그들의 목표는 '혼나지 않는 것'이다. 회사의 수익을 올리고 싶다거나 발표 역량을 높여 자신을 드높이고 싶다고 하지 않는다. 비위를 맞추려고 노력하고 혼내는 사람의 눈치를 보기 바쁘다. 이것이 비난, 비판, 불평이 불러오는 폐해다.

"비난, 비판, 불평을 하지 마라. 그래봤자 돌아오는 것은 변명일 확률이 높다."

《데일 카네기 인간관계론》에 나오는 유명한 말이다. 잘못을 지적하는 비난을 계속 들으면 사람은 자신을 방어하고 싶은 마음이 든다. 잘못이나 실수를 한 데는 나름의 사정이 있었다고 변명하는 이유다. 비난할 일이 아닌데 비난하는 경우도 잦다. 팀장의 눈에는 한심한 실수 같아 보여도 신입은 최선을 다한 행동일 수 있다. 개인의 역량 차이를 감안해야 한다.

혼내는 사람은 자신의 말이 일리가 있다고 생각하겠으나, 그다지 도움은 되지 않는다. 인간은 누구나 중요한 사람이 되고 싶은 갈망이 있기 때문이다. 이 갈망은 일상에서 쉽게 볼 수 있다. 아이가 학교에서 받아온 상을 잘 보이는 곳에 걸어두는 것, 식구가 적어도 저택에 살고 싶은 것, 혼자 타는 차량이지만 큰 차를 사는 것 등이 모두 중요한 사람이 되고자 하는 욕구를 드러낸다. 비난, 비판, 불평은 이런 갈망에 반하는 것이기 때문에 자신을 방어하도록 만들어 변화로 이끌지 못한다.

과거에서 벗어나 미래에 초점을

진정 변화를 촉구하고 싶다면 과거에서 벗어나 미래에 초점을 맞추자. 과거는 이미 엎질러진 물과 같아서 돌이킬 수 없지만, 미래는 얼마든지 바꿀 수 있다. 잘못에서 벗어나 해결책을 제시하자. 잘못을 교훈으로 삼아 '방향'을 알려주는 것이다. 야단치는 이유는 미래를 좋게 만들고 싶어서일 것이다. 그러면 미래에 초점을 맞춰 변화의 방안을 이야기하는 게 옳다. 그리고 구체적으로 이야기할수록 크게 도움이 된다.

팀장이 "한 번 더 확인했어야지"가 아니라 "다음에는 한 번 더 확인하자"라고 말했다면 어땠을까? '과거형'이 아닌 '미래형'으로 말하면서 구체적인 방안을 보태 확실한 지침을 내리는 것이다.

"다음부터는 이런 일이 없도록 자료를 3부씩 인쇄해. 하나는 나한테 주고, 다른 하나는 네가 챙기고, 나머지 하나는 회사 차에 넣어 놔. 그러면 우리 둘이 자료를 빼먹어도 차에는 남아 있을 테니까. 그리고 메일에도 완성본을 보내놓고."

팀장은 스스로 돌아보면 회사를 나설 때 신입이 서류를 챙겼는지 제대로 확인하지 않은 자신에게도 책임이 있다는 것을 깨달을 것이다. 일을 기가 막히게 잘하는 사람은 주변인이나 상황에 동요하지 않는다. 자신의 능력을 믿고 있기 때문이다.

내가 가장 존경하는 쇼호스트 선배가 있다. 방송이 끝나면 선배와 함께 모니터링을 했는데, 선배는 상품이 확대돼서 카메라에 잡히면 그것을 어떻게 들어야 시청자에게 잘 보이는지 알려주곤 했다. 또 자신이 말을 건네면 무슨 말로 받아쳐야 자연스러운지도 예시를 들어 설명해주었다. 상품을 공부할 때는 무엇에 집중해야 하는지, 다른 방송을 볼 때는 어떤 점을 유념해서 봐야 하는지도 가르쳐줬다. 내가 성장할 수 있도록 나의 눈높이에 맞춰 하나씩 차근차근 정확하고 꼼꼼하게 알려줬다. 선배의 교육 방식은 미래를 보면서 앞으로 변화할 방향을 내게 꼭 맞춰 제시하는 것이었다.

실수하는 후배를 보고 누군가는 '일 진짜 못하네. 이런 애가 어떻게 우리 회사에 들어왔지?' 싶어서 짜증을 내고 무시하고 언성을 높이는 사람이 있는가 하면, 누군가는 '아, 이걸 모르는구나. 이따가 정확히 알려줘야지'라고 마음먹는 사람이 있다. 당신이 후배라면 누구를 존경하겠는가?

성장을 돕는 진심 어린 칭찬

대체로 우리 자신이 잘한다고 생각하는 것은 주변 사람에게 인정받고 칭찬받은 것이기 때문일지도 모른다. 나의 수강생들에게 자신의 장점이 뭐냐고 물어보면 다른 사람에게 들은 것을 장점으로 꼽는다.

"저는 이야기를 잘 들어주는 게 장점이라고 사람들이 그러더라고요."

"저는 아이와 잘 놀아줘요. 애들이 저랑 노는 게 제일 재미있대요."

"제가 특별히 잘하는 건 없는데요. 아내가 설거지 하나는 잘한대요."

칭찬은 변화로 이끈다. 리더로서 팀원들의 성장을 돕고 싶으면 진심으로 칭찬하자. 팀원의 재능과 역량, 장점을 발견하면 칭찬을 아낌없이 구체적으로 하자. 가령 발표에 소질이 있는 팀원이 있다면 "오늘 발표 좋았어요. 수고했어요"라고 짧게 말하는 대신 이렇게 말하는 것이다.

"오늘 발표 뛰어났어요. 까다로운 임원들까지 모든 사람이 다 집중하는 거 봤어요? 뒤에서 보면서 전율했어요. 리허설 때보다 열 배는 잘하던데요. 특히 전략 부분을 비전 있게 설명하니까 이해가 잘 됐고요. 그동안 밤낮없이 꼼꼼히 준비한 게 느껴졌어요. 수고했어요."

우리는 자신에 대해 과소평가하는 경향이 있고 자신의 능력을 잘 모른다. 드라마 〈스물다섯 스물하나〉에서 인상적인 장면이 있었다. 고등학생 펜싱 선수가 첫 시합을 앞두고 두려움에 떨자, 감독은 "너를 못 믿겠으면 나를 믿어"라고 말했다. 선수는 감독이, 자신이 믿고 따르는 사람이기 때문에 철저히 그의 말을 따랐고, 올림픽에서 금메달을 목에 걸었다. 이처럼 내가 믿고 따르는 사람이 나의 역량을 발견해 칭찬하면 그 말을 믿는다. 칭찬은 자신감을 만들고, 자신감은 추진력을 만든다

나는 면접을 앞둔 수강생들과 수업할 때, 그들의 장점을 발견해 구체적으로 알려준다. 예를 들면 과묵한 성격인 사람은 자신이 적극적이지도 않고 친화력이 부족한 사람이라고 여긴다. 하지만 나는 이것을 장점으로 본다. 과묵해서 한마디를 해도 신중하고, 다른 사람을 다치게 하는 말을 하지 않는 점에서 그렇다. 또 묵묵하게 자신이 맡은 업무를 다 해내서 성과를 내는 데 유리하다고 말한다. 나는 그들의 장점을 발견해 사실대로 전하고, 그들은 자신감을 얻어 면접에서 합격한다. 칭찬은 이렇듯 놀라운 힘을 지녔다.

🔍 Key Point 존경받는 리더가 말하는 법

❶ **미래** 미래에 초점을 맞춰 변화로 이끈다.

❷ **변화** 역량을 키워주고 싶다면 칭찬한다.

❸ **격려** 진심으로 인정하고 격려한다.

❹ **칭찬** 칭찬을 아끼지 않는다.

🏃 Action 부하 직원 칭찬하기

❶ **인재** 성장을 돕고 싶은 사람을 찾자.

❷ **역량** 키우면 좋을 역량을 짚어주자.

❸ **미래** 미래에 초점을 맞춰 말하자.

❹ **칭찬** 장점을 사실대로 칭찬하자.

멋진 상사와 친해지는 비결

후배가 직장에서 능력 있는 멋진 상사와 친해지고 싶어서 다가가 넉살 좋게 말을 붙인다.

> **후배** 선배님, 프로젝트 수주하신 거 축하드립니다.
> **선배** 팀원들이 열심히 해줬지.
> **후배** 에이, 선배님이 발표하셔서 잘된 거죠.
> **선배** 아니야. 나는 맨 마지막에 매듭만 지은 것뿐이야.
> **후배** 와, 정말 겸손하기까지 하시네요. 대단하세요!

후배의 말은 아양으로 점철돼 있다. 나는 후배나 부하 직원이 이러면 '왜 저래?' 싶을 것 같다. 당신이 상사라면 어떤가? 과연 이런 말을 들으면 기분이 좋아지는가?

가벼운 칭찬은 가닿지 않는다

흔히 동료나 상사와 친해지는 방법으로 상대방을 띄워주는 칭찬을 택한다. 그렇지만 가볍기만 하고 말만 번지르르한 칭찬은 그 사람의 마음에 가닿지 않는다. 어떤 점이 좋았고 어떤 걸 잘했는지 설명하지는 않고 오로지 감탄사만 늘어놓는다면 말이다.

마음에 가닿는 구체적인 칭찬은 이런 것이다.

"선배님이 '왜 지금 우리 회사와 일해야 하는가'를 강조하실 때, 이 사업이 되게 잘되겠다는 확신이 들었어요. 저도 같이 일하고 싶어지더라고요. 제가 우리 회사 직원이라는 사실을 잊을 만큼 몰입해서 발표를 들었어요. 거래처 관계자들도 저와 똑같이 느꼈을 거예요. 그래서 사업 수주가 성공적으로 마무리됐다고 생각합니다. 선배님의 발표는 역시 다르네요. 오늘도 보면서 많이 깨닫고 배웠습니다. 감사합니다."

후배가 선배의 노력을 정확히 알아보고 칭찬하면 대화는 달라진다. 선배는 말한다.

"그래? 다행이다. 내가 유심히 신경 쓴 부분이거든. 우리와 비슷한 업체는 널렸으니 '왜 지금 우리와 손잡아야 하는가'라는 차별점이 뚜렷하게 보여야 한다고 판단했어. 그게 전해졌나 보네. 고마워."

선배는 후배를 보며 '일머리가 있구나'라고 생각한다. 앞으로 일을 잘할 것 같은 기대감이 들어서 후배를 지켜본다.

가끔 길게 말하는 게 더 아부성 발언 같다고 말하는 사람이 있다. 감탄사만 던지는 가벼운 칭찬은 '상대방'을 위해서 하는 말이고, 구체적인 칭찬은 '자신'이 상대방으로부터 얻은 깨달음과 배울 점을 설명하는 말이라는 점에서 엄연히 다르다. 즉 진실된 칭찬은 내 안에서 우러나오는 것이다.

나도 수강생이 "강의 너무너무 좋았어요", "인생 강의!"라고 말하는 것보다 구체적으로 좋은 점을 언급하는 게 더욱 기쁘다. "'화가 나는 것은 내 안에서 기인한다. 채워지지 않은 욕구가 있는 것이다'라는 말이 크게 와닿아요. 제가 며칠 전에도 동료와 대화하다가 틀어졌는데 그 원인이 제게 있었군요. '상대방이 왜 그랬을까?'만 생각했는데요. 저를 돌아봐야겠어요. 놀라운데요. 화가 날 때마다 미처 생각지 못했거든요. 깊이가 대단한 강의, 정말 인상적이네요."

최근에 들은 수강생의 후기다. 나는 이런 말을 들으면 감동을 받는다. 아부라고 생각도 안 하는데, 내게 아부할 필요가 없기 때문이다. 네이버나 인스타그램에 '정홍수', '홍버튼'을 검색하면 수년간 나의 수강생들이 쓴 수업 후기 글이 상당히 많다. 모두 긴 글이고 구체적인데, 이런 글을 볼 때마다 나는 일의 기쁨을 느끼며 더욱 열심히 정진한다.

나의 실력을 높여줄 상사는 누구인가

회사는 일하는 곳이므로 인간관계보다 중요한 것이 실력이다. 실력이 있으면 인간관계는 자연히 따라온다. 그러니 실력을 키우는 게 우선이다. 우리는 사회에서 성공하고 싶고, 인정받고 싶고, 시간과 돈의 여유로움을 원한다. 적은 돈을 벌기 위해 일하고, 나머지 시간은 소소하게 즐기고 싶은 사람은 아마 이 책을 보지 않을 것이라고 본다. 그러기 위해서 나의 실력을 키워줄 상사와 친해지는 방법을 터득하자.

회사에 닮고 싶은 상사가 있을 것이다. '내가 저 사람처럼 된다면 나는 이 분야에서 성공할 수 있다'는 확신이 드는 사람과 친해지자. 만약 회사에 롤모델이 없다면 거래처 사람도 좋다. 우리는 계속 성장해야 한다. 인격은 성숙해지고 실력은 쌓여야 한다. 실력을 유지하는 것도 실력이다. 소위 예의 없는 사람도 인정받는 이유는 실력이 있어서다. 물론 실력이 있는 데다가 성품까지 훌륭하다면 광활한 지지를 얻고 높은 곳으로 올라가 칭송을 받겠지만 말이다.

일터에서 모두와 좋은 관계를 맺을 필요는 없다. 모든 사람이 일을 잘하는 사람이 아니고, 모든 사람이 나의 실력을 길러줄 사람이 아니다. 그러니 어색한 사이거나 낯선 선배나 상사와 친해지기 위해 노력하지 않아도 된다. 그보다 자신이 맡은 업무에 빠르게 적응하고 성과를 내기 위해 노력하자. 회사는 학교도 아니고 친구를 사귀는 곳도 아니다. 회사는 돈을 벌기 위해 간 곳이며 수익을 창출하는 게 목적이므로 성과를 낼 책무가 있다. 나의 일에 도움을 줄 선배를 찾자.

친해지고 싶은 상사를 관찰하라

상사와 친해지려고 이렇게 말하는 사람이 있다.

"선배님, 꼭 여쭤보고 싶은 것이 있는데요. 혹시 언제 시간 괜찮으세요? 식사나 커피 한잔 하면서 대화를 나눌 수 있다면 무척 감사하겠습니다. 선배님이 편하신 시간을 말씀해주시면 언제라도 맞추겠습니다."

부담스럽다. 일 잘하는 사람은 일정이 꽉 차 있다. 일을 잘하는 이유는 자기 삶이 있어서다. 그래서 일하는 시간, 사람 만나는 시간, 자기계발을 하는 시간, 휴식 시간을 알차게 두고 활용한다. 그러니 갑자기 시간을 내달라고 하면 불편하다. 온전히 후배를 위해서 시간을 내줄 이유도 딱히 없지 않은가.

멋진 상사와 친해지는 똑똑한 방법은 상사를 관찰하는 것이다. 상사가 언제, 어디서 쉬는지를 파악해 그 순간을 공략한다. 소파에 앉아 쉬거나, 휴게실에서 커피를 마시거나, 회사 근처를 산책하거나, 담배를 피우러 나간다면 그때 상사에게 다가가 궁금한 것을 물어보자. 선배는 따로 시간을 내주지 않아서 편하고, 후배가 말을 걸어와서 업무로부터 잠깐 벗어난 기분을 느낄 수 있어서 환기가 된다. 후배가 물어보는 문제도 어렵지 않게 알려줄 수 있는 범위에 있는 것이라 부담이 적다.

10분이면 충분하다. 상사의 바쁜 시간을 충분히 이해하고 무슨 이야기를 할지 준비하자. 마치 스케줄이 빡빡한 정치인과 잠깐 시간을 내서 인터뷰하는 것과 같다. 인터뷰 질문을 미리 생각해두었다가 정치인이 도착하면 쓸데없는 이야기 없이 바로 질문을 시작한다. 우리가 멋진 상사의 쉬는 시간을 노릴 때는 이 정도의 치밀함이 필요하다. 상사를 존중하는 마음을 갖자.

"흥수 씨는 그림 같아요"

나는 이 방법으로 앞에서 말한 쇼호스트 선배와 친해졌다. 당시 선배는 17년차 쇼호스트였고, 나는 인턴 쇼호스트로 정식 쇼호스트가 되기 위한 평가를 앞두고 있었다. 선배는 인턴 교육을 담당하며 평가 심사에도 참여했다. 그런 선배가 나의 삼계탕 PT를 혹평했다.

"흥수 씨는 그림 같아요."

내가 하는 말이 하나도 와닿지 않는다는 뜻이었다. 쇼호스트는 눈에 보이지 않는 TV 앞에 있는 고객을 설득해 물건을 판매하는 소통 능력이 중요한데, 내게는 아직 부족한 능력이었다. 나는 쇼호스트로 살아남고 싶었다. 선배처럼 되고 싶었다.

"선배님, 저는 정말 잘하고 싶어요. 이 PT를 위해서 준비 기간 일주일 내내 서울 3대 맛집 삼계탕을 다 먹었고, 사장님들과 인터뷰도 했어요. 제가 할 수 있는 것은 다 했는데 더 이상 어떻게 준비해야 할지 모르겠어요. 선배님은 17년 전 인턴 시절에 어떤 방식으로 상품을 연구하셨나요?"

내 간곡한 진심이 통했는지 선배가 말했다.

"홍수 씨, 지금 당장 가까운 시장과 대형 마트, 백화점에 가세요. 거기서 삼계탕 파는 곳을 찾아 점원에게 삼계탕을 사는 고객으로서 각 제품마다 어떻게 다르고 뭐가 맛있는지 물어보세요. 그러면 답이 보일 거예요."

이 말에 나는 판매자가 아닌 소비자로서 접근해야 한다는 중요한 깨달음을 얻었다. 곧바로 회사에서 나가 선배의 조언을 따랐다. 그리고 정식 쇼호스트가 됐다. 선배에게 감사함을 전하고 싶었다. 방송이 빽빽한 선배를 관찰했다. 선배는 막간을 이용해 쉴 때 쇼호스트실 소파에 앉아 따뜻한 아메리카노 한 잔을 천천히 마셨다. 나는 소파에 앉은 선배 옆으로 갔다.

"선배님, 그때 도움 주셔서 무척 감사했습니다. 덕분에 PT를 잘 마쳐서 선배님과 같이 방송할 수 있어서 행복합니다. 제가 다음 주에 커튼을 판매하는데요. 이번에도 선배님 말씀대로 여기저기 다 돌아봤습니다. 그런데 방송에서 커튼의 질감을 어떻게 보여주는 게 가장 확실할까요?"

나는 또 선배에게 모르는 것을 물어봤고 다시 해답을 얻을 수 있었다. 이후로도 어려운 점이 있을 때마다 선배의 쉬는 틈을 노려 다가갔다. 그리고 반드시 선배에게 고마움을 정확하게 표현했다. 아마도 선배는 나를 기특하게 여겼을 것이다. 자신의 말을 잘 따라줘서 뿌듯했을 것이고, 성장한 만큼 감사함을 표현하니 보람을 느꼈을 것이다. 알려주는 대로 내가 실력이 느는 것을 보면서 양성하는 기뽐도 있었을 것이다. 나는 존경할 수 있는 선배가 옆에 있다는 사실이 무진 감사했다.

닮고 싶은 상사에게 다가가는 법

우리 주변에는 존경할 만한 멋진 상사가 있다. 당신도 그렇게 될 수 있다고 스스로 믿자. 내가 어떤 곳에서 무엇을 느끼느냐에 따라 나의 미래가 달라진다. 실력 있는 사람 곁에서, 닮고 싶은 사람 곁에서 우리의 소중한 시간을 현명하게 보내자. 일 잘하는 사람은 일 잘하고 싶어 하는 사람을 알아본다. 그리고 열심히 하는 사람에게 호감을 느낀다. 자신의 이익을 챙기기 위해 다가오는 사람과, 진심으로 선배를 존경해 닮고 싶어 하는 사람의 태도는 다르다. 걱정하지 말고 다가가자.

그렇게 실력이 늘고 일로 친해지면 나중에는 일을 의논하는 사이로 발전할 수 있다. 후배지만 후배로 보지 않는 순간이 온다. 상사나 선배도 사람이어서 일하는 도중에 고비가 있고 막막한 순간이 있게 마련이다. 직급이 올라가고 연차가 쌓일수록 의논할 대상이 줄어든다. 당신이 믿음직한 후배가 돼 상사와 의논할 수 있는 사이로 발전하자. 일로 친해진 사이는 단단한 믿음이 쌓이고, 나중에는 자연스레 사적인 이야기를 나누는 깊은 관계가 된다. 어느새 나는 선배와 둘이서 여행을 갈 만큼 돈독해졌다. 내가 퇴사한 후로는 더욱 부담 없이 만나면서 인생 선배로서 여전히 선배를 존경하고 따른다. 당신도 꼭 멋진 상사와 친해지기를 바란다.

🔍 Key Point 멋진 상사와 친해지는 방법

❶ **칭찬** 칭찬할 때 진심으로 구체적으로 한다.

❷ **관찰** 상사가 언제, 어떻게 쉬는지 관찰한다.

❸ **막간** 막간의 쉬는 시간을 공략한다.

❹ **표현** 도움받은 것에 대해 반드시 감사함을 표현한다.

🏃 Action 존경하는 상사를 찾아 적어보기

❶ **회사 내**

❷ **거래처**

❸ **전 직장**

❹ **소셜 미디어**(모르는 사람이어도 연락해서 친분을 맺을 수 있다.)

원활한 회의를 위한 몇 가지 기술

회의는 참여자 전원이 새로운 아이디어와 다양한 의견을 활발하게 내고 적극적으로 의논할수록 의사 결정에 도움이 된다. 하지만 직급이 높은 사람이나 연장자가 혼자 말을 다 하는 경우가 있다. 다른 사람들은 그의 말을 받아 적거나 눈치를 보고 자기 차례가 올 때만 수동적으로 간략히 의견을 낸다. 또 서로 의견이 상충해 회의가 매끄럽지 않게 흘러갈 때가 있다. 이번에는 회의를 원활하게 하는 기술을 살펴보자.

회의에 단순히 참여하기만 하는 것은 아까운 일이다. 회의를 중요한 발표와 보고를 잘하기 위한 기초 작업으로 여기자. 발표보다 매일 수시로 열리는 회의의 횟수가 훨씬 많을 것이다. 자주 마주치는 사람들과 신뢰 관계를 형성할수록 발표하고 보고할 때 나의 말이 잘 먹힌다. 회의실에서 반갑게 인사를 나누고 발언하는 사람의 이야기를 잘 들어주면서 인간관계를 맺는 것이다. 그리고 이렇게 맺은 관계는 내가 발표하거나 보고하는 긴장되는 순간에 지지와 응원으로 돌아온다.

회의가 원활하게 이루어지도록 서로의 의견을 인정하고 누구나 활발히 의견을 내도록 하자. 어쩌면 입사한 지 얼마 안 되어서, 연차가 낮아서, 프리랜서라서, 아직 취직 전이라서 회의의 중요성을 미처 체감하지 못할 수 있다. 그러나 회의는 회사 바깥에서도 이루어진다. 가족이 여행을 갈 때도 회의를 하고, 친구들과 만날 장소를 고를 때도 회의를 한다. 여러 사람이 모여 이야기하는 것이 모두 회의인 셈이다. 원활한 회의의 기술을 배워 일상에서 두루두루 활용하자.

단문으로 말하기

"지난 7월부터 10월까지 3개월 동안 자사의 로봇 청소기 시제품을 사용한 고객 100명의 만족도를 10가지 항목으로 나누어 2개의 복수 답변을 허용해 설문조사를 실시한 결과 '청소가 수월하다'는 점이 1등으로 뽑혔으며, 이는 전체 응답자의 75퍼센트로 가장 높은 점수를 받았고, 이어서 '먼지통을 스스로 비워서 좋다'는 의견이 2등으로 나타나 전체 응답자의 63퍼센트가 만족한다는 답변을 내놓은 점으로 미루어 봤을 때 다수의 고객이 편리성을 높이 사는 것으로 보입니다."

이처럼 긴 문장으로 말하면 청자는 듣기가 힘들고 중요한 것을 파악하기도 어려워진다. 말을 자르는 경우도 대부분 화자가 장문으로 혼자 오래 말해서 못 알아듣거나 지루하기 때문이다. 화자 역시 문장이 길어 숨을 마시기 힘들고 말이 빨라진다. 말하면서도 두서없이 내용이 흘러가서 말이 꼬이기도 한다. 회의에서 말할 때는 단문으로 말하자. 한 문장에 서술어 하나가 나오면 문장을 종결한다. 중요한 순서대로 결과를 먼저 말하고, 설명을 뒤에 한다.

"자사의 로봇 청소기에 대해 '청소가 수월하다', '먼지통을 스스로 비워서 좋다'는 의견이 높았습니다. 이 조사에는 지난 7월부터 10월까지 3개월 동안 로봇 청소기 시제품을 사용한 고객 100명이 참여했고요. 만족도 항목 10개 중에서 2개를 선택해 답했습니다. 1등은 '청소가 수월하다'는 점이었고요. 100명 중 75명이 제일 큰 장점으로 꼽았습니다. 2등은 '먼지통을 스스로 비워서 좋다'는 점이었는데요. 100명 중 63명이 선택했습니다."

손을 사용하기

말하는데 끼어들면 기분이 상한다.

"아, 저기, 잠깐만요."

"그런데 그건 왜 진행하고 있는 거죠?"

"잠시만요. 앞 내용을 다시 한번 보여주시겠어요?"

말을 자르는 사람은 주로 임원이나 상사다. 긴급한 상황을 제외하고는 남의 말을 끊지 말자. 회의 분위기를 저해한다. 직원들은 '실수했다' 또는 '혼난다'고 생각하고, 눈치를 보느라 말을 하지 못한다. 사실 상사는 궁금해서 물어본 건데 말투가 차갑고 표정도 어두워서 직원들이 오해하기도 한다. 발표자를 존중하자. 궁금한 게 있으면 학생이 선생님에게 질문하듯이 손을 들어 표시하자.

반대로 끼어드는 사람이 있으면 멈추라는 뜻이 전해지도록 손바닥을 들고 잠시만 기다려달라는 눈빛을 보낸다. 그러면 끼어든 사람에게 휘둘리지 않고 이야기를 계속 이어갈 수 있다. 그런데도 계속 말하려고 하는 사람이 있으면 "1분 뒤에 말씀해주세요"라고 말하자. 의견에 마찰이 있어서 동시에 여럿이 말하고 있다면 양손을 들어 시끄러운 상황을 정리할 수 있다. 말이 많은 사람들을 향해 침묵한 채로 손바닥을 드는 것은 진정하라는 뜻이다.

눈을 보고 소통하기

무엇보다 소통하는 분위기가 조성돼야 한다. 나는 기업 강의에 나가면 실제 회의에 참석해서 임원진과 구성원이 회의하거나 팀장이 팀원들과 대화하는 모습을 관찰한다. 기업들은 업계를 막론하고 분위기가 딱딱하다. 회의하는 동안 서로 눈을 마주치는 사람은 소수고, 노트북만 보다가 말하는 사람을 한 번씩 쳐다보고 다시 노트북에 시선을 고정하기 일쑤다. 옆에 앉아 있는 사람이 말할 때는 보지도 않는다. 당신은 회의할 때 어디를 보는가? 한번 사람들의 표정을 떠올려보라.

회사에서는 모두 공동의 목표를 추구하고 있다는 사실을 기억하자. 회의를 할 때는 눈을 보고 시선을 맞추고 웃으며 말하자. 한자리에 모여 반갑고 신난다고 생각하자. 대부분 각자 혼자 일해서 회식처럼 따로 마련한 자리가 아니면 모이기가 힘들다. 요즘은 재택근무나 자유롭게 일하는 분위기가 조성돼 비대면 회의도 잦다. 회의를 자주 하면 더 친해질 수 있으니 얼굴을 보고 이야기하자. 타인의 의견을 충실히 경청하면서 말이다.

누군가가 발언할 때는 상반신을 돌려서 이야기하는 사람을 보도록 하자. 얼굴과 상체를 함께 돌려서 정면으로 보자. 사람들이 노트북만 보고 있으면 말하는 사람은 자기 이야기가 지루할까 봐 빨리 말하게 된다. 말하는 사람의 눈을 보고 고개를 끄덕이며 경청하는 자세가 필요하다. 눈을 똑바로 보는 게 예의 없지 않냐고 하는 사람도 있는데 그런 생각은 거두자. 경청은 두 눈을 마주치는 일에서 시작된다. 이야기를 듣다가 기록할 것이 있을 때만 기록하자. 우리는 그 자리에 쓰려고 있는 것도, 발표 자료를 읽어주려고 있는 것도 아니다. 대화하기 위해 회의를 하는 것이다.

효율적으로 발언 시간 배분하기

모든 참여자가 활발하게 의견을 개진할 수 있도록 발언하는 시간을 정해보자. 토론 방송처럼 각자에게 말하는 시간을 공평하게 주는 것이다. 모래시계나 타이머를 이용한다. 정해진 시간이 있으면 혼자 말을 길게 하는 일을 방지할 수 있고, 간결하게 말하는 훈련을 할 수 있다. 말을 적게 하거나 듣기만 하던 사람도 회의에서 할 말을 준비해 올 수 있으니 다양한 의견이 도출된다. 그 결과 알찬 내용이 오가고 회의의 질은 높아진다.

만약 비대면 회의를 한다면 발언 시간을 더 짧게 갖자. 대면 회의보다 집중력이 현저히 떨어지기 때문이다. 10분 발표를 대면으로 모여서 들으면 재미있지만, 비대면으로 들으면 30초가 지나자마자 지루해진다. 또 많은 사람이 비대면 방식에 적응해 티 나지 않게 딴짓하는 꼼수를 갖고 있다. 비대면 회의는 물리적인 거리가 있고 감정이나 분위기가 전달되지 않는 단점이 있다. 비대면 회의를 할 때는 간결하게 말하고 핵심 위주로 전달하기 위해 노력하자.

회의 진행은 돌아가면서 맡아야 각 직원의 리더십을 기를 수 있다. 보통 상사가 회의를 주재하는데, 상사가 없는 곳에서는 부하 직원들이 리더십을 발휘해야 한다. 일의 능률을 위해서 회의에서도 직원들의 커뮤니케이션 능력을 기르도록 하자. 말 잘하는 사람은 따로 있지 않다. 말할 기회가 자주 생기면 반복적으로 훈련이 되니 실력이 향상하는 것이다.

🔑 Key Point 생산적인 회의를 위한 기술

❶ 단문 말할 때 한 문장에 서술어 하나가 나오면 종결한다.

❷ 손짓 중간에 끼어들거나 중재할 때 말없이 손을 든다.

❸ 직시 눈을 맞추고 타인의 의견을 존중한다.

❹ 진행 진행자를 두고 발언 시간을 정한다.

🏃 Action 회의에 능숙한 사람 되기

❶ 진행 진행자를 정하자.

❷ 시간 발언 시간을 배분하자.

❸ 단문 한 문장을 짧게 말하는 습관을 기르자.

❹ 직시 이야기하는 사람을 향해 상체를 돌리고 눈을 쳐다보자.

보고, 이메일, 메시지, 통화 대화법

보고할 때 사실과 의견을 구분한다

사회생활의 필수인 보고는 일의 내용이나 결과를 말이나 글로 알리는 것이다. 주로 메시지, 이메일, 전화 통화, 발표, 서류 결재, 대면 보고로 이루어진다. 적절한 시기에 간결하게 보고하는 자세는 업무의 능률을 높인다. 이것은 상사에게 보고할 때는 물론 거래처와 함께 일을 진행할 때도 마찬가지다. 보고의 핵심은 '사실과 의견을 구분하는 것'이다. 사실을 육하원칙으로 일목요연하게 말하고, 이 사실에 대한 자신의 의견을 제시하는 것까지가 보고다.

보고를 어렵게 생각하는 사람이 있는데 이렇게 생각해보자. 깨진 스마트폰을 수리 업체에 맡겼다. 수리 업체가 "일단 보고 말씀드릴게요"라고 말하는 것보다 "정밀한 점검을 위해 20분이 필요합니다(사실). 20분 뒤에 수리 절차를 안내해드리겠습니다(의견)"라고 말하는 것이 더 전문적이지 않은가? "보니까 여기저기 손댈 곳이 많네요. 한 10만 원 정도 나올 것 같은데 진행하시겠어요?"라고 말하는 것보다 "메인보드는 손상 없이 깔끔합니다(사실). 액정만 교체하면 되고요(의견). 수리 시간은 15분 걸리고(사실), 비용은 10만 원입니다(의견)"라고 말하는 것 또한 훨씬 믿음이 간다.

보고의 목적은 미래를 준비하는 것이다. 상사는 큰 그림을 그린다. 직원들의 보고를 토대로 다음 프로젝트를 기획하고 업무를 배분해 일의 효율을 높인다. 이런 미래를 위해 현재 진행하는 업무의 진척 상황과 마무리 시기를 알려야 한다. 이 시기는 일의 최종 마무리 시점이 아니라, 진행 과정에서 발생하는 일의 단계별 마무리 시기까지 포함한다. '오늘 할 일의 목록'을 말하는 건 보고가 아니다. 업무의 목적을 중심에 두고 자신의 업무를 충실히 이행하기 위한 '오늘의 전략'을 말하는 것이 보고다.

보고하는 것도 소통이다

신입 직원들이 자주 하는 실수는 업무를 끝낼 때만 보고하는 것이다. 예를 들어 상사가 10분짜리 발표 자료를 일주일 안에 만들라고 지시했다. 그러면 신입은 일주일 뒤 발표 자료를 다 만들었다고 보고한다. 하지만 그 발표 자료는 다시 만들어야 할 확률이 높다. 보고를 제대로 하려면 발표 자료를 만드는 과정에서 수시로 중간 보고를 해야 한다. 자료를 몇 장 만들지, 글자 크기는 어떻게 할지, 사진 자료를 쓸지 동영상을 넣을지, 무엇을 강조할지 궁금할 때마다 묻고 함께 결정해야 한다. 이렇게 자료를 만드는 게 월등히 수월하고 질이 높다.

보고를 망설이는 이유는 자기 검열 때문이다. 이걸 물어도 될까, 이 질문을 하면 멍청해 보이지 않을까, 상사에게 밉보이진 않을까, 바쁜데 귀찮지 않을까 생각이 꼬리를 문다. 보고는 업무를 위한 것이지 자신을 위한 게 아니다. 일과 나를 동일시하지 말자. 보고를 여러 번 할수록 보고 듣고 배운다. 신입은 스스로 결정할 권한이 없다. 사회 생활은 끊임없이 배우는 것이다. 반복하지만 상사는 일을 잘하고 싶어 하는 직원을 선호하고, 부하 직원이 유능하기를 바란다. 그래야 팀의 성과가 오르고, 회사가 발전해 돈을 버니까 말이다. 지시를 기다리는 수동적인 직원보다 적극적으로 물어보고 말을 걸어오는 직원에게 호감이 간다.

나만의 업무라고 생각하지 말고, 공동의 목표를 위해서 내가 일부 영역을 맡은 것이리고 생각하지. 그렇기에 보고기 필요하다. 보고는 일의 진척을 의논하는 것이다. 일의 책임은 상사가 진다. 부하 직원이 외부에서 실수를 저지르면 회사 대표가 사죄하는 이유 역시 그가 대표이기 때문이다. 서로가 어떤 일을 하는지, 어떻게 일하고 있는지 소통하는 일은 중요하다. 학교 과제는 마감일까지 끝내면 되지만, 회사 업무는 살아 움직인다. 계속 자라고, 줄어들고, 없어지고,

새로운 게 더해지고, 변형된다. 보고를 일종의 대화로 여기고 적극적으로 소통하자.

이메일은 내용이 한눈에 파악되게

이메일만 봐도 일을 잘하는 사람과 못하는 사람이 명확히 나뉜다. 일 잘하는 사람이 보낸 이메일은 열자마자 내용이 한눈에 파악되기 때문이다.

　일 잘하는 사람은 시간을 가장 귀하게 여긴다. 내용을 바로 파악해야 결정하는 시간을 앞당기고, 사업을 빠른 속도로 착수해 수익 창출 시기를 당길 수 있다. 그래서 쓸데없는 내용을 말할 시간이 없다. 관건은 '열자마자'가 중요하다. 전체 내용을 요약한다. 이때 결론부터 쓰고, 핵심 안건을 단순명료하게 적는다. 기사의 제목처럼 쓰고, 글자 수는 15-20자 내외로 작성할 것을 추천한다. 관심을 유발하는 것이다. 자세한 내용은 아래쪽에 담아 '더 보기' 역할을 하도록 한다. 이런 메일은 길어도 스크롤을 내리면서 꼼꼼히 읽게 된다. 사업 방향이 훤히 보이는 이메일이 훌륭하다.

　'더 보기'에 담는 자세한 내용은 스크롤을 빠르게 내려도 잘 인지할 수 있도록 쓴다. 중요한 문구는 빨간색으로 칠하거나 글자를 굵게 하거나 밑줄을 쳐서 눈에 띄게 한다. 이때 목적은 속독해도 무슨 말인지 알 수 있도록 하는 것이다. 이메일 기능을 적극 활용한다.

단, 색상은 두 가지를 넘지 않도록 한다. 핵심 단어나 중요한 문구는 5개 이하로 추린다. 무분별하게 여러 색을 섞거나 중요한 내용을 표시한 빨간색 글자가 지나치게 많으면 이메일을 열자마자 깜짝 놀란다. 내 경험이다. 스팸이나 이상한 종교 단체에서 보낸 건 줄 알고 얼른 껐다.

또 휴가로 이메일이 늦었다거나 명절 연휴에 행복하라는 인사치레는 메일의 마지막 부분에 넣자. 중요한 순서대로 앞부분에는 결론과 핵심을 쓴다. 이메일 제목을 쓸 때는 맨 앞에 회사명을 각괄호로 넣은 뒤, 주요 내용을 짧게 담으면 전문성이 부각된다(예: [홍버튼] 임원 스피치 강의 커리큘럼 첨부).

제발 이메일 내용을 복사해서 붙여넣고 아무에게나 그대로 보내지 말자. 글은 고칠수록 완성도가 높다. 받는 사람에 따라 알맞게 내용을 수정하자. 오타도 없어야 한다. 오타를 점검하는 데 '부산대 맞춤법' 웹 사이트를 추천한다. 정확한 띄어쓰기와 문법을 토대로 글을 고칠 수 있다. 언론사 기자들 상당수도 활용한다. 간혹 받는 사람의 이름과 회사명을 틀리는 경우가 있다. '홍'을 '홍'으로 착각해 나에게 '정홍수 대표님' 또는 '홍버튼'이라고 이메일을 보내는 사람도 있는데, 그런 사람과는 한 번도 함께 일한 적이 없다. 이름은 정체성을 나타내는 고유의 단어이므로 매의 눈으로 확인하자. 또 상대방의 이름은 맨 앞에 적는다. '홍버튼 정홍수 대표님' 말고 '정홍수 홍버튼 대표님'이 맞다.

메시지는 깔끔한 단문으로

긴급한 용무는 문자 메시지로 보내고, 용건을 계속 주고받기 위해서는 메신저나 카카오톡 채팅을 이용하기도 한다. 이때 가장 적절한 것은 할 말만 하는 것이다. 채팅은 빠른 의사소통을 위해 존재한다. 장문의 메시지를 보내지 말자. 장문의 기준은 '더 보기'를 눌러야 하는 분량이다. 긴 글의 메시지를 받는 순간 읽을 시간이 없어서 닫는 경우가 있다. 빠르게 답을 받을 수 없다. 상대방이 단번에 읽고 이해할 수 있는 분량으로 간단하게 보내자. 길게 말하려는 건 자기 욕심이다. 할 말이 많으면 통화하거나 이메일로 보내자. 채팅할 때는 아무리 긴 얘기라도 간략히 줄여서 전송하자.

이메일처럼 결론을 앞에 넣고 핵심을 전달한다. 친절하게 보이기 위한 이모티콘, 물결표, 눈웃음 등은 쓰지 말자. 친절하다고 일을 같이 하지 않는다. 표준어를 지켜 단문으로 깔끔히 쓰되 누가 봐도 내용을 알도록 보낸다. 업무상 친해진 관계라고 해도 메시지는 남는다. 오타가 없는지 점검하자. 오타를 보내는 사람은 꼼꼼해 보이지 않고 성격이 급해 보인다. 오타를 수정하는 건 몇 초밖에 걸리지 않는데 그마저도 하지 않은 사람이니까. 아니면 상대방을 너무 편하게 대한 것이다. 가까운 사이가 아니면 조심하자. 오타도 습관이다. 전문성이 드러나는지 두 번 세 번 살피고 메시지 전송 버튼을 누르자.

불필요한 서두는 없애는 게 낫다. "잘 지내셨어요? 제가 말씀드리고 싶은 건 다름이 아니라", "궁금한 게 있어서 연락드려요" 같은 문구는 없어도 상관없는 말이다. 이런 말은 그냥 지우자. "잠시 여쭤보고 싶은 게 있는데 통화 괜찮으세요?"라는 메시지를 받으면 시간을 얼마나 내줘야 할지 가늠하기 어렵다. 왠지 길게 통화할 것 같아서 지금은 통화가 어렵다고 말하게 된다. 일 잘하는 사람은 메시지에서 요점을 밝힌다.

"지난 18일 미팅에서 나온 전무님 지시 사항입니다. 1-3번. 이 내용에 맞춰 다음 수업을 진행하길 원합니다. 오늘 오후에 언제 통화 괜찮으세요? 5분이면 됩니다."

이 경우, 협의 사항을 메시지로 먼저 말했기에 어떤 내용으로 통화할지 예상할 수 있다. 보통 이런 메시지를 받으면 나는 바로 전화를 건다. 업무의 진척 속도가 빠른 사람은 연락이 곧바로 오는 것을 환영한다. 어차피 통화는 금방 끝마칠 테니까.

내가 삼성전자 강의를 할 때 담당하는 직원이 있었다. 그는 의사소통 능력이 뛰어나다.

"정홍수 대표님, 다음 달 강의 날짜 6개 보내주시기 바랍니다. 오는 25일까지 주시면 감사하겠습니다."

나는 바로 답변을 보낸다. 잠시 후 "확정됐습니다. 그날 고정 부탁드립니다"라는 답신이 온다. 깔끔하다. 명절 인사 메시지 역시 깔끔하다.

"삼성전자 강의 중 최고 만족도가 나오는 게 선생님 강의입니다. 정말 감사드립니다. 명절 즐겁게 보내세요."

일 처리가 깔끔하고 명확해서 연락 올 때마다 반갑다.

"통화가 힘들어요"

전화 통화를 힘들어하는 사람들이 늘고 있다. 채팅과 이메일 등의 소통 수단이 다양해지면서 상대적으로 통화 빈도가 줄어든 영향이다. 동감한다면 여기, 당신에게 위안이 되는 소식이 있다. 나도 통화가 힘들다. '이렇게 말을 잘하고, 말하기를 가르치는 사람이?'라며 아마 의외라고 여길지 모르겠다. 나는 웬만하면 통화하고 싶지 않다. 예기치 못한 전화를 받을 때 특히 그렇다. 모르는 번호는 피하는데 간혹 받게 될 때가 있다. 나도 모르게.

주로 보험사, 은행, 카드 회사, 병원에서 오는 연락이다. 그럴 때 나는 "여보세요"도 안 한다. 귀에 스마트폰을 대고 있으면 "여보세요"라고 상대방이 말한다. 내가 계속 조용히 있으면 건너편에서 몇 차례 '여보세요'를 반복하다가 통화가 연결돼 있는 것을 확인하고서 용건을 밝힌다. 병원이면 예약 확인차 전화했다든가, 카드 회사면 카드 만기일이 다가와서 연락했다고 말한다. 그제야 나는 "네"라고 대답하고 절차에 관한 이야기를 나눈다. 통화를 마칠 때면 "감사합니다"라고 말한다. 스팸이나 여론조사 전화일 경우 끊는다.

주변인의 소개로 갑자기 업무 요청 전화가 올 때가 있다. 준비되지 않은 상황, 달갑지 않은 전화다. 나의 연락처가 내 동의 없이 타인에게 제공된 것을 알았기 때문이다. 대부분은 나를 아는 사람이 먼저 내게 의사를 물어보고 내가 동의하면 타인에게 연락처를 전달한다. 그러면 나도 연락이 올 것을 안다. 반대의 경우라면 나는 목소리가 낮게 깔린다. 회사와 이름 등 상대방의 신상을 확인한 뒤 이메일로 다시 요청해달라고 정중히 이야기한다. 통화는 1분 미만으로 한다. 이후로는 이메일로 소통한다.

통화는 사전에 협의하고 업무 시간에만

통화는 사전에 협의해 진행하자. 통화하기 전까지는 이메일이나 메시지를 주고받은 뒤 꼭 필요한 내용을 통화로 하는 것이다. 이것은 '통화 미팅'이다. 나는 대면이나 비대면 미팅으로 소통하고, 간단히 통화로 끝낼 수 있는 경우에만 통화한다. 메시지를 보내서 통화 시간을 협의하자.

"10분 정도 통화하면 좋겠는데요. 오늘 오후에 언제 시간 가능하세요?"

이외 업무 연락은 통화 대신 이메일과 메시지로 하자. 이메일, 메시지, 통화는 업무 시간인 오전 9시에서 오후 6시 사이에 하자. 나는 강의안이나 서류, 원고를 업무 시간 외에 보내야 하는 경우에는 업무 시간 안에 미리 양해를 구한다.

"아침 일찍 메일을 보낼게요. 출근하면 바로 보실 수 있을 거예요."

"오늘 밤까지 보내겠습니다. 내일 출근해서 확인 부탁드립니다."

상사가 업무 시간 중에 전화를 너무 빈번하게 걸어오고, 전화를 받았다 하면 오래 이야기를 해서 스트레스를 받을 때가 있다. 정말

일을 못하는 상사다. 긴급하고 중대한데 전화를 받지 않는다면 부재 중 통화 표시가 남을 테니 메시지에 전화를 건 목적을 남기면 된다. 그런데 이게 아니라 받을 때까지 전화하고, 전화를 받지 않았다고 나무라는 상사라면 반응하지 말자. 나를 너무 힘들게 한다고 영향을 받지 말고, '이 사람은 뭐가 이렇게 불안할까? 가엾다'라고 여기자. 과연 그 상사가 자신의 상사나 회사 대표에게 그렇게 마구잡이로 전화할 수 있을까? 절대 못 한다. 심하면 회사에 조치를 요구하자.

　　나는 하루 종일 방해 금지 모드를 켜두는 날이 많다. 365일 중 360일은 될 것이다. 방송을 하면서 생긴 오랜 습관이다. 나는 스마트폰을 내가 통제하기를 원한다. 갑자기 걸려오는 전화가 달갑지 않은 건 집중을 깨뜨리기 때문이다. 나의 하루는 콘텐츠 기획, 촬영, 강의, 방송, 미팅, 글쓰기로 채워진다. 나의 일에 온전히 몰두하고 싶다. 그런데 갑자기 전화가 오면 시선이 빼앗기고 집중이 깨지는 게 마음에 들지 않는다. 사전에 협의한 전화가 올 때만 방해 금지 모드를 잠시 푼다. 덕분에 나는 굉장한 집중력을 발휘한다. 단, 언제든 전화가 와도 받을 수 있도록 '즐겨찾기'에 10명 미만을 등록해뒀다. 일보다 우선순위에 있는 사람들이다. 이들이 전화를 걸면 방해 금지 모드인 상태에서도 언제든 받을 수 있다.

　　카카오톡, 이메일, 소셜 미디어, 메시지까지 모든 앱의 알림도 꺼둔다. 내가 보고 싶을 때만 들어가서 확인한다. 이렇게 살아도 매우 원활하게 일하고, 일이 더 잘된다. 연락이 안 돼서 실망하는 사람은 없다. 자주 시간을 내서 나의 소중한 사람들을 만나기 때문이다.

당신도 외부로부터 들어오는 연락을 스스로 적절히 통제해 삶의 주
도권을 꽉 쥐기를 바란다.

🔑 Key Point 보고, 이메일, 메시지, 통화 대화법

❶ **보고** 보고는 '오늘의 전략'을 사실과 의견을 구분해 밝힌다.

❷ **요약** 이메일은 결론부터 말하고 중요 내용을 요약한다.

❸ **간결** 내용은 중요도 순으로 간결하게 말한다.

❹ **통화** 통화하기 위한 메시지는 내용을 미리 알린다.

🏃 Action 이메일 작성 연습하기

❶ **검토** 받은 이메일 중 일 잘하는 사람의 이메일을 찾자.

❷ **분석** 잘 쓰인 이메일의 특징을 분석하자.

❸ **요약** 결론과 핵심으로 내용을 요약하는 훈련을 하자.

❹ **수정** 자세한 내용을 담아 여러 차례 글을 수정해 깔끔하게 정리하자.

성공한 사람들의 공통된 화법

나는 일의 특성상 사회적으로 성공한 사람을 자주 만난다. 여기서 성공한 사람은 이름만 들어도 아는 인물과 국내 10대 대기업 수장이다. 그들 중에서도 첫 만남부터 "와!" 하고 감탄사를 터트리게 되는 사람들이 있다. 그들이야말로 성공이라는 이름이 어울렸다. 잠깐의 대화로도 배울 점이 넘쳤다. 그들을 통해 나는 깨달았다. 어떤 분야에서든 사람이 어느 지점에 올라서면 말과 태도가 성공의 핵심 요인이라는 것을.

집단에서 유독 특출난 사람들은 공통점이 있다. 시간의 소중함을 알고, 굉장한 추진력을 보유하고, 올바른 조언에 열광한다. 그래서 그들은 분야를 막론하고 비슷한 특징을 가진 서로를 알아보고 금방 친구가 된다. 여기에 나오는 성공한 사람들의 공통된 화법을 자신의 것으로 만들어 성공 가도를 달리길 바란다.

추진력이 굉장하다

성공한 사람들은 시간을 분 단위로 쪼개 쓴다. 나의 수강생 중에는 하루에 미팅을 17개까지 하는 사람도 있었다. 비서가 있는 사람도 있고 스스로 일정을 관리하는 사람도 있다. 이들은 시간을 최대한 효율적으로 쓰는 일이 몹시 중요하다. 일에서도 개인의 삶에서도 '효율'을 끊임없이 추구한다. 의사결정은 신속하게 하고, 불필요한 말이나 쓸데없는 말을 하는 걸 좋아하지 않는다. 시간을 낭비하는 것을 무능력으로 여긴다. 자신이 만나는 사람들도 중요한 사람들이기 때문에 약속을 철저히 지킨다. 도로가 막혀서 약속에 늦을 것 같으면 운전기사가 모는 차에서 내려 지하철을 탄다. 나는 이런 사람들과 미팅을 잡을 때 곧바로 약속을 잡는다. 속전속결이다.

"안녕하세요. ○○기업 대표 △△△입니다. ×××임원의 소개로 연락드립니다. 스피치 교육이 필요하다고 느끼던 차에 마침 정홍수 대표님의 이야기를 들었습니다. 만나 뵙고 이야기를 나누고 싶습니다. 2주 안에 미팅 가능한 날짜 있으신가요? 알려주시면 비서에게 전달해 미딩 일징을 확징하고 싶습니다. 감사합니다."

나에게 직접 메시지가 오는 경우가 있다. 인재육성팀을 통하지 않고 직접 연락했다는 것은 긴급하다는 뜻이다. 나는 최대한 빨리 만날 수 있는 일정을 잡는다. 연락 온 다음 날이나 늦어도 일주일 안에 만난다. 연락 온 당일에 만난 적도 있다. 때마침 그 기업이 있는 동네를 지날 때 연락이 왔다.

그들은 미팅을 하면 곧바로 수업을 시작한다. 자신이 중요하게 여기는 스피치를 제대로 알려줄 적임자를 만났으니, 곧장 수업에 돌입한다. 나는 이런 추진력과 속도감을 좋아한다. 시간은 유한하다. 그래서 말도 단문으로, 발음을 명확히, 결론부터, 핵심을 명료하게 하자고 강조한다. 나의 수업은 대상을 막론하고 언제나 추진력으로 무장한다. 단 한 번 만에 놀라운 깨달음과 변화가 보장된다. 수강생의 말하기 실력을 빠르게 끌어올린다는 일념 하나뿐이다. 성공한 사람들이 나의 이런 속도감과 추진력에 만족해 우리는 파트너가 된다. 이들은 밀어붙이는 만큼 발전한다. 그래서 수업은 장기적으로 이어진다. 추진력과 지속력이 만나면 초거대 성과를 창조한다.

머뭇거리지 말자. 결정을 앞당기고 빠르게 실행하자. 삶의 사소한 순간에도 추진력을 더하자. '뭐 먹을까?'라고 고민하지 말고 음식 고르기를 빨리 끝내자. 메뉴판을 들고 뭘 먹을지 고민하는 것보다 음식을 재빨리 주문한 뒤 자기 일에 집중하거나, 함께 있는 사람과 대화 시간을 오래 갖는 게 인간관계에 유리하다. 나는 먹는 것을 좋아해서 식당도 음식도 속히 고른다. 성공한 사람들은 이런 점에 감탄한다.

"메뉴를 잘 못 고르는 사람이 많은데, 대표님은 전혀 그렇지 않네요. 직접 골라주시니까 너무 편합니다."

음식과 식당도 계속 고르다 보면 실력이 는다. 선택을 잘할수록 결정을 잘하고 추진력이 생긴다. 당신은 성공한 사람이다. 당신에게도 추진력이 어울린다.

올바른 조언에 열광한다

한번은 외국인 임원과 30분 미팅을 하러 카페에서 만났다. 이 임원은 카페에 먼저 와서 자리에 앉아 있었다. 내가 들어오자 그는 일어나 짧게 인사를 나누고 함께 카운터로 가 커피를 주문했다. 자리로 돌아오면서 나는 말했다.

"안쪽으로 이동할까요?"

자리를 옮기자마자 나는 본론부터 물었다.

"어떤 걸 배우고 싶으세요? 앞으로 어떤 점에서 말을 보완해야겠다고 생각하세요?"

그는 한국 정부 담당자와 자주 회의를 하는데, 자신의 대화 수준이 낮다고 했다. 한마디로 비즈니스 한국어를 배우고 싶다고 했다. 나는 즉각 그가 추구할 방향이 보였다. 1분이면 말 습관을 간파한다. 내가 말했다.

"당신에게는 세 가지가 필요해요. 하나는 발음인데요. 혀가 말할 때 보여요. 영어처럼 발음해서 그런데요. 저를 따라 해보세요. 혀끝을 입천장 쪽으로 들어 올려요. '난.' 그렇죠. 또 하나는 소리의 크기를 일정하게 내세요. 크게 말하다가 뒤에서 줄어드는데요. 말끝이 분명하게 들려야 자신감 있게 느껴져요. 그게 지위에도 걸맞고요. 나머지 하나는 제스처를 가슴 높이에서만 해보세요. 지금은 얼굴까지 들어 올리잖아요. 그런데 우리나라 정부 관계자들은 제스처를 잘 쓰지 않아요. 그러니 침착하면서도 적극적인 제스처를 하는 게 어때요? 자신의 성격을 살려서 말이죠. 추가로, '굉장히'의 발음은 [갱]이 아니라 [굉]이에요. 입술을 내밀고 발음해보세요."

진동벨이 울려서 그가 커피를 가지고 왔다. 그는 커피를 내려놓고 말했다.

"당신은 놀랍군요. 첫째는 자리를 옮기자고 한 거예요. 제가 만난 사람들은 자리가 마음에 들지 않아도 바꾸자는 말을 하지 않았어요. 그런데 당신은 출입문 쪽보다 여기가 더 조용하니까 옮기자고 한 거잖아요. 제게 필요한 말을 해줄 수 있는 사람이에요. 둘째는 7년간 아무도 저한테 '굉장히'의 발음을 똑바로 알려주지 않았어요. 지금까지 '갱장히'인 줄 알았어요. 맙소사. 셋째는 니은 발음까지 배웠어요. 넷째는 이 모든 일이 5분 안에 일어났다는 거예요. 어메이징, 놀라워요! 언제부터 수업할 수 있나요?"

오늘 하루에 최선을 다한다는 마음으로

나도 놀랐다. 나의 강점을 한순간에 포착해 표현하다니. 눈썰미가 대단했다. 우리는 곧바로 수업을 했고, 수업은 장기로 이어졌다. 이처럼 나는 기업 임원을 주로 상대하는데, 이들이 가장 편하다. 서슴없이 직언하면 이들은 그 자리에서 바로 수용해 변화한다.

"그동안 이렇게 말해주는 사람이 없었어요."

하나같이 말하는 점이다. 직급이 올라갈수록, 성공의 길을 달릴

수록 고독하다. 우러러보는 사람은 늘어도, 조언하는 사람은 줄어든다. 내가 성공한 사람들을 계속 만나고, 그들의 말 실력을 끌어올리고, 입소문이 나는 이유는 올바른 조언 덕택이다.

나는 역설적이게도 미팅이 수업으로 이어질 거라고 기대하지 않는다. '흥미로운 인물을 만난다. 어떤 점을 배울 수 있을까?'라는 기대감을 갖는다. 오늘이 끝일 수 있다고 생각해서다. 내가 만나는 사람이 누구든 한결같은 마음이다. '나의 하루가 오늘이 마지막일 수 있다'고 여긴다. 미팅에서도 확실히 알려주는 것은 내 할 일을 하는 것이다. 나의 하루에 최선을 다하는 것이다. 그리고 이 방법은 늘 효과적이었다. 그러니 앞으로 눈치 보지 말자. 누군가에게는 할 말을 다른 누군가에게는 못 하는 것은 사람을 구분하고 있다는 증거다. 상대방이 무슨 일을 하든 중요하지 않다. 중요한 것은 오늘 나의 하루다.

10년간 직장생활을 할 때부터 나의 태도는 일관됐다. 아닌 것은 아니라고 말했고, 임원들과 더 편하게 의사소통을 했다. 임원들은 그런 나를 반겼고 허물없이 대했다. 앵커로서 국회의원이나 시장 등 정치인들을 만날 때도 편하게 방송을 이어갈 수 있었다. 이것이 나의 강점임을 오래전부터 알고 있다. 이 기저에는 '전적으로 당신을 위한 말을 한다'는 전제가 깔려 있다. 나의 이익을 고려하지 않고, 상대방의 이야기를 듣고 상대방에게 필요한 이야기를 한다. 그러면 언제나 결과는 휘황했다.

당신이 임원이나 특정인을 어렵게 여긴다면 '내가 왜 어려움을 느낄까?' 하고 이유를 찾자. 직급이 주는 불편함은 원인이 아니다. 어쩌면 내가 갖고 싶은 것을 그가 먼저 가져서 부러운 마음에 불편한 것일 수 있다. 그러면 불편해할 게 아니라 그것을 가지기 위해 노력하면 된다. 왜냐면 특정한 것에 자극을 받고 있다는 뜻이기 때문이다. 그게 무엇이든 이유는 당신만 안다. 마음 깊은 곳을 관찰해보자.

🔍 Key Point 성공한 사람들과 대화하는 방법

❶ **시간** 시간의 소중함을 높이 평가한다.

❷ **효율** 효율을 추구하고 말도 효율적으로 한다.

❸ **직언** 할 말이 있다면 돌리지 않고 말한다.

❹ **초점** 전적으로 상대방을 위한 말을 한다.

🏃 Action 성공한 사람으로서 말할 때

❶ **시간** 소중한 하루에 최선을 다하자.

❷ **효율** 비효율적인 동선을 제거하자.

❸ **직언** 누구든 알아들을 수 있게 정확히 말하자.

❹ **초점** 매 순간 나를 떠나서 생각하자.

사랑하는 사람과 잘 싸워야 한다는 말이 있다. 나의 해석
은 이렇다. 싸움의 목적에 도달하는 게 잘 싸우는 것. 오해
가 생겨 싸움이 시작됐다면 싸움의 대상은 둘 사이를 멀
어지게 한 '오해'다. 함께 오해를 물리치기 위해 상대방의
속상함을 보듬고 관계를 끈끈하게 이어가야 한다.

6장

감정을 우아하게 다루면
대화가 똑똑해진다

서로를 위한 거절

친하다는 이유로 친구가 무료로 일해달라고 조른다.

키를 광고에 일러스트가 필요한데, 제작비가 모자라서 어려운 상황이야.

티를 아, 그래?

키를 이번에 한 번만 네가 무료로 해주라, 응? 제발 부탁이야.

티를 내가? 아, 그게……. (거절하고 싶은데 말이 안 나온다.)

키를 다음에 내가 맛있는 거 사줄게. 한 번만, 응?

주변인들의 부탁으로 재능기부를 할 때가 있다. 그 부탁을 거절하면 관계를 망치지 않을까 걱정해서 결국 마지못해 도와주게 된다. 이런 일이 반복되면 똑 부러지게 거절하지 못하는 자신에게 문제가 있다고 여긴다.

좋은 사람 가면

거절하지 못해서 한 일이 오히려 관계를 망친다. 내 기분이 상했기 때문이다. 자신의 마음을 솔직하게 들여다보자. 거절하고 싶은데 관계가 나빠질까 봐 억지로 한 일들은 내 마음에 짐으로 남는다. 친구는 내가 거절을 못 하는 성격인 것을 뻔히 알면서 부탁했다. 나를 이용하는 게 아닌가 싶어 섭섭하고 속으로 친구를 미워한다. 이 일이 있은 뒤로 친구와 조금씩 거리를 둔다.

우리는 속마음을 감춘 채 가면을 쓴다. 거절하지 못하는 건 '좋은 사람으로 보이고 싶다'는 욕구에서 비롯된다. 진짜 걱정하는 것은 친구의 기분이 아니라 '나의 이미지'다. 거절하면 이런 것도 못 해주냐고 욕먹을 것 같고, 친구의 주변 사람들까지 나를 안 좋게 볼까 걱정된다. 자, 분명히 알아두자. 거절한다고 관계가 나빠지지 않는다. 친구가 부탁한 '일'을 거절하는 거지 '친구'를 거절하는 게 아니다. 친구와 계속 좋은 관계를 유지하고 싶다면 거절해야 할 때 거절할 수 있어야 한다. 거절은 관계를 위한 것이다.

나를 위해 필요한 거절

거절은 무엇보다 나를 위해 필요하다. 거절하지 않으면 다른 무언가를 잃는다. 시간은 한정적이기 때문이다. 게리 켈러와 제이 파파산의《원씽》이라는 책에 거절에 관한 이야기가 나온다.

"'아니요'라고 말하라. 무언가를 승낙하는 건 다른 모든 것을 거절하는 것과 같다는 사실을 명심하라. 그 무엇도 자신의 최고 우선순위를 지키는 데 방해가 되어선 안 된다."

《원씽》에서는 하루에 인생에서 가장 중요한 일 딱 하나를 하라고 말한다. 나에게 가장 중요한 일을 하려면 시간이 필요하다. 그 시간에 중요하지 않은 다른 일을 하면 나의 중요한 일은 뒷전으로 밀려난다. 나에게 중요한 게 명확히 있으면 거절 사유는 분명해지고, 반대로 나에게 중요한 게 없으면 거절 사유가 분명치 않아 '그냥 해줄까?' 하는 마음이 든다. 자신의 삶을 주도적으로 이끌어야 한다.

삶의 우선순위를 찾자. 당신이 지금 몰두하는 일, 이루고자 하는 목표를 향해 나아갈 때 오늘 해야 하는 일을 하자. 그 일을 사수하자.《원씽》에서는 휴식 시간을 확보하라고 한다.

"성공한 사람들은 매년 휴가 계획을 정하며 한 해를 시작한다. 왜일까? 그들은 그 시간이 필요함을 알고, 자신에게 그런 시간을 낼 자격이 있다는 것도 알기 때문이다. (중략) 개인적인 '재창조'의 시간을 무시하고는 행복한 마음으로 성공을 유지할 수 없기 때문이다. 먼저 휴식 시간을 따로 정해둔 다음, 단 하나의 일을 할 시간을 찾아라."

이 말은 휴가 낼 때 상사의 눈치를 보고, 휴가 끝 무렵이 되어서야 떠나거나 그마저도 가지 않는 삶을 살아온 나로서는 신선한 충격이었다. 10년간의 직장생활을 마치고 사업을 하면서 가장 행복한 점은 시간을 스스로 통제하는 것이다. 《원씽》을 읽은 2022년부터 나는 휴가 기간을 미리 확보해 지키려고 노력한다. 이 기간에 들어오는 강의, 회의, 방송 출연 등의 일을 거절하고 가족이나 친구와 여행을 가거나, 자기계발을 하고 생각을 정리할 시간을 지키려고 노력한다. 시간을 확보한 결과 빡빡한 일정 속에서도 두 번째 책을 낼 수 있었다. 덕분에 훨씬 행복해졌다.

나에게는 강의와 회의, 방송 출연 등의 모든 일이 재미있고 중요하다. 그럼에도 이보다 더 우선순위에 둔 것은 나의 시간, 나의 사람들이다. 이 우선순위를 위해 차선으로 중요한 일을 거절한 후로는 나머지 것들을 거절하는 건 간단하다. 나의 목적에 도움 되지 않는 일, 나의 가치를 인정하지 않는 일, 나의 시간을 빼앗는 일은 거절한다. 내 삶을 위해서.

내가 얻는 이익을 꼼꼼히 따져보자

우선순위가 분명하면 거절은 명쾌해진다. 즉시 거절할 일을 거절히고, 마음에 불편한 감정이 드는 일을 거절한다. "시간이 안 돼. 해야 할 일이 있어"라고 말하자. 거절할 때는 밝은 말투로 하고 미안해할 필요도 없다. 부탁하는 사람이 미안할 일이지 거절하는 사람이 미안할 일이 아니다. 만약 거절해서 친구가 불쾌해하면 그 관계를 다시 살피자. 그 정도로 기분 나빠질 일이면 친구는 나를 존중하지 않는 것이다. 서서히 멀어지자. 내가 좋은 사람이라면 인생의 지점마다 좋은 친구는 나타난다.

다음에 도와주겠다는 말은 하지 말자. 진심이 아니지 않은가. 거절하기 미안해서 다음에 하기 싫은 일을 해주겠다고 말했다가는 상대방이 또 부탁할 것이다. 나는 하기 싫은 일이어서 "일정상 바빠서 이번 달은 힘들어요"라고 했다가 상대방이 "그럼 다음 달도 좋습니다. 그다음 달도요"라고 말해서 아차 싶었다. 확실하게 거절하지 않으면 기회를 주는 꼴이 되므로 곧바로 정확히 거절했다.

"그 일을 제가 할 이유가 없습니다. 제가 얻는 이익이 없어요."

주변에서 무료로 일해달라거나 재능기부를 해달라고 할 때가 있다. 봉사는 스스로 하는 것이지 타인의 강요로 하는 게 아니다. 또 기부는 봉사의 손길이 필요한 곳에 한다. 상업적 목적이 있는 곳에서 무료로 재능기부를 해달라는 것은 노동력 착취다. 자신의 실익을 고려해 결정하자. 그들이 돈을 벌기 위해 하는 일에 내가 무료로 일해서 얻는 것이 있는가? 훗날 나에게 도움이 되는 일인가? 시간과 노동력을 낭비하는 일이라면 거절하자.

갑작스러운 부탁을 거절할 때

즉각 거절할 만한 일은 1초의 망설임도 없이 바로 거절하자. 하지만 갑자기 부탁받으면 바로 거절할 수 없을 때가 있다. 거절하기 곤란

할 때 얼버무리고 있으면 그 틈에 상대방은 통사정하며 감정에 호소한다. 이럴 때는 갑자기 부탁을 받았으니 생각할 시간을 달라고 말하자. 일단 곤란한 상황에서 벗어나는 것이다. 대신 내가 거절하면 상대방이 다른 사람을 찾아야 하니까 언제까지 답을 주겠다고 알려준다.

"생각해보고 오늘 오후 3시까지 말씀드릴게요."

숙고할 시간을 확보한 다음 나에게 어떤 이익이 있는지 내 입장에서 따져보고 결정하자.

갑작스럽게 일을 부탁하는 것은 대부분 애초에 하기로 한 사람이 사정이 생겨 공백이 발생한 경우에 가깝다. 내가 거절해도 큰일이 일어나지도, 관계를 해치지도 않는다. 상대방도 거절을 염두에 두고 물어보는 경우가 허다하다. 그러니 안심하고 거절하자. 평소에 거절을 잘하다 보면 우선순위를 방해하는 일이나 무례한 요청, 신념에 어긋나는 일을 부탁받을 때 현명하게 대처하는 판단력이 생긴다. 그리고 스스로 그런 자신이 더욱 마음에 들 것이다.

돈을 빌려달라는 사람에게

돈을 빌려달라고 하는 사람이 있다면 어떻게 대응해야 할까? 당장 현금이 없어서 돈을 빌리고 하루 이틀 안에 갚는 상황은 예외다. 문제는 자신의 어려운 처지를 이야기하면서 돈을 빌려달라고 할 때다. 사정이 딱해서 돈을 빌려줘야 하지 않을까, 거절하면 너무 인색해 보이지 않을까 걱정되는가? 20대 초반에 나는 돈이 없다고 나한테 돈을 꿔달라고 하는 사람을 이해할 수 없었다. 친분이 두터운 사이도 아니었고, 돈을 갚을 것 같지도 않았다. 이런 부탁을 할 정도의 사이가 아니었다. 이해할 수 없을 때 이해가 안 된 채로 돈을 빌려주지는 않았다. 돈이 없으면 돈을 벌려고 어떻게든 노력해야 하지 않나. 돈이 부족하면 형편을 줄이는 게 먼저지, 태평하게 살던 대로 삶의 방식을 유지하면서 주위에 손을 벌리는 건 이기적인 마음일 뿐이다. 나는 그 사람이 이상해 보였고 이상한 사람과는 관계를 끊었다. 지금 생각해도 잘한 결정이었다.

돈을 빌려달라는 사람은 주로 자기 이익을 위해 돈을 빌린다. 부동산 구입 자금이 부족하거나, 가족에게 손 벌릴 수 없는 카드값이 있거나, 신용이 좋지 않거나, 은행이나 보험사에서 돈을 빌리면 높은 이자를 내야 해서 부담될 때 주변에 손을 벌린다. 그리고 한 번 빌린 사람은 돈이 필요할 때마다 계속 빌려달라고 한다. 만약 그 돈을 빌려줘서 내 처지가 곤란해진다면 거절하자. 인색해 보이지 않을까 하는 걱정은 형편이 여유로워서 하는 걱정이다. 여유롭다면 마음 편하게 빌려줄 수 있겠지만, 가족을 챙겨야 하고 생활비를 내고 이자를 갚아야 한다면 남의 사정을 돌봐줄 여력이 없을 것이다.

만일 사정이 딱하고 돈을 꼭 빌려줘야 하는 상황이라면 채무 관계를 문서로 명백히 남기자. 몇 월 며칠에 얼마를 빌렸고, 언제까지 갚을 것이고, 매달 이자로 얼마를 언제 상환할 것인지 기재하고 변

제일을 정한 뒤 돈을 빌려주자. 이자는 시중 은행 이자보다 높게 받자. 확실히 해야 한다. 그렇지 않으면 빌려준 돈과 함께 사람도 잃을 것이다.

🔍 Key Point 거절은 서로를 위한 것

❶ **관계** 거절하는 건 그 일이지 사람이 아니다.

❷ **목적** 삶의 우선순위를 확고히 하면 거절 사유가 분명해진다.

❸ **이익** 그 일이 도움 되거나 이익을 주는지 따져본다.

❹ **거절** 거절은 단호하고 분명하게 한다.

🏃 Action 거절 연습하기

❶ **우선** 삶의 우선순위를 정하자.

❷ **과거** 거절하고 싶었던 순간을 떠올리자.

❸ **예행** 다음에 비슷한 상황이 닥칠 때 할 말을 쓰자.

❹ **발언** 소리 내어 읽어보고 단호하고 확고하게 고치자.

험담을 하거나 들을 때 알아둘 점

회사 선배가 후배의 동료를 험담한다. 후배는 자신과 친한 동료지만 일단 맞장구친다.

선배 어제 네 동기가 행사에 지각해서 초반에 엉망이었어.

후배 진짜요? 걔가 얼마나 늦었는데요?

선배 30분이나 늦었어. 선배인 내가 1시간 먼저 갔는데.

후배 어머! 왜 그랬대요?

선배 정신 못 차리는 거지. 걔 옛날에도 그랬어.

후배 진짜요? 언제 또 그랬어요? 대박이다, 정말!

험담에 맞장구치면 어떤 상황이 초래될까? 험담이 끝없이 이어질 것이다. 듣는 사람이 맞장구치면 말하는 사람은 신이 나서 과거의 행적까지 들추어 험담을 계속 이어간다. 누군가를 험담하고 나면 기분이 어떤가? 괜히 찝찝하고 죄책감과 걱정이 남을 것이다. 무엇보다 험담하느라 쓴 시간이 아깝다.

험담의 무용함

험담은 하면 할수록 쓰레기통 속으로 깊숙하게 빠져드는 듯하다. 《탈무드》에 이런 내용이 있다.

"소문은 그 소문을 낸 사람과 소문을 전한 사람과 소문의 당사자, 이 셋을 죽인다."

험담한다고 상황이 풀리지 않는다. 잠깐 통쾌하고 같이 욕한 사람들과 한패가 된 것 같지만 그뿐이다. 험담한 사람은 소문이 나서 이미지가 나빠지고 신뢰를 잃어 사람들이 피한다. 뒤에서 욕하는 건 앞에서 말할 용기가 없어서인데 보통 나약한 사람이 험담한다. 그래서 험담은 같이 욕해달라고, 나와 편먹고 저 못된 인간을 욕하자고 하는 어리석은 행동에 불과하다.

험담을 듣고 나면 당사자를 볼 때 선입견이 생긴다. 그리고 그런 선입견은 내 인생에 해가 될 수 있다. 타인의 말을 통해 세상을 바라보게 되어 분별력이 흐려진다. 주관이 뚜렷한 사람은 자신이 겪고 보고 느낀 것을 믿는다. 진실은 당시 그 자리에 있던 사람만 아는 것이고, 그마저도 각자 해석이 다르기 때문이다. 험담하는 데 시간을 낭비하지 말고, 1분 1초가 귀한 그 시간에 나에게 더욱 이로운 행동을 하자.

나를 험담한다면

만약 나를 험담하는 사람이 있다면 단둘이 대면해 이야기하자. 내 욕을 하고 다니는 동기 언니가 있었다. 입사 초기부터 모두의 험담을 일삼는 사람이었는데, 어느 날부터 나를 피하더니 애먼 사람들을 붙잡고 나를 욕했다. 직감이 발달한 나는 그 언니의 눈빛이나 말투, 상체를 굽히고 말하는 동작에서 내 험담을 하는 걸 알아차렸다. 사무실에서 마주친 순간 내가 말했다.

"언니, 나랑 얘기 좀 하자."

나약한 험담생이는 정면으로 응수하는 나를 보고 흠칫 놀랐다. 회의실 책상을 사이에 두고 마주 앉았다.

"불만이 있으면 나한테 얘기해. 지금 말해봐. 들어줄게."

언니는 기어들어가는 목소리로 주절거렸다.

"아니, 나는 그냥 걱정이 돼서."

언니는 오리발을 내밀었다. 잘못을 저지른 사람의 특징이다. 나는 눈을 똑바로 뜨고 힘주어 말했다.

"오늘부터 두 번 다시는 언니가 나에 대해 안 좋은 이야기를 하고 다닌다는 말을 안 듣길 바라. 이건 부탁이 아니라 경고야."

그날부터 누구도 내 욕을 하지 않았다. 강인해지자. 말의 힘을 길러서 스스로 자신을 보호하자. 이때 감정을 빼고 나직하고 단단한 목소리로 말하자. 기세를 잡을 수 있다. 당신은 자신을 지킬 수 있는 강한 사람이다.

과거에서 현재로 구출하기

험담에 맞장구치지 말자. 특히 회사에서는 물론이고 일상에서도 주의하자. 입만 열면 남을 욕하는 사람이 있는데 사람들과 친해지는 방법을 이상하게 배운 것이다. 나를 험담한 언니가 이런 사람이었다. 맞장구도 험담에 가담한 것이고 맞장구를 친다고 상황이 바뀌지 않는다.

좋아하는 사람이 험담한다면 기분이 나아지도록 돕고 과거의 나쁜 기억에서 구출하자. 현재는 과거보다 괜찮아진 상태일 것이다. '과거의 사건'이 아닌 '현재의 기분'을 중심에 두고 대화하자. 앞선 대화의 경우에는 대화의 주인공을 제삼자인 '험담의 대상자'에서 '선배'로 만든다.

"어머! 진짜요?"

이런 반응은 선배를 과거에 머물게 하는 발언이다.

"걔가 어떻게 했는데요?"

이렇게 말하면 대화의 주인공이 제삼자가 된다. 시선을 현재에

두고 선배를 주인공으로 만들어 대화하면 다음과 같다.

> 선배 어제 네 동기가 행사에 지각해서 초반에 엉망이었어.
> 후배 그래요? 선배, 놀라셨겠어요. 행사는 무사히 끝났어요?
> 선배 응, 다행히 잘 끝났어. 걔 옛날에도 지각한 적 있었어.
> 후배 그러게요. 정말 다행이에요. 선배는 지금은 기분 괜찮으세요?
> 선배 그럼! 괜찮지, 지금은.

험담하는 사람들에게 이 방법을 적용했더니 험담이 금방 끝났다. 험담하는 사람은 자기 마음을 헤아려주기를 원한다. 그의 내면에는 자신이 그때 얼마나 놀라고 당황했는지 알아달라고 투정 부리는 마음이 존재한다. 누구 때문에 곤란했지만, 내가 무사히 일을 잘 마쳤다고, 그 사람은 이상하지만 나는 괜찮은 사람이라고 말하는 것이다. 그러니까 같이 욕해달라는 마음 깊은 곳에는 사실 타인의 위로와 응원, 신뢰, 인정을 갈구하는 마음이 크게 자리하고 있다.

남 탓을 하거나 모르는 사람을 향해 볼멘소리를 내는 것, 뒤에서 구시렁거리는 것도 험담이다. 이런 습관이 있다면 지금부터 멈추자. 영화 〈삼진그룹 영어토익반〉에 상사의 칭찬을 받는 유능한 인재인 유나가 나온다. 주변 직원들은 대졸 출신이지만 고졸인 유나보다 일을 못한다. 그들은 유나를 시샘해 꽃뱀 취급을 하며 끝없이 험담한다. 유나는 험담의 중심인물을 엘리베이터에서 만나 일침을 가한다.

"나 좀 그만 보고 너 좀 봐."

캬! 영화를 보면서 손뼉을 친 장면이다. 험담은 자기 인생을 타인을 의식하는 데 허비하는 행위다. 그 시간에 자신을 살피는 데 힘쓰자.

험담을 들어주는 사람의 반응

험담이 하고 싶을 때가 있다. 사람은 대체로 나약하기 때문이다. 나도 험담을 싫어하지만 그냥 욕하고 싶을 때가 있다. 하지만 내가 바라는 것은 나의 독자들이 무용한 험담을 하지 않는 것이다. 이를테면 사람과 친해지기 위한 수단, 할 말이 없을 때의 대화 방식으로 험담하지 않기를 바란다.

속상한 일이 있을 때, 제대로 말을 못 해서 억울할 때, 더러워서 상종하지 않으려고 해도 화가 날 때 우리는 가까운 사람들에게 욕하고 일러바치고 싶다. 그런데 문제는 이렇게 험담하다가 오히려 소중한 사람들과 싸울 수 있다는 점이다. 그들의 반응이 우리 자신이 원하는 게 아니어서다.

자, 내가 제안하고 싶은 방법은 듣는 사람에게 원하는 반응을 요구하는 것이다. 상대방은 당신이 무엇을 원하는지 몰라서 그저 자신이 좋은 대로 반응한다. 예를 들어 아내는 험담하면서 듣는 사람이 같이 욕해주면 기분이 풀린다. 그래서 남편이 친구를 욕할 때 거들면서 실컷 욕을 해줬는데, 오히려 그는 "내 친구는 그 정도로 이상한 사람은 아니야"라면서 "말을 너무 심하게 하지 마"라고 한다. 갑자기 불똥이 아내에게 튄다. 그러다가 부부가 싸우는 거다.

우리는 각자 자기 머릿속으로 상황을 분석하고 판단한다. 그래서 험담의 방식이 맞지 않아 다툴 때가 생긴다. 누군가는 해결하려 들고, 누군가는 맞장구만 치니까 험담도 재미가 없는 것이다. 험담의 대화 방식을 맞춰갈 필요가 있다. 배우 한가인, 연정훈 부부는 여전히 둘이 잘 지내는 이유로 험담을 꼽았다. 예를 들어 한가인 씨가 "피읖 때문에 오늘 진짜 힘들었어"라고 하면 연정훈 씨는 "피읖? 그 ×× 미친 ×이야" 하면서 한술 더 떠서 역정을 낸다고 했다. 사랑하는 가족과 연인, 친구에게 누군가를 험담하고 싶다면 정확히 말하자.

"나 지금 진짜 욕하고 싶은 사람이 있어. 제발 들어줘."

그리고 상대방이 해줬으면 하는 반응을 구체적으로 요청하자.

"내 말에 무조건 맞장구쳐줘. 나는 맞장구쳐줄 사람이 필요해. 내가 말이 끝날 때마다 고개도 끄덕여주고 나보다 더 격분해도 좋아. 알았지?"

내가 원하는 반응을 상대방이 그대로 보여줄 때는 굉장히 빠르게 기분이 좋아진다. 금방 이렇게 말할 것이다.

"됐어. 이제 다 풀렸어."

험담할 때 시간을 정해두는 건 어떨까? 시간을 정해두면 상대방도 그 역할을 충실히 수행해줄 것이다. 알람을 설정하고 10분이 지나면 험담을 마치자. 시간을 지켜야 다음 기회에도 상대방이 잘 들어줄 것이다. 험담을 오래 들으면 누구나 지친다.

🔍 Key Point **험담을 다루는 방법**

❶ **험담** 사회생활을 할 때 험담하지 않는다.

❷ **현재** 과거로 돌아간 시선을 현재로 가져온다.

❸ **화제** 험담의 대상자 말고 험담하는 사람을 주인공으로 만든다.

❹ **요청** 험담이 진짜 하고 싶을 때는 경청을 요청한다.

🏃 Action **정말로 험담하고 싶을 때**

❶ **방식** 내가 속상해서 험담할 때 상대방이 해주길 바라는 반응을 적자.

❷ **참기** 최대한 참다가 진짜 못 참을 때만 험담하기로 마음먹자.

❸ **목적** 단순히 누군가와 친해지려고 험담하는 건 아닌지 돌아보자.

❹ **간결** 험담할 때 10분 이내로 짧게 하자.

마찰을 최소화하는 대화법

중학생 아들이 걸핏하면 방문을 쾅 닫고 들어간다. 말을 걸면 퉁명스럽다.

엄마 학교 갔다가 집에 왔으면 엄마한테 인사해야지.

아들 (짜증 나는 말투로) 어.

엄마 엄마 얼굴 보면서 인사해야지.

아들 다녀왔어! (방문 쾅!)

엄마 방문 세게 닫지 말라고 했지! 말투가 그게 뭐야? 엄마한테 불만 있어?
　이리 나와, 당장!

집안이 잠잠할 날이 없다. 아이를 키우는 건 왜 이렇게 힘이 들까? 아들은 어릴 때는 마냥 귀엽고 잘 웃던 아이였는데 어느새 훌쩍 자라서 이젠 엄마 얼굴도 보기 싫어한다. 엄마는 아들이 자신을 무시하는 것 같아 마음이 아프다. 아들이 예의 바르게 자라기를 바라는 마음에서 말투를 고치라고 자꾸만 야단치게 된다. 또 방문을 세게 닫는 모습은 화를 폭력적으로 표현하는 것 같아서 바로잡아주고 싶다. 이런 문제로 이틀에 한 번꼴로 집이 소란스럽다. 말을 안 하거나, 말하면 싸운다.

나와 분리해서 생각하기

아들은 과연 엄마를 미워하고 있을까? 엄마 얼굴이 정말 보기 싫은 걸까? 그럴 수도 있고 아닐 수도 있다. 아들만 아는 사실이다. 그러면 아들한테 왜 그러는지 물어봐야 한다. 야단을 칠 게 아니라 질문을 해야 한다. 엄마는 엄마의 눈으로만 아들을 보며 아들이 해서는 안 되는 행동을 한다고 생각한다. 어른에게 예의 바르게 말해야 하는데 그러지 않으니 엇나가는 것 같고 엄마인 자신을 무시한다는 생각이 드는 것이다. 자기 말을 듣지 않는 것에 대해 아들한테 화를 내는 것이다. '내' 입장에서 생각해서 그렇다.

　부부나 연인도 비슷한 이유로 다툰다. 한쪽에서는 있었던 일을 미주알고주알 이야기하는데, 다른 한쪽에서 돌아오는 대답은 시큰둥하다. '이럴 거면 집에서 쉬던가', '바깥일을 집까지 끌고 오네'라고 생각해 불만스러운 것이다. 말하는 사람은 그 기분 안 좋은 말투가 영 마음에 안 든다.

"말투가 왜 그래? 왜 엄한 데다 짜증이야? 진짜 짜증 나게."

상대방이 무슨 생각을 하고 있는지, 왜 기분이 안 좋은지 들어보기 전에 겉으로 보이는 모습에 실망하고 속상해서 화를 낸다.

가족이나 연인이라고 해도 나와 똑같은 사람이 아니다. 그런데 모든 것을 알고 있는 사람인 것처럼 시시때때로 그들을 판단하고 정의를 내린다. 이럴 때 자신과 분리해서 생각하면 그들의 태도에 기분이 나쁘지 않다. 오히려 '나 때문에 그러는 게 아니야. 혹시 무슨 일이 있었나?'라고 걱정하게 된다. '나'한테 짜증 내고 '나'를 무시한다고 생각해서 기분이 나쁜 것이므로, 가족이나 연인이 짜증을 낼 때는 나와 분리하자. 그러면 나의 기분에 동요가 없다.

현상 너머를 바라보기

나와 분리해서 생각하면 눈에 보이는 현상에 잠식되지 않을 수 있다. 그 현상은 표현되지 않은 욕구가 드러나는 방식이라는 것을 깨닫자. 아이는 물론이고 성인도 자신의 감정을 알아차리고 표현하기를 어려워한다. 누군가는 짜증을 내고, 삐친 말투로 말하고, 시큰둥하게 반응하고, 동굴로 들어간 듯 긴 침묵을 하고, 쌀쌀맞은 행동을 한다. 이것은 마음 깊은 곳에 말하지 못한 응어리가 있거나 힘든 일이 있을 때 나오는 모습이다.

현상 너머를 바라보자. 아이가 거친 행동을 하고 짜증을 내는 횟수가 늘었다면 왜 그러는지 물어보자. 내가 모르는 일이 있는지, 학교에서 안 좋은 일이 있었는지, 친한 친구와 다퉜는지 궁금해질 것이다. 아이가 어릴 적에 밝고 따뜻했다면 그 아이는 여전히 밝고 따뜻하다. 거친 행동을 하고 말투에 짜증이 묻어 있다고 엇나가는 것이 아니다. 예의 없이 클까 봐 걱정하기 전에 아이의 마음속에 있는 슬픈 일, 속상한 일, 걱정하는 일을 들어보고 보듬어주자. 아이는 부모의 사랑이 절실하다.

가족과 연인 누구든 마찬가지다. 막상 알고 보면 그동안 말하지 못했던 일이 있을 수 있다. 내가 들어주지 못해서, 물어보지 않아서 상대방이 말하지 못한 것일지 모른다. 내가 바쁘거나 여유가 없어서 상대방이 혼자 삭힌 일이 있을 수 있다. "그러면 차분히 말하면 되지 왜 짜증을 내서 사람을 기분 나쁘게 할까?"라고 말하는 사람은 아직도 자기 입장에 있는 것이다. 사람은 다 달라서 기분이 안 좋을 때의 표현 방식도 다 다르다. '그럴 수 있다'고 생각하고 현상 너머를 궁금해하자.

손 내밀어 부탁하기

앞으로는 먼저 손 내밀어 대화하자. 다만 이때 조심할 게 있다. "앉아봐. 왜 그러는지 어디 들어나보자"라고 취조하듯 말하면 안 된다.

말할 기회를 주는 것처럼 하지 말자. 특히 부모가 자녀에게 그러는 경우가 있다. 이런 말투는 자녀를 잘못한 사람으로 규정한 채 대화를 시작하는 것과 같다. 잘못이 있다면 부모가 여태껏 아이의 이야기를 들어주지 않은 것이다. 아이는 부모에게 자기 마음을 솔직하게 말해도 안전하다고 믿을 수 있어야 말한다. 그렇지 않으면 마음의 문을 더 꽁꽁 닫을 것이다. 이렇게 부탁해보자.

"요즘 속상한 일 있어? 짜증 내고 방문을 쿵 닫는 걸 보면 안 좋은 일이 있는 것 같아. 무슨 일이 있는지 말해줄 수 있니?"

무엇이든 이야기해도 괜찮다고 느끼도록 말투와 표정에 신경 쓰자. 자녀는 부모가 알면 걱정할까 싶어서 노파심에 말하지 못하는 경우도 많다. 아이가 부모 걱정을 더 한다. 부모가 차분한 어조와 평소보다 느린 속도로 이야기하면 자녀는 안심한다.

항상 야단만 치던 부모라면 갑작스러운 태도 변화에 자녀가 당황해서 경계할 수 있다. 그럴 때는 먼저 솔직하게 마음을 고백하자.

"그동안 엄마가 화내서 미안해. 내가 이야기를 들어줬어야 했는데, 그러지 못했다는 생각이 들어. 엄마가 속상하게 해서 미안해."

지금 당장 대답을 들으려고 하지 말자. 나의 진심을 보였다고 해서 상대방이 바로 입을 열지 않는다. 이 상황이 익숙지 않아 망설일 수 있다. 다시 돌변해서 "제발, 말 좀 해. 답답하게 굴지 말고!"라고 몰아붙여도 안 된다.

"마음의 준비가 되면 언제든 말해주길 부탁할게. 나는 항상 네 편이야."

이렇게 손 내밀어 부탁하는 목적은 '나는 언제나 너의 편'이라는 사실을 보여주는 것이다. '나는 너의 안전지대'라는 믿음을 주는 것이다. 언제든 와서 뛰어놀고, 슬플 때는 울고 가도 되는 언덕이 되어주자.

따지지 말고 자기 감정을 말하기

마찰이 생겨서 다투다 보면 상대방이 자기 행동을 인정할 때까지 따지는 경우가 있다.

> **아내** 내가 싸울 때 핸드폰 보지 말라고 했지. 더 화난다고.
> **남편** 안 봤어. 몇 시인지 본 거야.
> **아내** 아니잖아. 메시지도 보고 검색도 했잖아.
> **남편** 아니라니까.
> **아내** 어이가 없네. 방금 내 눈으로 봤다고.
> **남편** 아니야, 아니라고. 제발 내 말 좀 믿어.

둘은 서로 자기 말이 맞다고 우기고 있다. 이런 종류의 싸움은 끝내 진실을 알 수 없다. 필요 없는 진실 공방을 벌이며 감정을 소모하지 말자. 특히 사랑하는 사이에서는 말이다. 정말로 하고 싶은 말이 있으면 솔직하게 말하자. 그때 느껴지는 자기 감정을 말하면 된다. "내 말 무시하는 거야?"라는 말은 상대방이 나를 무시한다고 판단해 잘못했다고 지적하는 것이다. 상대방이 자기 잘못을 인정할 때까지 따지는 것과 유사하다. 철저히 자신이 느끼는 감정의 깊숙한 곳을 이야기하자.

"내가 말할 때는 당신이 내 눈을 봐주면 좋겠어. 아무것도 보지 않고 말이야. 나를 봐주지 않고 내 이야기를 들어주지 않으면 나는 어떤 말도 하지 못하겠어."

상대방의 행동이 잘못됐다기보다 내가 상대방의 특정한 행동을 싫어하는 것이다. 회사 사무실에서는 옆 사람이 내 얼굴을 안 보고 모니터만 보면서 대화해도 아무렇지 않다. 그런데 내가 사랑하는 사람이 나를 봐주지 않을 때 기분이 나쁜 것은 특별한 경우다. 내가 기대하는 대로 알아서 해주기를 바라기 전에 직접 말해서 그렇게 해달라고 부탁하자.

만약 싫어하는 행농을 하지 말아 달라고 부탁했는데 상대방이 계속 반복한다면 "내가 몇 번이나 부탁했는데, 또 그러네? 진짜 나를 무시하는 거지?"라고 말하지 말자. 몇 번을 말해도 사람의 습관은 웬만해선 바뀌지 않는다. 자기 자신을 바꾸는 것도 힘들지 않은가. 나와 분리해서 생각하고 계속 부탁하자. 상대방은 잘못한 게 아니다. 사랑하는 사람을 잘못한 사람으로 만들지 말자. "미안, (내가) 잘못했어" 대신 "미안, (당신이 싫어하는 것을) 깜빡했어"라고 말하는 사이가 되자.

🔍 Key Point 마찰을 줄이는 대화법

❶ **분리** '나한테 왜 짜증이야?'라고 생각하지 않는다.

❷ **현상** '저 사람 오늘 기분 안 좋은 일이 있었나?'라고 알아차린다.

❸ **부탁** 기분 안 좋은 일에 대해 말해줄 수 있는지 부탁한다.

❹ **표현** 싸울 때 상대방의 특정한 행동이 싫으면 하지 말아 달라고 요청한다.

🏃 Action 사랑하는 사람과 다툰 일 되돌아보기

❶ **회상** 상대방의 언행에 기분이 상한 순간을 떠올리자.

❷ **입장** 상대방의 언행 너머에 표현되지 못한 욕구가 있는지 생각해보자.

❸ **부탁** 내가 했던 날카로운 말을 부탁하는 말로 바꾸자.

❹ **표현** 다툴 때 하지 않았으면 하는 특정한 행동을 부탁의 말로 적자.

내가 다치지 않는 분노 표현법

살다 보면 무례하고 불쾌한 일을 겪을 때가 있다. 직장 내 괴롭힘, 성희롱, 욕설, 무례한 행동 등이 벌어지는 상황은 항상 예기치 않게 찾아오기 때문에 대처하기가 어렵다. 괴로움을 토로하는 사람들은 말한다.

"화를 어떻게 내야 할지 모르겠어요. 화를 내려고 하면 눈물부터 나와요."

"감정적이지 않게 말하고 싶어요. 화가 나면 주체가 안 돼요."

"상대방의 잘못을 하나부터 열까지 알려주고 싶어요. 제대로 사과받고 싶어요."

"더는 참고 싶지 않아요. 맨날 보는 사람이라 더 괴로워요. 무례한 사람에게 현명하게 대응하고 싶어요."

나의 주변인들이 이런 속상한 일을 겪으면 나를 찾아온다. 그들이 상황을 설명하고 상처를 준 그 사람에게 어떤 말을 하고 싶은지 생각나는 대로 말하면, 나는 그 내용을 깔끔하고 논리 정연하게 고쳐준다. 그들은 내가 알려준 대로 상대방에게 전한 뒤 사과받고 상황을 정리해 속이 시원하다고 이야기한다. 가까운 사람이 억울한 일을 당해서 울면 내가 전화하거나 만나서 대신 따지고 사과를 받은 적도 있다.

하지만 내가 항상 대신 싸워줄 수는 없었다. 나는 싸움에서 이기는 방법을 알려서 사람들을 도와주기로 마음먹었다. 그렇게 탄생한 강의가 '우아하게 이기는 방법'이었다. 나는 싸움에서 한 번도 진 적이 없다. 회사의 부당한 조치에 맞서 규율을 정하도록 했고, 성추행범을 잡아 법정에 세워 유죄 판결을 받아냈으며, 욕설하고 무례하게 굴면 수치심과 모멸감으로 앙갚음했다. 말로 이겨서 나는 내가 우아하게 이겼다고 생각했다. 그러나 순전히 착각이었다.

비폭력 대화를 통해 알게 된 분노의 원인

《비폭력 대화》라는 책의 10장 "분노를 온전히 표현하기"에 이런 내용이 나온다.

"'무책임한 행동'이나 '양심적인 행동', '탐욕스런 사람', '도덕적인 사람' 같은 것이 있다는 사고방식을 내가 조금이라도 지지한다면, 그만큼 내가 이 지구상의 폭력에 기여하고 있는 것이라고 나는 굳게 믿는다. 때리고 죽이고 환경을 오염시키는 사람들이 어떤 사람들인가를 따지기보다는 우리가 무엇을 원하는가에 주의를 집중할 때 좀 더 나은 방법으로 삶에 기여할 수 있다고 나는 믿는다. 모든 분노의 중심에는 충족되지 못한 욕구가 있다. 분노를 온전히 표현하려면 우리 욕구를 충분히 인식할 필요가 있다. '나는 그 사람들이 -했기 때문에 화가 난다'를 '나는 -이 필요(혹은 중요)하기 때문에 화가 난다'로 의식적으로 바꾸는 것이다. 분노를 일으키는 것은 다른 사람의 행동이 아니라 바로 내 머릿속에 있는 상대방에 대한 생각과 그의 행동에 대한 나의 해석이다. 모든 폭력은 자신의 고통이 다른 사람 때문이라고 착각하면서 상대가 당연히 벌을 받아야 한다고 믿을 때 오는 결과다."

이 책은 나의 잘못된 믿음을 예리하게 겨냥한다. 나는 누구나 안전하게 생활하고 일할 수 있는 세상을 원한다. 그런데 이 욕구를 충족하는 데 힘을 쏟기보다 나를 자극하는 것들, 성희롱하고 욕설하고 무례한 사람을 벌하는 데 힘을 쏟았다. 내가 전적으로 옳고 상대방이 전적으로 잘못했을 때 화를 낸다고 굳게 믿었다.

승자는 처음부터 나로 정해져 있었다. 내가 원하는 그림으로 승리를 이끌기 위해 전력을 쏟으며 나의 작은 노력으로 언젠가 사회가 나아질 거라고 기대했다. 하지만 최근 내 방식에 회의를 느낀 사건이 일어났다.

얼마 전 기업에 강의하러 가서 성희롱하는 말을 들었다. 나는 좌절했다. 무방비 상태로 당한 일에 속절없이 슬펐고 이내 분노했다.

지금까지 이런 사람들을 처벌했지만 세상은 나아지지 않고 여전히 우리 사회 곳곳에서 만연하고 있다. 안전하다고 생각했던 일터에서, 학교에서, 가정에서, 도심 한복판에서 끔찍한 일들은 대상을 가리지 않고 벌어진다. 그렇다면 대체 무엇으로 세상을 나아지게 할 수 있을지 그 방법을 찾고 싶었다.

《비폭력 대화》는 나를 각성하게 했다. 처음에는 '그럼 피해를 당해도 그냥 넘어가라는 거야? 잘못한 건 그들인데 내가 폭력적이라고?'라는 반감이 들어 책을 덮었다. 하지만 몇 번이고 다시 읽을 수밖에 없었다. 내 행동이 지구상의 폭력에 기여했다면 앞으로는 결코 그러고 싶지 않으니까.

"분노의 원인은 비난하고 비판하고 판단하는 우리의 생각 속에 있다."

나는 이 문장에 밑줄을 긋고 소리 내어 읽었다. 내가 고개를 끄덕인 예시가 있는데 우리가 생각에 따라 얼마나 다르게 반응하는지를 보여준다. 누군가와 약속을 했는데 그 사람이 약속 시간에 늦었다. 이때 상대방이 나와의 약속을 소중하게 여겨주기를 바란다면 '상처'를 받을 것이고, 내가 내 시간을 유용하게 보내기를 원한다면 '짜증'이 날 것이다. 또 혼자 조용히 시간을 보내고 싶다면 '고마움'을 느낄지 모른다. 이와 마찬가지로 분노 또한 내가 만든 생각이라는 것이다.

분노를 욕구로 표현하는 연습

"우리가 자기 욕구를 의식하면 분노는 삶에 기여하는 느낌으로 바뀐다."

《비폭력 대화》에서 소개하는 방법으로 분노를 욕구로 표현해보자. 상대방이 잘못해서 화가 난다고 생각하지 말고, 화가 나는 순간 나의 분노를 알아차리고 내 마음속에 충족되지 않은 욕구를 찾아 구체적인 언어로 표현하는 것이다.

어떤 회사의 대표가 내게 협업을 제안해 협업에 따른 미래 이익을 논하려고 회의를 잡은 적이 있었다. 그런데 회의에 대표 대신 이사가 참석했고 그는 이렇게 말했다.

"남자분인 줄 알았는데, 여자분이시네요. 회사 이름이 홍버튼? 맞게 발음했나요? 어떤 일을 하는 회사인지 소개 좀 해주실래요?"

그는 나의 이름도 회사도 모르고 있었다. 일단 화를 참고 회사를 소개한 후 협업에 따른 미래 이익을 물었다. 그는 모른다고 했다. 미래는 알 수 없지 않냐면서 말이다. 그러면 회의를 왜 하는 걸까? 이때 비폭력 대화의 기법으로 분노를 욕구와 느낌으로 연결하면 '나는 그가 멍청해서 화가 난다'를 '나는 시간이 중요하기 때문에 화가 난다'로 바꿀 수 있다. 내가 원하는 욕구는 전문성, 존중, 가치 있는 일이다.

"저는 이사님이 미래에 대해 아무것도 모른다고 하실 때 당황스러웠습니다. 왜냐면 저는 이번이 2차 회의라서 함께 더 나은 미래를 도모할 의견을 나누기를 기대했기 때문입니다. 제가 한 말을 어떻게 들으셨는지 말씀해주시겠어요?"

내가 겪은 성희롱 사건을 예로 살펴보자. 성희롱 발언을 한 사람에게 나는 멸시의 어조로 말했다.

"자신의 발언이 성희롱에 해당하는 것을 알고 있나요? 성폭력, 성희롱 예방에 관한 동영상 교육을 회사에서 해마다 이수하고 있지 않나요? 알면서도 성희롱한 건 무식해서인가요, 아니면 제가 외부인이라서 성희롱해도 문제가 없을 거라고 여겨서인가요? 아직도 기업에 성희롱 따위를 하는 저속한 인간이 있다니요. 저는 성희롱을 당하려고 이곳에 온 게 아닙니다. 저는 이런 일을 겪고 그냥 넘어가는 사람이 아닙니다."

분노를 욕구와 느낌과 연결해 표현하자. '나는 그가 성희롱을 해서 화가 난다'를 '나는 내 일을 가치 있게 여기기 때문에 화가 난다'로 바꾼다. 내가 원하는 욕구는 보람, 유익함, 신뢰, 존중이다.

"저는 성희롱 발언을 들었을 때 가슴이 내려앉았습니다. 제가 강의하러 올 때는 서로 존중하는 분위기에서 수강생들에게 유익함을 전달하기 위해 최선을 다하는 마음으로 오기 때문입니다. 제 마음이 얼마나 아픈지 이해할 수 있으십니까?"

이렇게 말하는 일에는 노력이 필요하다. 나도 무척 어렵다. 《비폭력 대화》는 시간을 들여 천천히 변화하라고 조언한다. 앞으로 분노하는 순간이 오면 상대방을 공격하기 전에 잠시 멈춰 생각하자. 자신이 원하는 것이 무엇인지 집중하고, 그것을 이루는 방향이 무엇인지, 우리의 에너지를 어디에 쏟아야 하는지 고뇌하자.

🔍 Key Point 분노를 표현할 때 알아야 할 점

❶ **분노** 분노는 다른 사람이 잘못했다는 생각에서 비롯된다.

❷ **분리** 타인의 행동이나 말은 내 분노의 원인이 아니다.

❸ **욕구** 원하는데 충족되지 않은 나의 욕구를 파고든다.

❹ **표현** 화를 내고 처벌하고 비난하기보다 느낌과 욕구에 맞춰 표현한다.

🏃 Action 과거에 분노했던 순간을 되짚어보기

❶ **분노** 화가 났던 순간을 복기하자.

❷ **회상** 내가 분노를 표출한 방식을 적자.

❸ **욕구** 당시 충족되지 않은 나의 욕구를 생각하자.

❹ **표현** 느낌과 욕구에 맞춰 비폭력 대화 기법으로 바꿔보자.

평상시 감정을 잘 조절하려면

연휴에 심하게 아픈 적이 있다. 365일 문을 여는 병원에 갔는데 내 뒤에 온 사람들이 나보다 먼저 진료를 받았다. 아무리 기다려도 내 이름을 부르지 않았다. 이때 순간 욱하는 감정으로 간호사에게 항의할 수 있다.

"왜 저보다 늦게 온 사람이 먼저 진료를 받는 거죠? 병원에 온 지 30분이 넘었는데, 저보다 늦게 온 사람이 방금 세 번째로 들어갔어요."

말하면서 감정이 격해지면 "제가 오죽 아팠으면 멀리서 여기까지 왔겠어요. 이렇게 환자를 소홀히 대하시면 안 되죠"라고 따질 수도 있다. 하지만 나는 그러지 않았다. 그래봤자 상황만 나빠지리라는 것을 잘 알기 때문이다. 화내면 '진상 환자'라는 꼬리표가 달릴 테고, 아픈데 화내서 더 아플 테고, 화낸 게 민망해서 다시는 그 병원에 가지 못할 것이다. 간호사는 스트레스를 받을 것이고, 다른 환자들은 소란스러워서 짜증이 날 것이다.

책임을 따지는 대신 해결책부터

실제로 나는 화가 나지 않았다. 연휴에도 문을 여는 병원이 있어서 고마웠고 어느 정도 대기할 것을 예상했다. 다만 내 차례가 빠진 점은 말해야 했다. 만약 간호사에게 "왜 저를 안 부르세요?"라고 했다면 내 순서가 오지 않은 책임을 간호사에게 묻는 것이 된다. 나는 궁금한 게 있다는 말투로 이렇게 말했다.

"간호사 선생님, 왜 제 차례가 오지 않는 걸까요?"

간호사가 말했다.

"성함이 어떻게 되시죠? 어머, 누락됐나 봐요. 정말 죄송합니다. 다음에 바로 들어가세요."

나는 감사하다고 말했다. "왜 제 차례가 오지 않는 걸까요?"라는 말은 원활하지 않은 현상을 우리가 함께 해결하자는 의미를 담고 있다. 마치 제삼자의 일처럼 말이다.

간호사는 당황하며 미안해했다. 나는 마음을 쓰지 않아도 된다는 뜻으로 아픈 얼굴로 희미한 미소를 지어 보였다. 진찰을 받고 나오자 간호사는 2시간 무료 주차권을 내게 건넸다. "우리 병원은 주차권을 제공하지 않습니다"라고 크게 쓰여 있었는데 말이다. 화를 내지 않았더니 친절과 호의를 받았다.

상대방에게 책임을 묻기보다 해결책을 찾는 데 집중하자. 회사에서는 왕왕 책임을 가려야 하는 일이 발생한다. 시스템 오류, 분실, 지연 등의 문제가 생기면 원인을 밝혀서 보완해야 한다. 이때 책임이 누구에게 있냐고 따지는 데 집중하기보다 더 나은 미래를 위해서, 앞으로 실수가 반복되지 않기 위한 대책을 마련하기 위해서 책임과 원인을 가려야 한다. 문제의 원인이 한 명에게 있는 경우는 드물다. 문제는 연쇄적인 결과에 따라 발생한다. 책임을 묻는 데 집중하지 말고 해결 방안을 찾는 데 목적을 두자.

융통성이 없는 게 아니라 일을 잘하는 것

내가 머물렀던 하와이 콘도는 공동 현관에 들어설 때 열쇠를 갖다 대야 문이 열렸다. 하루는 열쇠를 숙소에 두고 나와서 다른 사람이 나올 때를 기다렸다가 들어가려고 했는데, 마침 우체부가 우편함에 편지를 넣고 있었다. 나는 문을 두들기며 그에게 현관문을 열어딜라는 시늉을 했다. 그런데 우체부는 나를 미심쩍게 쳐다보더니 문은 열어주지 않은 채 매몰차게 관리실로 연락하라고 했다. 나는 관리실에 연락하는 방법을 몰라서 헤매다가 우체부가 나오는 틈에 들어가려고 했다. 그때 우체부가 나를 막으면서 캐물었다.

"당신이 누군지 알고 내가 문을 열어주나요? 왜 열쇠가 없죠?

이름이 뭔가요? 몇 동 몇 호에 사는지 말해봐요. 확실한가요? 증명할 방법이 있나요?"

나는 그가 멋지다고 생각했다. 콘도 관리인도 아닌 우체부가 콘도 주민들의 피해를 걱정해 외부인을 막으려는 모습이 감명 깊었다. 나는 웃으면서 "감사합니다. 당신은 정말 책임감이 강한 분이시군요"라고 말했다. 그는 어이없어하면서 내가 엘리베이터를 탈 때까지 노려봤다.

이 상황에서 짜증을 낼 수도 있다. 돈을 지불한 기간 동안 콘도에서는 내가 주인이고, 외부인은 내가 아니라 우체부다. 그런데 나를 이상한 사람으로 취급하면서 따지니 기분이 나쁠 수 있다. 그렇지만 나는 이런 상황에서 짜증을 내거나 길게 설명해봤자 돌아오는 이득이 없다는 것을 잘 안다. 그가 나를 어떻게 대하든 그 시선에 공감하니까 웃음이 나고 감사하다는 말을 건넬 수 있었다. 그는 내가 탄 엘리베이터가 몇 층에서 멈추는지 꼼짝 않고 지켜봤을 것이다.

사소한 분쟁에 미소를 보낼 것

자동차를 소유하는 사람이 늘면서 주차 자리 경쟁이 심해졌다. 공용주차장에서 주차 자리를 맡아두어 싸움이 나는 경우도 있다. "우리 딸이 주차할 거예요", "지인이 주차할 거예요" 하면서 사람이 주차장에 서서 자리를 맡아놓는다. 자동차 관련 프로그램에서는 차가 먼저냐 사람이 먼저냐 공방을 벌인다. 나는 이게 무슨 소용인가 싶다. 그것이 과연 일생일대의 고민인가? 거기에 주차하지 않으면 양쪽 모두 큰일이 나는가?

데일 카네기는 "논쟁에서 이기는 유일한 방법은 논쟁을 피하는 것"이라고 했다. 잘잘못을 따져봤자 분쟁만 길어질 뿐이다. 그곳에 간 우리의 목적은 따로 있다. 가족이 맛있는 밥을 먹으려고 오랜만에 모였다. 날씨 좋은 주말에 나들이하러 나갔다. 지인들과 삼삼오오 모여서 즐겁게 이야기하려고 만났다. 그런데 모르는 사람과 주차 시비가 붙어야 하는가? 감정을 아끼자. 우리의 목적에 주의를 집중하자.

"우리 딸이 주차할 거예요"라고 말하는 사람이 재수 없어 보이는 것은 뻔뻔해서일 것이다. 자기 자리도 아니면서 그렇게 말하니까 화가 나는 게 당연하다. 그렇지만 한 걸음 물러나서 보면 다르게 보일 것이다. 내가 우체부를 본 시선처럼 말이다. "딸을 오랜만에 만나시나 봐요"라고 웃으면서 말하거나 "대신 자리 맡느라 고생하시네요. 차 조심하세요"라고 격려할 수 있다. 나만 당하고 살아야 하냐고? 언제까지 참아야 하냐고? 친절은 베풀면 어떻게든 어떤 방식으로든 반드시 돌아온다.

미국에는 'Pay it forward'라는 문화가 있다. 우리말로 선행 나누기라고 풀이할 수 있는데, 누군가에게 받은 도움을 다시 다른 사람에게 선행으로 베푼다는 의미다. 이는 실리콘 밸리를 IT의 성지로 만든 정신이자 실리콘 밸리를 지탱하는 원동력의 하나다. 애플 창업자 스티브 잡스는 "도와달라고 청했을 때 도움을 주지 않는 사람을 만나본 적이 없다. 많은 사람이 이런 경험을 하지 못한 것은 도움을 청하지 않기 때문일 것이다"라고 말했다.

잡스는 고등학교 재학 시절 당시 세계 최고의 컴퓨터 회사인 휴렛팩커드(HP) 창업자 빌 휴렛에게 전화를 걸어 도움을 청했다.

"주파수 계수기를 만들고 싶은데 남는 부품이 있으면 줄 수 있나요?"

휴렛은 어린 잡스에게 부품을 주었고 인턴십을 제안해 그해 여름 잡스가 HP에서 일할 수 있도록 했다. 이후 잡스는 그 시절을 인생 최고의 순간이었다고 회상했다. 잡스는 페이스북 창업자 마크 저커버그가 사업 초기에 어려움을 겪을 때 그를 위한 조언을 아끼지 않았다. 잡스가 사망하자 저커버그는 "스티브 잡스, 멘토이자 친구였음에 감사드린다"라는 글을 전했다. 저커버그 또한 스타트업 창업자들을 위한 행사에 적극 참석해 그가 겪은 많은 성공과 실패 사례를 전하고 있다.

오늘 어떤 감정을 느끼고 싶은가

일상에서 사소한 일들로 분노할 때, 어떻게 하면 그 상황에 유연하게 대처할 수 있을까? 앞에서 말했지만 나는 화가 많았던 사람으로서 그 모든 상황을 좌시한 적이 없다. 하지만 모든 게 부질없는 짓임을 깨달았다.

　내가 얻은 것은 '화가 많은 사람'이라는 타이틀이었다. 나는 화나면 무섭게 돌변해서 사나운 짐승처럼 포효해 나를 공격하는 사람을 응징했다. 화내는 일련의 과정이 싫어서 나를 화나게 하는 사람을 용서하지 않았다. 그런데 그토록 사소한 일에 분노한 것은 나의 감정에 내가 제압당한 것이다.

　내 감정은 내가 스스로 선택할 수 있다. 오늘 즐거운 감정을 느끼기로 선택하면 즐거운 행동을 하면 된다. 좋아하는 산에 갈 생각을 하면 침대에서 눈을 뜰 때부터 신이 난다. 오늘 행복하기로 작정하면 창문을 열어 하늘을 보고 지저귀는 새소리를 들으면 된다. 행복을 기다리면 행복이 오지 않고, 즐거운 일을 기다리면 즐겁지 않은 것처럼 우리의 감정은 우리가 스스로 만드는 것이다.

　분노의 감정도 마찬가지다. 내가 그런 감정을 느껴도 화를 내거나 짜증을 부리지 않기로 선택하면 된다. 그동안 나는 화를 내고 싶어서 화를 낸 것이다. 그런데 사람들이 나쁘게 행동해서, 가만히 있는 나를 화나게 했다며 그 책임을 타인에게 뒤집어씌웠다. 나는 소모적인 일에 내 감정과 시간을 낭비하고 싶지 않다. 더 웃고, 더 기쁘고, 더 해맑고, 즐기며 여생을 살고 싶다.

　내가 느끼고 싶은 감정을 선택했더니 일상이 즐겁고 행복한 일들로 채워지고 있다. 일상은 그대로인데 달라진 건 나의 시선이다. 시선을 바꾸니 다른 세계에 진입한 듯하다. 요즘의 나는 사람들에게 온화하다는 소리를 듣는다. 더 많이 웃고 자주 행복을 느낀다. 화를 내지 않으니 싸울 일이 없다. 화를 참는 게 아니라 화를 내지 않기로 선택한 것이다. 분노를 느낄 때 예전에는 화를 냈다면 이제는 '나는 무엇이 충족되지 않았나'를 살핀다. 과거와 지금의 삶 중에 무엇이 나은지 묻는다면 나는 확언한다. 백 배는 더 지금의 삶에 만족한다.

🔍 Key Point 평상시 감정을 조절하는 방법

❶ **감정** 오늘 느낄 감정을 선택한다.

❷ **해결** 책임을 묻기보다 함께 해결책을 찾는 데 집중한다.

❸ **시선** 어느 쪽으로 보느냐에 따라 같은 상황도 해석이 달라진다.

❹ **거리** 한 걸음 물러서서 보면 아무 일도 아니다.

🏃 Action 느끼고 싶은 감정을 생각해보기

❶ **감정** 내 인생에서 가장 중요하게 여기는 감정은 무엇인가?

❷ **자주** 어떤 감정을 자주 느끼고 싶은가?

❸ **방법** 어떻게 하면 그 감정을 자주 느낄 수 있는가?

❹ **실행** 오늘 그 감정을 느낄 수 있도록 움직이자.

가정에서 해서는 안 되는 말

어떤 말다툼은 격노한 끝에 평생 지울 수 없는 상흔을 남긴다.

남편 야, 네가 이러니까 문제야. 알겠냐?

아내 야? 내가 '야'라고 부르지 말라고 했잖아. 네가 뭔데 나를 그따위로 불러!

남편 네가 뭔데? 그따위? 말 가려서 안 해?

아내 너나 잘해, ××××. 보고 자란 게 그 모양이라 저 꼴이지.

남편 야, ××××, 말 다 했어?

사랑하는 사이에서 심한 말이 오가면 싸움은 걷잡을 수 없는 파국으로 치닫는다. 증오와 경멸만이 남아 서로를 물어뜯는다.

'야', '너', '-냐' 하지 않기

사랑하는 사람에게 '야', '너', '-냐'라는 말투를 쓰지 말자. 상대방을 하대하는 말투다. 평소에는 애칭이나 이름을 부르다가 싸울 때 상대방을 낮잡아 부르면 싸움이 커진다. 불난 곳에 기름을 붓는 말이다. 길거리에서 시비가 붙을 때도 단어 하나로 싸움이 난다.

"당신이 뭔데 참견이야?"

"당신? 얻다 대고 반말이야?"

참고로 '당신'은 상대방을 높이는 말이기도 하지만 싸울 때는 낮잡아 이르는 말이 된다.

부부 사이에 심한 말이 오가는 경우, 애초에 그들은 상대방이 미워서 혹은 싸우기 위해서 싸우는 것이 아니다. 아이 교육에 관해 이야기를 나누다가, 집안일에 관해 의논하다가, 함께 어떤 계획을 세우려고 하다가 의견 대립이 생기면서 서서히 단어와 말투가 공격적으로 변해 큰 싸움으로 번진다.

싸울 때 정신을 차리고 단어를 신중하게 선택하자. 상대방에게 지기 싫어서 내 말이 맞고 상대방의 생각이 틀렸다고 큰소리를 내기 시작하면 이성의 끈을 놓게 된다. 공격적인 단어를 선택하기란 쉽다. "야, 네가 이래서 문제야. 알겠냐?"라는 말 대신 "내가 더 신중히 생각해볼게"라고 말하려고 노력하자. 이성의 끈을 붙잡기 위해 애쓰자. 사랑하는 사이에서 꼭 필요한 일이다.

함께 적을 물리치자는 마음으로

사랑하는 사람과 잘 싸워야 한다는 말이 있다. 나의 해석은 이렇다. 싸움의 목적에 도달하는 게 잘 싸우는 것이다. 상대방이 오해가 생겨 불만을 말하면서 싸움이 시작됐다면 싸움의 대상은 둘 사이를 멀어지게 한 '오해'다. 언제나 우리는 같은 편이다. 우리는 함께 오해를 물리치기 위해 싸워야 한다. 오해로 인한 상대방의 속상함을 보듬고 관계를 끈끈하게 이어가는 것이다. 상대방이 불만을 말한 이유도 우리가 잘 지내기 위해서다.

그런데 싸움의 대상과 목적을 착각하면 두 사람의 싸움이 된다. 한 사람이 불만을 말하면 다른 사람은 자신을 공격한다고 받아들인다. 이때 싸움의 대상은 상대방이고 싸움의 목적은 내가 이기는 것이다. "내가 언제 그랬는데?", "그게 아니라 내 말 좀 들어봐"라고 자신을 방어하면서 결백함을 주장하거나 "대체 왜 그렇게 사람을 오해해?"라고 상대방의 공격에 공격으로 맞선다. 서로 같은 편임을 잊지 말자. 마음이 아파서 말한 상대방을 공격해서 피를 흘리게 하지 말자.

싸움의 목적에 충실하면 마음이 다친 상대방이 보이고, 오해라는 적을 무찌를 방법을 함께 찾을 수 있다. 이렇게 말해보자.

"자기가 왜 그렇게 느꼈을까? 구체적으로 어떤 상황에서 그런 기분이 들었어?"

이때 "내가 그걸 하나부터 열까지 다 설명해줘야 아는 거야?"라면서 상대방을 책망하지 말자. 서로의 언어가 다르다는 것을 기억하자. 또한 "아, 그건 내가 이런 뜻으로 말한 거였어. 당신이 잘못 알아들은 거야"라고 하지 말자. 싸움이 다시 불거진다. 주어를 '상대방'이 아닌 '나'로 표현하자. 대신 이렇게 말해보자.

"아, 그건 내가 이런 뜻으로 말한 거였어. 내가 다음부터는 오해가 없도록 더 정확하게 설명할게."

상대방의 마음에 공감하고 사이를 좋게 유지하는 것이 바로 잘 싸우는 것이다.

자녀를 존중하는 말

자녀에게도 '야', '너', '-냐' 말투를 쓰지 말자. 부모가 "야! 똑바로 안 해?", "이게 지금 뭐냐?"라고 말할 때 아이는 어떤 감정을 느낄까? 아마 겁을 먹고 부모를 무서워할 것이다. 평소 다정하게 말하던 부모였는데 갑자기 말투가 사납게 바뀌고 표정이 무섭게 급변하면, 아이는 종잡을 수 없는 부모의 감정에 겁을 먹고 눈치를 볼 것이다. 과연 부모로서 자신의 아이가 그러기를 바라는가?

더욱이 자신보다 작고 어리고 약한 대상에게 무섭게 말하는 건 비열하다. 공격하면 쓰러지기 너무 쉬운 상대는 더 조심히 대해야 한다. 부모가 아이를 혼쭐낼 때 이런 속마음이 있을 것이다.

'너는 내 말을 따라야 해. 네가 감히 내 말을 안 들어?'

아이를 하나의 인격체로 보고 존중하기보다 자신의 말에 복종해야 하는 존재라고 여겨 화를 낸다. 자신이 아이였을 때를 떠올려 보자. 부모가 야단치고 겁줄 때가 좋았는가, 웃으면서 안아줄 때가 좋았는가?

부모이니 훈육을 위해 엄하게 할 때는 어쩔 수 없이 그렇게 해야 한다고 말할 수 있다. 하지만 훈육의 뜻을 화내고 혼내고 체벌하는 것으로 오인하면 큰일이다. 훈육은 품성이나 도덕 따위를 가르쳐 기른다는 뜻이다. 무섭게 소리 지르고 윽박지르는 것이 아니다. 그저 아이가 말을 듣지 않아 기분이 나빠서, 아이가 자기 뜻대로 되지 않아 마음에 안 들어서 화를 내는 거라면 자신이 감정 조절에 실패한 것이다.

《오은영의 화해》라는 책에 "훈육은 필요해요, 하지만 무서워지지 마세요"라는 제목의 글이 있다. 아이에게 화를 잘 내는 부모를 위한 지침이 담겨 있으니 참고하면 좋겠다.

"경미한 화를 자주 내는 부모는 자신이 잘못하고 있다는 것을 아는 경우가 많아요. 그래서 화를 내고 나서는 많이 후회합니다. 그때는 아이에게 자신이 후회하고 있다는 것을 빨리 알려야 해요. 마음의 평정심을 찾고 난 다음 빨리 사과해야 합니다. (중략) 부모 역시 어떤 상황에서는 자신의 감정을 잘 다루지 못하는 미숙함과 유치함이 있다는 것을 아이한테 솔직하게 말해야 해요."

아이가 부모를 무서워해서 거리감을 느끼지 않도록 부모는 아이를 부드럽게 대하고 소통하기 위해 노력해야 한다.

자녀 앞에서 절대 싸우지 말 것

부모가 자녀 앞에서 싸운다. 아기는 무서운 분위기를 그대로 피부로 느껴 펑펑 운다. 아이가 조금 더 자라면 가정의 평화를 위해 성인들의 싸움을 중재하려고 나선다. 부모의 대화가 싸늘한 분위기로 흘러가면 재롱을 부리고 말을 걸면서 일부러 끼어들기도 한다. 서글프게도 눈치를 채고 부모의 싸움을 말리려는 것이다.

세상에서 가장 안전한 곳이 집이어야 하지만 부모는 때로 아이 앞에서 감정 조절을 못 한다. 화가 나는 대로 언성을 높이고, 분해서 울고, 소리 지르고, 욕설을 뱉고, 심지어는 눈에 보이는 대로 물건을 던지고 부순다. 아이는 공포에 질려서 두려움에 떨고 세상을 불안한 곳으로 여긴다.

부모가 싸운 뒤 자녀에게 "내가 너 때문에 산다"고 하소연하는 경우가 있다. 자신이 해결할 수 없는 나약함과 무력함, 미숙함을 아이의 책임으로 돌리는 말이다. 이런 말을 들은 아이는 사랑하는 부모를 보호하고 지켜주려고 한다. 부모가 아이를 지켜야지 왜 아이가 부모를 지키는가? 자녀는 언제나 부모보다 어리다. 자녀가 성인이어도 부모는 영원히 부모다. 부모의 싸움을 목격하며 자란 아이는 어떤 정체성과 자아상을 품게 될까?

제발 아이 앞에서 싸우지 말고 참아라. 화가 나면 집 밖으로 나가라. 방에서도 아이는 다 듣고 있다. 아이가 방 안에서 혼자 울면서 하늘에 기도하는 모습을 상상하면 너무나 애처롭다. 부모는 아이의 세상이어서 부모가 싸우면 아이의 세상은 붕괴될 수밖에 없다. 집에서 싸우면서 아이에게 엄마, 아빠 중에 누구 말이 맞는지 판가름하라고 말하는 것도 하지 말자. 아이에게 못할 짓이다. 성인답게 부모답게 행동하자.

🔑 Key Point 집에서 싸울 때 명심할 것들

❶ **한편** 우리는 같은 편이고 함께 적을 무찌른다고 생각한다.

❷ **말투** 상대방을 하대하는 말투를 쓰지 않는다.

❸ **금지** 욕설, 폭력, 모욕적인 언행은 절대 하지 않는다.

❹ **결심** 자녀 앞에서 싸우지 않는다.

🏃 Action 갈등을 키우고 싶지 않다면

❶ **한편** 싸움의 목적과 대상을 확실히 정하고 대화하자.

❷ **절제** 화가 나는 순간 나의 감정을 조절하자.

❸ **존중** '야', '너', '-냐' 말투와 욕설은 평소에도 쓰지 말자.

❹ **부모** 아이 앞에서 싸웠다면 아이를 위로하고 진심으로 사과하자.

둘 사이에 끼어 갈등을 중재할 때

꽃무늬가 화려한 셔츠를 나란히 입은 60대 부부를 만났다. 내가 잘 어울린다고 하니 여성이 멋쩍어하면서 입을 열었다.

> **여성** 그래요? 내가 남편한테 괜찮냐고 해도 남편은 별말이 없어요. 어떤 집은 남편이 이거 입어라, 저게 어울린다, 예쁘다 잘 알려주는데 말이에요. 어떻게 생각해요?
>
> **나** 두 분이 평소 어떻게 대화하시는데요?
>
> **여성** 내가 "이거 괜찮아요?"라고 물어보면 남편은 "뭐, 다 똑같지"라고 해요. 이게 무슨 의미지요?

당신이라면 어떻게 말할 것인가? 내가 "다 예쁘다는 뜻인 것 같은데요?"라고 말하자 여성은 "그래요?"라며 얼굴이 밝아졌다.

"이상하면 이상하다고 하셨겠죠. 이상한데 같이 다니기는 좀 그러니까요. 그런데 아무 말도 안 하고 다 똑같다는 것은 다 예쁘고 어울리니까 그렇게 말씀하신 게 아닐까요? 표현 방식은 사람마다 다르잖아요."

옆에 있던 여성의 남편은 배시시 웃고 있었다. 나는 "보세요. 제 말이 맞으니까 부인하지 않고 웃으시잖아요"라고 덧붙였다. 여성은 기뻐했고 우리는 크게 웃었다.

사이를 좋게 하는 의견을 내자

나는 이 여성의 기분을 좋게 하려고 말한 게 아니다. 부모님이 외출할 때 가끔 아버지는 어머니가 낡은 옷을 입을 때 뭐라고 한다. 좋은 옷은 옷장에 두고 항상 다 떨어진 옷을 입는다고 푸념한다. 어머니는 그래도 격식 있는 자리에 갈 때는 아버지의 말대로 옷을 갈아입고 괜찮냐고 묻는다. 또 얼룩이 묻어 있으면 서로 알려주고 다른 옷을 입으라고 권한다. 이상하면 말하고 나머지는 상관하지 않는다. 뭘 입어도 괜찮은 것이다.

사소한 대화가 큰 싸움으로 번질 때가 있다. 만약 어떤 사람이 "뭘 입어도 별로니까 대충 걸치고 나오라는 뜻 아니에요?"라고 했다면 여성은 수치스러웠을 것이다. 말한 사람은 웃자고 한 소리겠지만, 여성은 반평생을 같이 산 남편을 미워할지도 모른다. 이렇게 옆에 있던 누군가가 잘못 말하면 자칫 오해가 생기고 순식간에 분위기가 싸늘해진다. 해석은 각자 다를 수 있지만 싸움의 발단을 제공할 필요는 없다.

가끔 주변인들이 부부나 연인 사이의 갈등 문제를 자기 대신 판단해달라고 말할 때가 있다. 잘 모르겠으니 당신이 한번 상황을 듣고 의견을 달라고 한다. 이때 사이를 좋게 하는 의견을 내자. 겉으로 보기에는 가볍게 웃으면서 고민을 말하지만, 오랫동안 혼자 고민한 것을 아무렇지 않은 척 묻는 경우가 많다. 양쪽 입장에서 신중히 고민하고 대답하자. 진실은 당사자가 아니면 알 수 없고, 대체로 추측이다. 이 추측으로 둘 사이를 찢어놓고 싶은 게 아니라면 굳이 나쁜 방향으로 말할 이유는 없다.

한마디만 더 보태야겠다. 무뚝뚝한 사람들이여, 제발 표현 좀 하자. 예쁘면 예쁘다고, 사랑스러우면 사랑스럽다고 말하자. 나중에 이렇게 말하지 않은 걸 후회하지 말고. 물어보는 사람도 괜히 겸연쩍어서 "나 괜찮아?"라고 하지 말고 "나 예쁘지?"라고 하자. 애매하게 질문하니까 애매하게 대답하는 것이다. 상대방의 무뚝뚝함을 닮아가지 말고 긍정적인 변화를 향해 나아가자.

상대방이 쑥스러워서 말을 못 하면 "예쁘면 고개를 끄덕여봐"라는 식으로 시켜도 좋다. 상대방이 고개를 끄덕이면 듣고 싶은 말이니 기분이 좋을 것이다. 표현도 연습이 필요하다.

심판자가 되지 않는다

여행에서, 모임에서, 이웃 혹은 가족끼리 싸울 때 누군가는 싸움을 말리면서 심판자 노릇을 한다.

"그건 네가 잘못했네. 그런 말을 하면 안 되지. 미안하다고 말해. 너도 이제 사과 받고 끝내고. 화 그만 내고 용서해줘."

잘잘못을 가리는 판결을 하는 것이 중재는 아니다. 잘못의 크기를 판단하고 화해를 이끄는 것도 중재라 할 수 없다. 이건 단지 현재의 소란을 잠재우기 위해서 싸움을 무마하는 것이다. 잠깐 덮어봤자 또 터질 싸움이다.

충족되지 않은 욕구가 있으면 분노로 표출된다. 마음에 쌓인 욕구를 밖으로 꺼내도록 중재자가 도울 수 있다. "그 말은 심했어. 네가 잘못했네"라고 심판할 게 아니라 "어떤 말이 하고 싶었어? 진짜 하고 싶은 이야기는 어떤 거야? 나한테 말해. 하고 싶은 말 있잖아. 내가 들어줄게"라고 말하는 것이다. 당신도 억울한 적 있지 않은가? 분노하는 사람에게 단 한 사람이라도 다가가 진심으로 이야기를 들어주고 공감하는 자세를 보이면 분노는 사그라진다.

화가 난 사람은 자신의 잘못을 지적받으면 더욱 들끓는다. 자신을 이상한 사람으로 취급하고 혐오의 시선으로 볼 때 폭발한다. 화가 난 건 다 이유가 있는데 아무도 자기 마음을 알아주지 않아서 분하다고 절규한다. 이런 사람에게 "화 그만 내"라고 말하는 건 그냥 화내는 모습을 보기 싫은 사람이 내뱉는 냉담한 말이다. "시끄러워"

와 다를 바 없다. 화가 난 사람의 내면에 있는 슬픔과 아픔을 바라보자. 나는 이것이 진정한 중재라고 생각한다.

이야기를 들어줄 때는 차분한 어조로

차분하게 감정을 가라앉히고 양쪽의 이야기를 공평하게 들어주자. 만약 한쪽의 이야기를 듣고 있는데 다른 한쪽이 그 말은 진실이 아니라면서 말을 자르면, 손바닥을 들어서 막고 따뜻한 눈빛으로 "우리 조금만 더 같이 들어보자"라고 말하자. "먼저 듣고, 그다음에 네가 이야기하는 거야! 알았어?"라고 호통치지 말자. 우리는 살면서 싸움에 낀 중재자가 심판자 감투를 쓰는 모습을 수없이 봤다. 그래서 습관적으로 자신을 방어한다.

중재자는 심판자가 아니라는 점을 적극적으로 보여주자. 따뜻한 눈빛으로 두 사람을 모두 바라보고 고개를 끄덕이자. 낮은 목소리로 차분하고 침착하게 대화를 이끌면 된다. 화내는 사람들을 말리려고 더 큰 목소리로 "그만! 제발 그만!"하고 고함을 치는 것은 좋지 않다. 평온하게 말하자.

"우리 앉아서 차분하게 이야기해요."

화가 나 있는 사람의 손을 잡은 채 들을 수도 있고 어깨를 토닥여줄 수도 있다. 계속 안심시키자. 당신의 이야기를 끝까지 듣겠다는 뜻으로.

세상에는 이렇게 중재를 잘하는 사람이 흔하지 않다. 나도 아직 만나지 못했다. 이와 달리 심판하고, 뜯어말리고, 말리다가 자기가 싸우고, 한쪽 편을 들어 같이 공격하고, 싸움을 더 크게 만드는 사람은 무수히 만났다. 그러니 중재자가 공감의 화법을 쓸 때 당사자는 어색하고 불안해서 날을 세울 수 있다. 낯설기 때문이다.

중재자로서 진심으로 들어주기 위해 더욱 힘쓰자. 더구나 부모라면 자녀들이 싸울 때 한쪽 편을 들지 말자. 나중에 자녀가 외롭고 원망하는 마음을 가질 수 있다. 심판자가 되는 대신 중재자로서 자녀의 마음을 충분히 공감해주자.

중재자가 찾을 수 있는 현명한 대안

우리는 공감하고 경청하는 사람이 있으면 원하는 것을 말하게 된다. 언젠가 부모님이 서로 옷이 많다면서 안 입는 옷 좀 버리라고 티격태격했다. 나는 말다툼에 종지부를 찍기 위해 두 분이 뭘 원하는지를 들어보았다. 두 분 모두 옷을 쉽고 빠르게 꺼내 입기를 원했다. 나는 각자의 옷장을 분리하자고 제안했다. 옷을 다 꺼내서 안방 옷장에는 어머니 옷을, 서재방 옷장에는 아버지 옷을 넣었다. 그러자 부모님은 흡족해했고 다시는 옷장 문제로 서로 헐뜯지 않았다.

이렇듯 중재를 통해 불화의 원인을 찾아 현명하게 해결할 수 있다. 두 분이 다툴 때 아버지는 "엄마는 뭐든 버리지 않으니 집에 공간이 없다"고 했고, 어머니는 "아빠가 꾸미는 걸 좋아해서 옷이 너무 많아. 아빠가 정리를 잘하지도 못하고"라고 했다. 마찰은 성격적인 요인에 원인이 있다고들 생각하지만 환경적인 요인 때문에 갈등이 생길 때가 많다. 각자의 옷장이 생긴 뒤 부모님은 아이들처럼 기뻐하며 "진작 이렇게 할걸" 하고 말했다. 이처럼 중재자는 당사자들이 보지 못한 것을 보고 현명한 대안으로 문제를 해결할 수 있다.

절대 안 되는 것은 절대 안 된다

만약 자녀들이 치고받고 싸우거나 큰아이가 작은아이를 때린다면 부모는 "또 말썽이네. 둘이 떨어져!", "또 뭣 때문에 그러는 거야? 말해봐"라고 할 게 아니라 "폭력은 절대 해서는 안 되는 거야"라고 단호하게 말해야 한다. 어른은 아이들이 폭력적으로 싸울 때 몸집이 작으니까 큰일로 생각하지 않는다. 하지만 아이가 아이에게 맞으면 성인이 성인에게 맞는 것처럼 아프다. 아이들은 신체적 특징에 대한 이해가 없어서 아무 곳이나 때리고 다치게 해 폭력이 생각보다 치명적일 수 있다.

《오은영의 화해》에 이런 구절이 있다.

"부모는 자식에게 옳고 그름에 대한 확신을 줘야 해요. 아닌 걸 아니라고 말해줘야 합니다."

절대 안 되는 것은 절대 안 된다. 어리든 노쇠하든 힘이 약한 자들의 폭력도 그냥 두어선 안 된다. 이때는 중재할 것이 아니라 강하게 피력해야 한다. 계속 폭력적으로 나온다면 공격한 사람으로부터 공격을 당한 사람을 분리해 보호한다. 만약 가족이 폭력성을 보인다면 눈감지 말자. 눈을 크게 뜨고 마음을 단단히 먹은 다음 조치한다. 정신건강의학과의 도움을 얻어 상담과 약물치료를 장기간 지속하는 방법도 있으니 혼자 감당할 수 없다면 외부 도움을 받자. 그것이 진정 가족을 위한 길이다.

🔑 Key Point 갈등을 잘 중재하는 방법

❶ **해석** 사이를 좋게 하는 의견을 낸다.

❷ **심판** 잘잘못을 따지지 않는다.

❸ **공평** 공평하게 양쪽의 이야기를 경청한다.

❹ **단호** 절대 안 되는 행동은 절대 안 된다.

🏃 Action 집에서 중재자 역할 맡기

❶ **우리** 우리는 모두 같은 편임을 기억하고 이야기를 듣자.

❷ **욕구** 무엇을 원하는데 충족되지 않은 건지 그 욕구를 찾자.

❸ **해결** 집에서 툭하면 일어나는 싸움의 원인을 찾아 해결하자.

❹ **단호** 절대 하면 안 되는 행동에는 단호하게 안 된다고 말하자.

이야기하다 보면 할 말이 없거나 깊이 있게 대화하지 못할 때가 있다. "왜 로맨틱 코미디를 좋아하세요?"라고 물으면 "그냥 재미있으니까요"라고 말한다. 단답형으로 말하거나 딱히 이유를 대지 못하는 것은 자신에 대해 잘 모르기 때문이다.

7장

대화의 힘은
나를 돌보는 일에서 나온다

일기 쓰기는 나와 대화하는 시간

내 보물은 일기장이다. 글을 쓰기 시작한 예닐곱 살부터 31년째 일기를 쓰고 있다. 매년 한 권씩 쓴 일기장이 쌓여 이제 서른 권이 넘는다. 내가 가진 모든 것 중 최고로 귀한 것이 단연 일기장이다. 나의 숨구멍이자 내 역사의 기록. 일기를 쓰면서 나를 만난다. 나는 일기를 통해 성장해 지금의 내가 있다고 굳게 믿는다. 앞으로도 살아 있는 한 일기를 쓸 것이다. 목숨만큼 일기가 쌓인다니 멋진 일이다.

사람은 하루에 뱉어야 하는 단어의 수가 있다는데, 나는 혼잣말을 일기에다 한 듯하다. 일기는 안전했다. 무슨 말을 해도 받아줬다. 그래서일까? 어릴 때부터 일기장을 펼치면 안심이 되고 편안했다. 무슨 말이든 해도 괜찮다는 안도감. 일기를 쓰지 않았다면 나는 어땠을까?

단답형으로 말하는 이유는 나를 잘 몰라서

나의 책《말 잘한다는 소리를 들으면 소원이 없겠다》는 제목처럼 말 잘하는 방법을 담았다. 출간 인터뷰에서 "말 잘한다는 의미는 무엇일까요?"라는 질문을 받았을 때 나는 이렇게 답했다.

"나에 대해 잘 아는 것이 말을 잘하는 것이라고 깨달았어요."

나에 대해 잘 알아야 할 말이 생긴다. 일기를 쓰면 나에 대해 잘 알 수 있다. 논리는 외부에서 찾는 게 아니라 내 안에서 찾는 것이기 때문이다. 세상이 옳다는 삶을 살 게 아니라 내가 옳다고 믿는 가치관으로 살 때 진짜 내 인생을 살 수 있다. 목적지가 있으면 우리는 앞으로 나아갈 수 있다. 왜 그런 선택을 하고, 왜 그 일을 해야 하고, 왜 그것을 하고 싶고, 왜 그것이 내게 중요한지를 알 때 비로소 내가 가야 할 길이 분명해지고 내가 누구인지 말할 수 있다. 반대로 나를 알지 못하면 세상이 하는 말에 휩쓸리게 된다. 내 안의 목소리에 귀를 기울이기보다 세상의 목소리에 귀를 기울인다. 세상이 변하면 나도 덩달아 변화에 흡수된다. 시선은 밖을 향하고 그사이 나의 색은 옅어진다.

일기를 적는 시간은 나를 탐구하는 시간이다. 머릿속에 둥둥 떠다니는 잡념 하나를 잡아서 들여다본다.

'홍수야, 너는 무엇을 원하니? 어떤 감정을 느끼고 있니? 그 감정을 어떤 순간에 느꼈니? 자꾸 그것을 생각하는 이유는 좋아하기 때문이구나? 무엇을 알고 싶어? 왜 알고 싶어? 어떻게 하고 싶어?'

나와 대화하는 시간, 나를 궁금해하는 시간, 이 세상에서 가장 소중한 나를 내가 보살피고 사랑하는 시간이다. 나에 대해서 궁금해하기 시작하면 타인에 대한 궁금증도 자연스럽게 생긴다. 타인과의 대화로 나를 더 잘 알 수 있기 때문이다.

이야기하다 보면 할 말이 없고 어떤 주제에 관해 깊이 있게 대화하지 못할 때가 있다. 가령 "취미가 뭐예요?", "영화 보는 거요.", "어떤 영화를 좋아하세요?", "로맨틱 코미디 좋아해요" 정도는 대화할 수 있다. 그런데 한 걸음 더 들어가서 "왜 로맨틱 코미디를 좋아하세요?"라고 물으면 "그냥 재미있으니까요"라고 말한다. 단답형으로 말하거나 딱히 이유를 대지 못하는 것은 자신에 대해 잘 모르기 때문이다.

'나는 왜 로맨틱 코미디를 좋아할까?'를 주제로 일기를 쓰면 답을 찾을 수 있다. 오늘부터라도 내가 좋아하고 싫어하는 것을 주제로 일기를 써보자. 일기를 쓰면서 나를 알아갈수록 이야깃거리가 많아지고, 타인과 어떤 주제로든 깊이 있게 대화할 수 있다.

오늘 느낀 감정에 집중!

일기를 쓰는 방법은 오늘 내가 느낀 감정에 집중하는 것이다. 지금 어떤 감정이 드는지, 왜 그 감정을 느끼는지, 그 감정을 어떻게 바라보는지, 그 감정을 느낄 때 어떤 기분이 드는지, 그게 얼마나 좋고 자주 느끼고 싶은지 주목하는 것이다. 감정에 주목하면 나를 설명할 수 있는 언어가 늘어나고 내가 누구인지 알 수 있다.

감정 일기를 쓸 때 행동과 이에 따른 감정에 주목하자. 일어난 사실과 내가 느끼는 감정을 분리해서 쓰는 것이다.

"월요일 아침 6시 30분에 달리기를 시작해 40분간 한강변을 천천히 뛰었다(행동/사실). 상쾌했다(감정). 주말에 집에서 드라마를 보고 낮잠을 자느라 활동량이 적었다(행동/사실). 그런데 달리고 나니 찌뿌둥한 느낌이 한순간에 사라져 몸이 가벼워진 기분이다(감정)."

만약 감정을 표현하는 것이 서툴다면 서술어로 '-한 기분이다', '-한 마음이 들었다', '-를 느꼈다', '-한 감정이 들었다'를 써본다.

감정을 나타내는 어휘도 수집하자. 마음, 감정, 기분, 느낌을 전달하는 어휘가 풍부할수록 나를 표현하는 데 보탬이 된다. 가령 '기분 좋다'는 '즐겁다', '신난다', '기쁘다', '감사하다', '시원하다', '벅차다', '통쾌하다', '자랑스럽다', '뿌듯하다', '보람차다', '행복하다', '설레다', '기대되다', '만족스럽다', '유쾌하다', '흐뭇하다', '반갑다' 등으로 더욱 정확하게 표현할 수 있다.

'울었다'는 것은 사실이다. 울어서 슬픔을 느꼈는지, 개운함을 느꼈는지, 마음이 가벼워진 기분이었는지, 치유된 듯한 기분이었는지, 옆 사람과 함께 울어서 끈끈해진 기분이었는지, 응어리를 풀어내 속 시원한 기분이었는지 등이 감정이다. 행동과 감정을 번갈아가며 일기를 써보자.

단어를 고를 때 "-한 것 같다"는 말은 지양하자. "좋은 것 같다",

"마음에 드는 것 같다"는 말은 어색하다. '같다'는 추측이나 불확실할 때 쓴다. "하늘을 보니 왠지 비가 올 것 같다", "이맘때면 그가 돌아올 때가 된 것 같다"처럼 예측하기 힘든 상황에 써야 적절하다. 나의 기분과 감정은 내가 느끼는 거라서 나만 안다. 그러니 일기를 쓸 때 모호한 표현을 삼가고 정확한 표현을 쓰자.

내 감정을 바라보는 태도

마치 일기장이 대나무숲이라도 되는 것처럼 미운 사람을 욕하고 원망하는 글을 쓰면 나중에 보기 힘들다. 내가 적어봐서 안다. 그래서 나는 언젠가부터 일기에다 행복한 기억을 남기고 있다. 먼 훗날 읽고 미소 지을 수 있도록 말이다. 일기는 공개적인 글이 아니다. 나를 위해 쓰는 것이고, 미래의 내가 보는 것이다.

우울하고 슬픈 감정이 부정적인 것은 아니다. 감정은 좋고 나쁨이 없다. 감정으로 인한 행동이 좋고 나쁜 것이다. 평소 우울과 슬픔을 자주 느끼는 사람이거나, 그런 감정이 찾아올 때마다 자신이 원망스러워 속상한 사람이라면 이제는 그 순간마다 자기 마음속으로 침잠하자. 자신이 원하는 것이 무엇인지 생각하고, 때로는 그 감정을 즐기기를 권한다. 고독하고 외로운 감정은 사람을 차분히 사색하게 할 때가 있다. 내가 좋아하는 감정이다.

잘 웃는 사람 중에는 슬픔과 고통, 우울과 상처, 번민과 좌절, 아품을 겪은 이들이 있다. 그들은 그런 감정의 깊이를 이해해서 행복할 때 환하게 웃을 수 있다. 인생은 행복과 불행의 연속이다. 왜 나에게 불행이 왔을까 하고 땅을 치며 하늘을 원망해도 세상은 바뀌지 않는다. 그렇다면 행복이 가버릴까 봐 불안해하지 말고, 왜 행복을 앗아가냐고 원통해하지 말고 행복이 왔을 때 온전히 즐기는 게 어떨까? 나 역시 그렇게 마음을 먹었더니 행복을 만끽한 경험이 있다.

내가 느끼는 모든 감정을 사랑하자. "우울해하지 마. 슬퍼하지 마. 외로워하지 마"라는 말로 슬픔과 우울은 부정적인 감정으로 치부되지만, 나는 반대한다. 부정적인 감정이 있다고 여기면, 그 감정이 왜 나에게 찾아왔는지는 외면하고 스스로를 이상한 사람이라고 간주할 수 있다. 자신의 감정 하나하나를 돌보자. 익숙한 감정이 있을 것이고, 갖고 싶은 감정, 자주 느끼고 싶은 감정이 있을 것이다. 그 감정들을 어떻게 다룰지 선택하자.

밀리면 몰아서 써도 된다

일기를 밀려도 괜찮다. 일기는 '하루의 기록'이지 매일 해야 하는 일이 아니다. 나는 매일 쓰지 않고 보통 일요일에 일주일 치 일기를 몰아서 쓴다. 그것도 못 하면 열흘 일기를 한 번에 몰아서 쓰기도 한다. 그 이상일 때도 있다.

그러다 보니 스마트폰에 자주 기록을 남긴다. 달력 앱에 일정을 기록하고 가계부 앱에 지출과 입금 내역을 저장한다. 나중에 일기 쓸 때 보면 그날의 동선이 떠오른다. 감정이 순간적으로 변할 때는 그 장소를 사진으로 찍어둔다. 기분이 더 좋을 때는 동영상을 찍고 소리를 담거나 음성으로 남긴다. 또 거의 매일 메모 앱에 감정과 생각을 적는다.

이렇게 해도 떠오르지 않는 날이 있다. 스마트폰을 볼 새도 없이 일한 날이나 피곤해서 쓰러진 날이 그렇다. 기억이 안 나면 그날은 건너뛰고 기억을 쥐어짜서 억지로 쓰지 않는다. 대신 그날 쓰고 싶은 생각을 비어 있는 일기 칸에 쓴다. 그래서 내 일기장에는 빈칸이 없다. 이것이 계속 일기를 쓰게 하는 원동력이다. 모든 칸이 채워져 있으니까 앞으로도 채우고 싶어진다.

추가로 조언하자면, 나는 책 정도 크기와 두께의 일기장을 선호한다. 페이지 수가 꽤 많은데 1년 치를 한 권에 다 쓰고 싶어서다. 한 권에 1년 치 중요한 것들을 기록하자. 쓰고 싶은 것, 기록하고 싶은 것을 일기장에 다 쓴다. 나는 일부러 글씨도 깨알같이 쓴다. 오직 한 권에 쓰기 위해서 말이다. 내가 쓰는 일기장은 한 달 일정을 기록하는 달력이 두 쪽에 걸쳐 나란히 있고, 뒷장을 넘기면 일주일 치 일기를 쓸 수 있는 빈칸이 두 쪽에 걸쳐 나란히 나온다. 일기는 한쪽에 3-4개 요일을 쓸 수 있다. 하루 치 분량이 한 페이지의 4분의 1 정도다. 이 정도가 알맞다. 한 페이지 혹은 반 페이지 정도로 하루 일기를 쓰는 일기장도 있는데 글 쓸 분량이 많아서 부담일 수 있다. 일기가 밀리면 공백도 많아지니 몰아 쓰는 것도 힘들어 일기 쓰는 것 자체를 아예 포기할지 모른다.

그렇다고 너무 적은 양으로 일기를 쓰면 표현력이 늘지 않을 수 있다. 나에 대해 고민하고 생각하는 시간을 통과한 글은 소중하다. 각별한 내용을 쓸 만한 공간이 확보된 일기장이 딱이다. 무엇보다 중요한 점은 일기장에 빈칸을 두지 않는 것이다. 연말에 빼곡하게 쓴 일기장을 보면 대단한 성취감이 들 것이다.

🔍 Key Point 나를 위한 일기 쓰기

❶ **감정** 오늘 내가 느낀 감정 하나에 주목한다.

❷ **전환** 일기는 몰아서 써도 괜찮다.

❸ **기록** 몰아서 쓸 것에 대비해 스마트폰에 순간순간을 기록한다.

❹ **표현** 내가 좋아하고 싫어하는 것을 쓰며 나를 알아간다.

🏃 Action 당장 실천하는 일기 쓰기

❶ **구매** 일기장을 사자.

❷ **추천** 일기장은 책 정도 크기와 두께로 고르자.

❸ **적당** 한 페이지에 3-4개 요일 정도로 분량을 잡자.

❹ **소지** 일기장을 매일 가지고 다니자.

올해 나의 10대 뉴스

새해가 오면 어떤 마음이 드는가? 나이를 한 살 더 먹어서 아쉬운가? 보통의 날처럼 새로운 한 해를 맞이하는가? 미뤄왔던 계획을 하나둘 실행에 옮길 생각에 기대되는가? 다시 시작하는 마음으로 연초를 알차게 보내는가?

해마다 보도되는 '올해 10대 뉴스'

나는 새해를 떠올리면 가슴이 두근거린다. 무척 설레서! 14년째 매년 1월이면 어김없이 하는 연례행사가 있다. 바로 '올해 정흥수 10대 뉴스'를 선정하는 것이다. 올해 나의 10대 뉴스는 한 해 동안 내게 일어난 주요 이슈를 돌아보고, 그중에서 가장 인상적이고 감격스러운 사건 10개를 꼽는 것이다.

처음 10대 뉴스에 주목한 건 2009년이었다. 그해 12월, 나는 신입 아나운서 최종 면접을 앞두고 있었다. 직전 면접에서 당혹스러운 일이 있었다.

"오늘 어떤 기사가 보도됐나요? 세 가지 이슈를 말해볼래요?"

하필 그날 신문을 못 읽었다. 식은땀이 나려는 찰나 엘리베이터에서 본 자막 뉴스가 떠올랐다. 당시 나는 오후 비 예보, 국회의원 법안 발의 진척 상황, 이번 주 개봉 영화 소식을 언급했다. 무사히 통과했지만 이번에도 유사한 질문이 나올 수 있다는 생각에 시사 상식을 철저하게 공부했다.

연말이라 연일 뉴스와 신문 기사에는 각종 언론사가 선정한 10대 뉴스가 보도됐다. 'KBS가 선정한 2009년 우리나라 10대 뉴스', '대한민국 2009년 경제 10대 뉴스'. 언론사별로 정체성과 시각이 달라서 조금씩 차이 나는 10대 뉴스가 선별됐다. 기사를 재미있게 읽다가 문득 궁금했다.

'2009년 정홍수 10대 뉴스는 무엇일까? 지난해 나의 10대 뉴스는? 나는 내 삶을 세대로 돌아본 적이 있었나?'

새해를 벅차게 맞이하는 비결

내 삶을 돌아보는 건 나만 할 수 있다. 아무도 나의 한 해를 쫙 펼쳐

놓고 세세하게 살펴본 뒤 이건 잘했다고 칭찬하고, 저건 다음에는 이렇게 하면 되겠다고 격려하지 않는다. 하지만 세상은 정확히 그것을 해마다 반복한다. 언론계를 포함해 영화계, 방송계는 연말 시상식을 열어 한 해 동안 사랑받은 작품과 인물에게 상을 수여하고 노력을 치하한다. 이는 지난해의 성과와 업적을 돌아보고 기념하는 동시에 앞으로 나아가는 힘을 실어준다.

나는 굉장한 자극을 받았다. 나도 해야지, 마음먹었다.

"나의 올해 10대 마지막 뉴스는 아나운서 합격이야."

말은 현실이 됐다. 이날 이후 매년 '올해 정홍수 10대 뉴스'를 선정하고 있다. 1년간 내가 걸어온 발자취에 대해 무한한 지지와 아낌없는 찬사를 보내는 행사다. 한마디로 자축 잔치다. 올해 나의 10대 뉴스 덕분에 나는 14년째 막강한 성취감으로 새해를 연다.

당신의 올해 10대 뉴스는 무엇인가

당신의 10대 뉴스를 뽑아보자. 이 방법을 따라 하자. 1년간 진행하는 장기 프로젝트다.

첫째, 올 한 해를 기록한다. 1월 1일부터 12월 31일까지 하루도 빠짐없이 남긴다. 앞서 강조한 일기 쓰기 방법대로 꾸준히 한 권에다 쓴다.

둘째, 하루를 결산한다. 오늘 하루 느낀 감정과 한 일 중 특별한 것을 표시한다. 나는 검정 펜으로 일기의 본문을 쓰고, 제목으로는 그날의 소감을 빨간 펜으로 짧게 쓴다. 10자를 넘지 않는다. 이 제목을 뽑도록 영향을 준 일정에 빨간 펜으로 밑줄을 친다. 특별히 성대하게 기념하고 싶은 행동과 하늘로 올라갈 만큼 기쁜 날에는 날짜칸 전체에 굵은 선으로 네모를 치거나 빨간 펜으로 별표 2-3개를 그린다. 감정의 크기에 따라 별의 개수가 늘어난다. 하루 결산을 제때 해두면 365개 중 10개 주요 뉴스를 뽑을 때 편하다. 이것을 1년 동안 착실히 한다. 그러면 새해가 온다.

셋째, 10대 뉴스를 선정하는 날을 정한다. 나는 1월 첫째 주 안에 한다. 1월 7일은 내 생일이기 때문에 나는 1월 2일이나 늦어도 생일 전날까지는 작업을 마친다. 넉넉히 여섯 시간은 걸린다.

넷째, 드디어 올해 10대 뉴스를 꼽는 날이다. 한 해 주요 이슈를 적는다. 새해 일기장을 펼친다. 나는 거의 뒤쪽에 쓴다. 제목 '올해 ○○○(이름) 10대 뉴스'를 쓴다. 지난해 주요 이슈를 월별로 차례로 쓴다. 작년 일기장을 훑어보면서 하루 결산을 보고 주요 이슈를 뽑아 옮겨 적는다. 나는 대략 달마다 4-7개, 12개월간 총 48-84개가 나온다. 이건 해가 갈수록 늘고 있다. 일기장 두 쪽을 꽉 채우는 분량이다. 이 과정이 대단히 뿌듯하다. 성실하게 살아온 나를 만나는 환희의 순간이다. 그날의 감정이 떠올라 고생한 나를 안아주고 감사한 사람을 위해 기도한다. 스스로 위안과 격려를 충분히 하자.

다섯째, 올해 10대 뉴스를 선정한다. 주요 이슈 수십 개 중에서 심사숙고한 뒤 빨간 펜으로 10개의 최대 사건을 고르자. 나의 10대 뉴스는 도전해서 이룬 것, 새롭게 시도한 것, 오랜 꿈이 실현된 것이 주로 선정됐다. 올해 10대 뉴스를 선정하고 나면 새해에 무엇을 이뤄야 하는지, 내가 어디에 집중하고 싶은지가 보인다. 다음에 우리가 만나면, 10대 뉴스 이후의 변화를 말해주길 바란다. 아마 무척 반가울 것 같다.

〈정흥수의 10대 뉴스〉

나의 지난 10대 뉴스를 참고해서 새해에 당신의 10대 뉴스를 뽑아보기를 바란다. 오랜만에 지난 일기장을 보니 감회가 남다르다. 당시 나는 무엇을 중요하게 여겼고 어떤 꿈을 꾸었을까? 나만 아는 서사가 10대 뉴스에 담겼다.

2011년 10대 뉴스

❶ 첫 직장 퇴사 　　　　　　　❷ 신문방송대학원 입학

❸ 필리핀 세부 여행 　　　　　❹ 최초 교통사고

❺ 엄마와 교회 봉사 　　　　　❻ 친구들 만나기

❼ 프리랜서 전향 　　　　　　❽ 가족 생일잔치

❾ 친구 생일과 돌잔치 　　　　❿ 사랑과 우정

2017년 10대 뉴스

❶ 헬스 PT 시작 　　　　　　　❷ 인생학교 수업

❸ KBS 〈노래가 좋아〉 출연 　❹ 바리스타 2급 자격 취득

❺ 가족과 미국 사이판 여행   ❻ 아나운서 지망생 코칭

❼ 비 오는 서울 남산 산책   ❽ 친구와 일본 교토 여행

❾ 아빠와 파주 심학산 등산   ❿ 광운대학교 스피치 강의

2022년 10대 뉴스

❶ 제주도에서 첫 책 집필 시작

❷ 첫 책《말 잘한다는 소리를 들으면 소원이 없겠다》출간

❸ 제주도 스쿠버다이빙 체험

❹ 삼성전자 스피치 교육

❺ KBS 라디오 고정 패널

❻ 복싱 시작

❼ 두 번째 책《대화의 정석》계약

❽ 흥버튼 수강생들과 송년의 밤

❾ 하와이에서 두 번째 책 집필 시작

❿ 2022년의 마지막 해를 담다

🔍 Key Point 올해 나의 10대 뉴스를 선정하면 좋은 점

❶ **장점** 지난 한 해를 돌아보는 계기를 마련한다.

❷ **효과** 새해를 성취감으로 시작할 수 있다.

❸ **이점** 나만 아는 나의 강점을 발견할 수 있다.

❹ **이득** 새해에 새로운 도전과 시도로 꽉 채울 수 있다.

🏃 Action 1년간 장기 프로젝트 진행하기

❶ **기록** 하루 일기를 기록하자.

❷ **결산** 하루의 특별한 순간을 표시하자.

❸ **새해** 연초에 올해 10대 뉴스를 선정하자.

❹ **격려** 나를 충분히 칭찬하고 격려하자.

독서로 확장되는 나의 세상

책은 우리를 위로하고 무엇이든 알려주는 척척박사다. 갈 길을 몰라 방황할 때는 나침반이 되어주고 스스로 무엇을 원하는지 알게 해준다. 나는 하고 싶은 말을 책에서 찾았다. 말이 되어 나오지 못한 생각들을 책을 보면서 사무치게 공감했다.

'그래, 내가 하고 싶은 말이 이거였어. 작가도 나와 같은 생각을 하다니, 신기하다.'

밑줄을 긋고 고개를 끄덕이며 책 속으로 빠져들었다.

내가 책을 자주 소개해서 어렸을 때부터 책을 좋아했을 것 같지만, 공교롭게도 나는 스무 살 무렵에 처음 책을 읽었다. 대학교 여름방학 때 들은 교양 수업의 과제가 독후감이었다. 밀란 쿤데라의 《참을 수 없는 존재의 가벼움》. 책을 읽으면서 '나만 힘든 게 아니구나', '삶은 원래 그렇구나'라고 낯선 사람에게서 비슷한 점을 발견했고 커다란 위안이 됐다. 이 책을 계기로 나는 책과 사랑에 빠졌다.

"무엇이 그렇게 참을 수 없을 정도로 가벼울까? 내 삶은 이렇게나 무거운데. 반감으로 책을 읽기 시작했다."

책을 재미있게 읽고 일기 쓰듯 건조하게 독후감을 써서 냈는데 교수님이 나를 호명해 독후감을 읽으라고 시켰다. 얼떨떨한 나는 앞에 나가 독후감을 읽었다.

"박수! 독후감은 이렇게 쓰는 겁니다."

발표하고 들은 최초의 칭찬이었다. 그 칭찬은 이렇게 들렸다.

"책은 이렇게 읽는 겁니다."

그 후 따분할 거라는 고정관념을 깨고 고전문학을 사랑하게 됐다.

책 읽기의 즐거운 효과

나에게 도움을 주는 책은 소설이다. 처음 사랑에 빠진 책도, 지금 가장 사랑하는 책도 소설이다. 소설을 읽을 때는 평생 소설만 읽고 싶다고 생각할 정도로 행복해진다. 《호밀밭의 파수꾼》, 《브람스를 좋아하세요》, 《오만과 편견》, 《데미안》, 《크눌프》, 《위대한 개츠비》, 《그리스인 조르바》를 애호한다. 다정한 시선으로 사람과 생명을 바라보는 소설, 진중하고 꾸준하게 자신의 삶을 살아내는 주인공이 나오는 소설, 자신의 삶에 열중하는 인물이 등장하는 소설을 흠모한다. 당신은 어떤 책을 좋아하는가?

독서는 가르침을 주고 삶의 방향성을 드러낸다. 막막한 세상에서 갈 길을 모를 때 책은 우리에게 답을 준다. 내게는 《그리스인 조르바》에서 강인한 인물로 그려지는 조르바가 그랬다. 책에 이런 장면이 나온다. 산에서 텐트를 치고 자려고 하는데 바람이 들어오려고 텐트를 마구 흔든다. 그러자 조르바가 바람을 향해 호통을 친다.

"어디 들어올 테면 들어와 보시지. 내가 문을 열어주나 봐라."

바람과 싸우는 조르바가 어찌나 멋지던지. 지금 이 순간에 집중하는 삶. 나는 자유를 추구하고 조르바처럼 살려고 노력한다.

책에서 보고 반한 것들이 어느새 나의 일부가 된다. 무언가를 좋아하면 닮게 마련이니까. 우리는 그렇게 책에서 얻은 깨달음으로 세상을 바라보고 재해석하고 경험한다. 책 덕분에 굳건히 선다.

독서의 또 다른 효과는 삶의 확장이다. 시간은 한정적이지만 책을 통해 간접 경험을 할 수 있다. 준비와 연습 기간을 압축할 수도 있다. 만약 당신이 처음 사업을 하려는데 주변에 사업가가 드물다면 창업, 자기계발 등과 관련한 책을 보면 된다. 수많은 책에서 중대한 정보를 자세히 얻을 수 있다. 나 역시 비즈니스 창업 관련 책에서 세상에 필요한 것을 주는 사람이 되라고, 소비자가 아닌 생산자가 되라는 내용을 보고 이렇게 콘텐츠를 생산하는 사람으로 거듭났다. 그리고 대중이 필요로 하는 말하기 분야를 선택해서 사업으로 넓혔다. 이처럼 내가 원하는 것을 책으로부터 얻어 내 것으로 체화할 수 있다.

힘들 때 주변 사람에게 기대지 못할 때는 서점에 가볼 것을 추천한다. 요즘에는 동네마다 특색 있는 서점이 있어서 나도 즐겨 찾는다. 내비게이션에 '책방', '북카페', '서점'을 검색하면 쉽게 찾을 수 있다. 동네 서점의 장점은 책의 큐레이션이 잘 되어 있고, 책마다 섬세한 추천 문구가 있어서 모르는 분야의 훌륭한 책을 접할 수 있다는 것이다. 또한 '마음이 울적할 때 읽을 만한 책', '엉엉 울 수 있는 애달픈 사랑 이야기', '호쾌하게 웃으면서 가볍게 읽을 수 있는 책'을 추천해달라고 하면 책방 주인이 성심껏 골라준다.

자기 내면이 궁금하다면 정신건강, 심리 관련 서적을 읽어볼 것을 추천한다. 이때는 대형서점에 가서 관련 서적을 여러 권 볼 것을 권한다. 읽다 보면 자기에게 맞는 책을 발견할 수 있다. 나는 김혜남 작가의 《서른 살이 심리학에게 묻다》, 안경희 작가의 《나는 당신이 살았으면 좋겠습니다》, 윤홍균 작가의 《자존감 수업》에서 커다란 도움을 받았다. 우울증과 우울감이 다르고, 자존감과 자신감이 다르다는 사실을 아는 것만으로 기분이 나아졌다. 책을 읽으면 자신의 감정 상태를 똑바로 인지할 기회를 만날 것이다. 책에서 받는 도움은 놀라울 정도로 유익하고 성장의 든든한 기반이 된다.

책과 친해지는 방법

책 정리가 우선이다. 안 읽는 책을 중고서점에 팔자. 읽지 않은 책이 쌓여 있으면 스스로를 책을 읽지 않는 사람으로 여긴다. 책을 사봤자 읽지 않으니 손이 안 가고, 책을 둘 공간도 부족하다. 자신의 책

취향을 분석하자. 사람들이 워낙 좋다고 해서 샀는데 안 읽히는 책이 있다. 그중에는 두꺼운 책도 있다. 심하게 두꺼워서 족히 석 달은 걸릴 것 같아 시작 자체를 못 한다. 언젠가는 읽고 말겠다는 생각으로 팔지는 않는다. 이런 책들을 정리하자.

누구나 책을 다 읽었을 때의 성취감을 좋아한다. 무엇이든 해냈다는 성취감은 우리를 자라게 한다. 두꺼운 책이 부담스럽다면 얇은 책을 먼저 읽자. 시와 짧은 에세이를 권한다.

책과 친해지고 싶은 사람은 아마 이런 상상을 할 것이다. 스마트폰을 보지 않고 자연스럽게 책에 손이 가면 좋겠고, 책을 읽는 게 재미있으면 좋겠고, 유튜브보다 책을 많이 봐서 지식을 빨리 흡수하고 싶다. 그런데 습관처럼 책을 펼치는 일은 마음처럼 되지 않는다. 세상에는 책보다 재미있는 게 아주 많다!

책은 시간 날 때 습관처럼 자연스럽게 읽는 걸까? 그렇지 않다. 시간을 확보해서 읽어야 한다. 예를 들어 일요일마다 4시간씩 책을 읽어보자. 특정일에 휴가를 온 것처럼 정해둔 시간에 책만 읽는 것이다. 나는 4시간 동안 온전히 집중했더니 독서와 필사를 병행해도 100쪽은 충분히 읽을 수 있었다. 그렇게 한 달이면 한 권을 읽는다. 시간을 확보해서 독서하면 몰입감을 누릴 수 있다.

이때 메시지나 알림을 차단하는 등 스마트폰을 방해 금지 모드로 해놓자. 책은 아무거나 읽어도 된다. 단, 넷플릭스, 유튜브, TV는 일절 보지 않고 뉴스 기사도 궁금해하지 않는다. 여러 권 읽지 않아도 괜찮다. 단 한 권의 책을 깊이 읽는 게 중요하다.

필사로 얻는 것들

몇 해 전 만난 수강생은 자신의 취미가 필사라고 했다. 주말에 5시간 씩 카페에서 필사하는데 무려 5년째 한다고 했다. 필사가 좋다는 건 알고 있었다. 언론고시를 준비하는 기자들은 기사를 베껴 쓰며 공부한다. 하지만 팔이 아프다. 나는 그 수강생에게 어떻게 오랫동안 필사를 할 수 있는지 물었다. 수강생은 대답했다.

"제가 어느 날 정말 멋진 말을 하는 거예요. 집에 가서 '이게 뭐지?'라고 생각했는데, 제가 필사한 문장이었어요. 무의식중에 멋진 말을 할 수 있는 게 필사의 힘이란 걸 느꼈지요."

그때부터 나도 필사를 시작했다. 먼저 관련 책을 샀다.《필사, 쓰는 대로 인생이 된다》의 김시현 저자는 작가가 되고 싶어서 좋아하는 작가의 글을 필사했고 정말 작가가 됐다. 그렇게 필사로 인생이 바뀐 이야기가 책에 실렸다. 나는 필사한 지 5년째다. 보통 일요일 낮에 북카페에서 책을 읽으면서 필사한다. 책을 읽다가 심금을 울리는 문장이 나오면 일기장 뒤쪽에 옮겨 적는다. 일기장 없이 책만 들고 나가는 경우에는 밑줄을 치고 사진을 찍고는 집에 와서 일기장에 필사한다.

필사할 때 기분은 색다르다. 머리에 새기는 기분이 든다. 눈으로 읽은 문장이 가슴에 닿았다면, 손으로 쓴 문장은 머리에 안착한다. 필사하면 책을 심층적으로 읽을 수 있다. 단순히 내용을 이해하고 깨달음을 얻는 수준을 넘어선다. 무의식중에 입 밖으로 나올 말을 수집하는 것이다. 나를 위해 책을 읽는 데 집중하자. 몰두하는 감각 역시 상쾌하다. 일기장 뒤에 쌓인 명문장과 단어가 나의 것이라니, 얼마나 뿌듯한가.

🔍 Key Point 책으로 나를 만나는 방법

❶ **영향** 닮고 싶은 책 속 인물에게서 빼어난 가르침을 얻는다.

❷ **서점** 서점을 방문해서 필요한 지식을 탐색한다.

❸ **필사** 필사를 통해 명문장과 단어를 수집한다.

❹ **깊이** 한 권을 깊이 있게 읽는다.

🏃 Action 시간 확보로 독서 실천하기

❶ **확보** 날을 정하자.

❷ **집중** 스마트폰을 방해 금지 모드로 해놓자.

❸ **차단** 외부와의 연결을 차단하자.

❹ **숙독** 책에 온전히 파묻히자.

매일 몸과 대화하는 습관

한 번이라도 크게 아파보면 몸을 대하는 태도가 달라진다. 불과 몇 달 전, 나는 3년 6개월 동안 앓던 갑상선 기능 항진증으로부터 해방 됐다. 갑상선 기능 항진증은 면역 기능을 담당하는 갑상선에 이상이 생겨서 면역 체계가 고장 나는 병이다. 저녁 9시만 되면 졸음이 쏟아 져 기절하다시피 잠들었고, 밤이면 등 근육통에 시달렸다. 오후에도 눈이 부어 있었고, 가만히 있어도 열량이 소모돼 몸에서 열이 나 덥 고 피곤했다. 피곤하니까 짜증이 늘고 예민해지기 일쑤였다.

의사는 내게 일하지 말고 쉬라고 했다. 절망감이 들었다. 사업을 벌인 지 겨우 1년, 한창 자리를 잡아야 할 시기에 일하지 말라니. 왜 나에게 이런 일이 생기나 하고 하늘을 원망했다. 그러다가 나 자신 에게 물었다. 왜 나에게 이런 일이 일어나면 안 되는가? 왜 병이 나 만 비껴가야 한다고 생각하는가? 나는 조금씩 병을 받아들였다. 병은 누구에게나 생길 수 있고, 몸을 많이 쓰면 기능이 쇠퇴하는 건 자연스러운 현상이다. 지금 이 병이 나아도 나중에 또 다른 데가 고장날 수 있다. 그때마다 좌절하면 어떻게 삶을 이어가겠는가. 받아들여야 했다. 그리고 이전보다 몸이 하는 말에 더 귀를 기울였다.

잃어봐야 깨닫는 건강의 소중함

당신은 운동을 얼마나 자주 하는가? 나는 사업한답시고 바쁘다는 핑계로 1년간 운동을 일절 하지 않았다. 하루에 10시간씩 주 6일 동안 수업하고 음식은 대충 때웠다. 사업이 망하면 어쩌나 하는 괜한 걱정으로 스트레스를 키웠다. 갑상선 기능 항진증 증상 중에는 불안감과 초조감도 있다. 나는 장기 치료에 돌입했다. 약물치료를 하고 두 달마다 병원에 가서 혈액 검사를 했다. 마침 그 시기에 코로나가 창궐해 대면 강의를 할 수 없었다. 하늘의 뜻일까? 오랜만에 산에 올라갔다. 나는 등산을 참 좋아한다. 그런데 그날은 조금만 올라가도 숨이 가쁘고 심장이 묵직했다. 의시가 운동도 하지 말고 집에서 쉬라고 한 이유를 알 듯했다. 좋아하는 운동을 마음대로 하지 못하는 기분이란.

하지만 산을 오르니 반가운 감각들이 살아났다. 얼마 만에 느끼는 자연인가. 흙을 밟는 촉감, 나무 그늘의 안락함, 새가 지저귀는 생명의 소리, 세차게 흐르는 계곡물 소리. 산을 오르면 오를수록 마음이 평안해졌다. 살아 있는 것 자체만으로 감사했다. 나는 그동안 산을 홀대했지만, 산은 나를 환대했다.

"다시 올 줄 알았어. 늘 여기서 너를 기다리고 있었어."

눈물이 날 만큼 산에게 고마웠다. 마치 병풍 보듯 산을 외면한 채 쫓기듯이 살았는데 산은 언제나 그곳에 있었다.

건강은 잃어봐야 소중함을 알게 된다. 내가 깨달은 것은 건강을 지키기 위해 운동을 열심히 해야 한다는 것, 그리고 그 어떤 것을 위해 절대 건강을 양보해선 안 된다는 것이다.

몸에 맞는 운동을 찾기

약물치료와 등산을 열심히 했더니 2년 만에 수치가 정상화됐다. 이 때부터는 약을 중단하고 수치가 안정적으로 유지되는지 석 달마다 혈액 검사를 하며 지켜봤다. 결과를 들으러 갈 때마다 불안했다. 갑상선 기능 항진증은 약을 중단하면 50퍼센트 확률로 재발한다. 나는 조금만 피곤해져도 재발한 건 아닐까 염려했다. 그렇게 1년 6개월이 흘러 마지막 혈액 검사 날이 왔다.

"수치가 아주 안정적이에요. 치료를 종료합니다."

의사가 활짝 웃으며 내게 고생했다고 말해주었다. 나는 그동안의 고통을 극복한 나에게 선물을 했다. 하와이행 티켓을 끊었다. 그리고 하와이에서 매일 이 책의 초고를 쓰고 달렸다. 되찾은 건강을 다시는 잃고 싶지 않았다.

　나는 등산을 좋아하지만, 하와이에서 한두 번 산에 갔을 때 무서웠다. 나무는 아파트 10층 높이만큼 거대했고 마치 공룡이 살 것만 같았다. 달리는 게 가장 안전하게 느껴졌다. 아침부터 오후까지 집에서 글을 쓰고 오후 5시 해가 질 무렵에 달리러 나갔다. 드넓은 태평양과 하늘을 빈틈없이 붉은색으로 물들이는 노을을 볼 때마다 가슴이 뜨거워졌다.

　달리기를 시작한 뒤로 입맛이 하루아침에 변했다. 달리기와 입맛이 무슨 연관성이 있는지는 모르겠다. 논리적으로 설명할 수 없지만 달린 뒤에는 몸이 차가운 것을 원했다. 갑자기 샐러드가 기가 막히게 맛있었고 과일이 달콤해 계속 먹었다. 차가운 것을 꺼려서 30년이 넘도록 채소와 과일을 잘 먹지 않았는데 말이다.

　무엇보다 몸이 달리기와 맞는다. 갑상선 기능 항진증으로 지독하게 빠지지 않던 붓기가 달리니까 빠진다. 등산 후에는 젖산이 쌓여 부어서 몸무게가 오히려 2킬로그램이 늘었다. 요가와 필라테스를 해도 사라지지 않던 붓기였다. 그러니 나는 달릴 수밖에 없다. 달리면 몸이 건강한 음식을 원하니, 영양소가 풍부하고 자연에서 온 신선한 음식을 먹는다. 이렇게 몸이 하는 이야기를 들었더니 이로운 변화가 나타난다. 계속 건강해지고 있다. 물론 과로하면 피곤해서 건강을 염려하지만.

　그래서 더욱 열심히 운동한다. 어쩌면 병을 앓은 뒤로 제대로 몸을 돌보게 됐다. 지금부터 하루에 한 번이라도 내 몸과 대화하는 시간을 가져보면 어떨까? 근육의 움직임을 느끼면서 몸이 언제 어떻게 반응하고 어디가 약하고 불편한지 알아채는 것이다. 이를 통해 몸에 맞는 건강한 운동법과 습관을 만들어가자. 꾸준히 지속할 수 있도록 무리하지 않고 안전하게 말이다. 누가 시키지 않아도 스스로 행동해서 건강한 일상을 만드는 일은 즐겁다. 그러다 보면 문득 예감 하나가 찾아올 것이다. 평생 건강할 거라는 예감 말이다.

실력은 체력에서 나온다

운동 습관을 기를 때 롤모델을 정해서 따라 해보는 것도 한 방법이다. 내가 달리기를 시작하게 된 것은 결정적으로 무라카미 하루키 덕분이다. 《달리기를 말할 때 내가 하고 싶은 이야기》에서 하루키는 소설가로서 달리기를 말한다. 그는 전업 작가가 되기로 하고 삶 전체를 바꿨다. 새벽 늦게까지 재즈 바를 운영하느라 늦게 자고 늦게 일어나던 하루키는 가게를 넘긴 뒤, 장편 소설을 쓰는 일에 체력이 중요하다고 여겨 운동을 시작했다. 집도 도시에서 시골로 이사해 헬스장이라고 할 곳도 없어서 동네를 뛰었다. 한 번 뛸 때 10킬로미터, 일주일에 엿새를 달리는 그는 매년 42.195킬로미터 풀코스 마라톤에 나가고 철인 3종 경기에도 출전한다.

하루키는 이 모든 것을 수십 년째 하고 있다. 오직 소설을 쓰기 위해서다. 글을 쓰기로 한 이상 그는 글을 쓰는 데 전념한다. 하루키를 보면 꾸준함과 성실함이 대단한 성과를 만든다는 진리를 새삼 절감할 수 있다.《직업으로서의 소설가》,《먼 북소리》같은 책을 읽으면 그가 어떤 마음으로 글을 쓰고 하루를 보내는지 알게 된다. 그래서 나는 열심히 그를 따라 하는 중이다.

평생 하고 싶은 일이 있는가? 그 일을 하는 당신에게 가장 중요한 것은 무엇인가? 그게 무엇이든 장기적으로 실천하기 위해서는 체력이 필요하다. 일의 체력을 기르기 위해 무엇부터 해야 할지 고민하자. 노력을 쏟은 만큼 변화는 반드시 온다고 확신하자. 건강을 지키는 일이 곧 나를 지키는 일이다.

날씬하고 멋진 몸을 꿈꾸기 전에

보기에 날씬하고 멋진 몸보다 우선적으로 원해야 할 것이 있다. 달리는 동안 가볍고 힘 있게 땅을 박차고 나갈 엉덩이 근육, 나이가 들어도 계단을 오르고 내릴 수 있는 튼튼한 허벅지, 침대에서 일어날 때 거뜬히 상체를 일으킬 수 있는 복근, 무거운 것을 대신 들어줄 수 있는 팔 근육, 곧은 자세를 유지할 수 있는 배 근육⋯⋯. 모두 우리 몸이 원하는 것이다. 유행하는 운동이 무엇이든, 사람들이 어울려서 어떤 운동을 하든 중요한 것은 오직 내 몸이 무엇을 원하는가다. 이것만이 우리가 주목할 부분이다. 내 몸의 이야기는 나만 들을 수 있으니까.

요즘엔 평일 아침 6시 30분에 크로스핏을 한다. 크로스핏은 여러 가지 근육 운동을 단시간에 하는 고강도 운동이다. 7년째 크로스핏을 하는 지인이 이 운동을 추천했다.

"크로스핏을 하면 알아서 가슴 운동, 복근 운동을 할 수 있어요. 무료 체험 하러 한번 오세요."

그곳에 간 첫날 60대 여성을 만났다. 그 여성은 6년째 다니고 있다며 재미있으니까 또 오라고 해맑게 말했다. 나는 그날 바로 등록했다. 운동을 위해 늦어도 6시 10분에는 일어난다. 오랫동안 염원했던 새벽 기상이 크로스핏 덕분에 이루어졌다. 내가 평일에 매일 나갈 수 있는 결정적인 이유는 이른 아침에 운동을 끝냈다는 성취감과 안도감 덕분이다. 운동을 못 한 날에는 자괴감이 들곤 했는데, 새벽 크로스핏을 한 뒤로 못 느끼고 있다. 새벽에 크로스핏을 나가니 달리기는 저녁에 하게 됐다. 최근 들어 등산도 재개했다.

이쯤에서 내가 대체 언제 사람을 만나는지 궁금할 수도 있겠다. 일과 운동이 사람들과 함께하는 거라서 따로 놀고 싶은 마음이 들지 않는다. 나는 거의 약속을 잡지 않는다. 운동할 시간을 제외하면 일을 한다. 일이란 하면 할수록 계속 불어나는 법이고, 나는 일하는 게 무척 재미있다. 특히 강의할 때는 수강생들과 노는 것 같은 기분이 드는데 어릴 적에 친구들과 놀던 것보다 더 신난다. 그렇다고 진짜 노는 건 아니고 수업 내내 빡빡하게 이론과 실습이 이어진다. 그런데 이게 진짜 재미있는 것은 엄청난 몰입과 발전의 연속 끝에 굉장한 쾌감이 따르기 때문이다. 스트레스는 희박할 정도다. 놀고 싶은 마음보다 이 일을 평생 하고 싶다는 마음이 강하다. 그래서 지금 나는 건강 관리를 최우선으로 삼는다.

🔍 Key Point **매일 내 몸과 대화해야 하는 이유**

❶ **건강** 평생 함께할 내 몸을 돌볼 수 있다.

❷ **운동** 몸에 맞는 운동을 찾을 수 있다.

❸ **근육** 멋진 몸보다 지금 필요한 근육에 관심을 두게 된다.

❹ **체력** 좋아하는 일을 평생 하려면 체력이 필수다.

🏃 Action **건강을 최우선으로 삼고 싶다면**

❶ **운동** 내 몸에 맞는 운동을 찾자.

❷ **음식** 신선한 음식을 제때 먹자.

❸ **일정** 운동 시간을 스케줄에 포함하자.

❹ **습관** 건강을 위해 멀리할 것들을 기록하자.

삶의 지향점, 가치관의 힘

"만약 일주일 뒤에 죽는다면 지금 하는 일을 할 건가요?"

손미나 작가가 질문을 던졌다. '가슴 뛰는 직업을 찾는 법'이라는 수업에서였다. 불현듯 깨달았다. 당시 나는 쇼호스트로 일하면서 죽음을 까맣게 잊은 채 살고 있었다. 쇼호스트는 3년만 버티면 30년을 할 수 있다는 말이 있다. 입사 초기 3년간 홈쇼핑에서 판매하는 상품을 거의 다 팔아봐서 이후에는 어떤 상품을 맡아도 수월하게 팔 수 있다는 뜻이다. 그래서 나도 버티는 중이었다. 앞으로의 30년을 위해. 그런데 그건 내가 30년간 살아 있는 게 보장돼야 가능한 소리였다. 죽음은 언제든 나를 덮칠 수 있다. 나는 쇼호스트를 하면서 죽고 싶지 않았다. 언제 죽어도 후회 없이 생을 마감하고 싶었다. 그렇다면 죽음이 임박해도 마지막 순간까지 즐길 수 있는 일을 찾아야 하지 않을까?

삶이 소중한 이유는 언젠가 끝나기 때문

죽음의 존재를 처음 느낀 건 고등학교 1학년 때였다. 친구가 자기 친구의 어머니 장례식에 같이 가달라고 했다. 친구의 친구는 나와 같은 학교를 다닌 적은 없지만 중학생 때부터 아는 사이였다. 열일곱 살에 엄마를 잃은 심정은 어떨까? 그 애가 옅은 미소로 우리를 맞이하자 친구는 눈물을 터뜨렸다.

"어머니가 오래 아프셔서 준비하고 있었어."

상을 당한 친구가 조문객을 위로했다. 나는 아무 말도 할 수 없었고 어깨를 두드려줄 용기조차 나지 않았다. 죽음에 관해 아무것도 모르는 내가, 죽음에 관해 갑자기 많은 것을 알아버린 친구 앞에서 울 수도 없었다.

할아버지의 관에 불이 타오르던 날이 떠오른다. 아버지가 우는 모습을 그날 처음 봤다. 들썩이는 아버지의 등을 보면서 나는 왠지 아버지보다 크게 울어선 안 될 것 같아 숨죽여 울었다. 아버지를 잃은 아버지를 위해 할 수 있는 일은 없었다.

죽음은 끝없이 실체를 드러낸다. 황망한 죽음, 계획된 죽음, 갑작스러운 죽음, 예고된 죽음. 죽음은 갖가지 형태로 나타나 산 자들에게 저마다의 상실을 남긴다. 남겨진 자들이 떠안은 거대한 절망과 비통을 보면서 죽음 앞에서 비참할 정도로 나약한 인간의 한계를 통감한다.

프란츠 카프카의 《아버지께 드리는 편지》에서 이런 문장을 만났다. 그리고 이 문장은 나의 가치관으로 가슴에 박혔다.

"삶이 소중한 이유는 언젠가 끝나기 때문이다."

사람들은 대개 내일이 또다시 올 거라고, 자기 삶이 계속 이어 질 거라고 생각하며 살아간다. 하지만 이런 생각이야말로 착각이 아 닌가. 죽음은 언제든 닥칠 수 있다. 사는 것 자체가 죽음으로 향하는 여정이다.

죽음을 인식하면 단 하루도 지루할 수 없고 하루가 귀중해진다. 이 유한한 삶을 더 가치 있게 살고 싶은 욕구가 강렬해진다. 그리고 그 순간 우리에게는 삶의 가치관이 절실히 요구된다.

"오늘 당신과 있다가 죽어도 괜찮아요"

한번은 일대일 수업에 간호사로 일하는 수강생이 왔다. 그는 10년간 대학병원에서 근무하다가 공공기관으로 이직했다. 넉넉한 육아휴직 과 보장된 정년, 규칙적인 출퇴근이라는 조건이 마음에 들어 직장을 옮겼다. 그런데 대학병원에서는 응급환자를 돌보고, 환자가 쾌유해 퇴원하면 보람을 느꼈는데, 지금은 그런 보람을 못 느껴 무료하다고 했다. 동료들은 안정적인 직장에 들어갔다고 부러워하는데 정작 자 신은 행복하지 않았다. 그는 나에게 어떻게 하면 좋을지 물었다. 내 가 직장을 그만두고 사업을 하기까지 어떤 마음으로 결단을 내렸는 지 궁금해했다.

"만약 일주일 뒤에 죽는다고 해도 거기서 일할 거예요?"

나는 손미나 작가의 질문을 그대로 전한 뒤 이렇게 말을 이었다.

"저는 진짜 좋아하는 일을 하다가 죽고 싶었어요. 지금 하는 일을 찾는 데 1년 반이 걸렸지요. 오늘 죽어도 여한이 없어요. 오늘 당신과 있다가 죽어도 괜찮아요. 당신이 제 인생에서 마지막으로 만난 사람이 되어도 만족해요. 후회 없어요. 당신을 만나기로 제가 선택했으니까요. 스스로에게 물어보세요. 그러면 답을 찾을 수 있을 거예요."

그는 눈물을 떨궜다. 그리고 며칠 뒤 대학병원으로 돌아갔다며 안부를 전해왔다.

우리는 마치 영원히 살 것처럼 산다. 셀 수 없는 죽음이 주변에서 벌어져도 자신과는 먼일이라 경시한다. 그러나 죽음이 가까이 있다고 실감하는 순간 삶은 놀랍도록 명료해진다.

"오늘 당신과 있다가 죽어도 괜찮아요"는 내가 수강생들에게 자주 하는 말이다. 나는 언제 죽어도 괜찮고 죽음이 두렵지 않다. 지금처럼 글을 쓰고 있다가 건물이 무너져 죽어도 괜찮다. 이 원고가 출간되지 못하면 아쉽겠지만 그래도 괜찮다. 이미 한 권의 책이 나왔으니까. 그렇다고 이 책을 첫 책보다 정성을 덜 들인 건 결코 아니다. 그 반대다. 첫 책이 자기계발 분야에서 꾸준히 100위권 안에 자리하면서 두 번째 책은 커다란 중압감을 안긴다. 두려움에서 벗어나는 방법은 최선을 다해 글을 쓰는 것뿐. 나는 죽음을 각오하고 이 글을 쓴다. '뭘 그렇게까지'라고 생각할 수 있지만 진실이다. 하와이로

가는 날 아침, 유언장을 쓰고 집을 나섰다. 세상에 남기는 마지막 글이 될 수도 있으니 나의 숨을 쏟아부어 이 글을 썼다. 그러니 끝까지 읽고, 부디 이 책을 평생 간직해주길 바란다.

당신의 가치관은 무엇인가

이제 당신에게 묻고 싶다. 당신의 가치관은 무엇인가? 당신의 삶을 지탱하는 힘은 어디에서 나오는가? 삶이 어떤 방향으로 흘러가길 바라는가? 가치관은 삶의 지향점이다. 가치관이 있는 삶과 없는 삶은 완전히 다르다. 가치관이 없는 삶은 외부의 시선과 소리에 이리저리 휘둘리게 된다. 지금 어디로 가고 있는지도 모르고 헤맨다. 반면 가치관이 있는 삶은 갈 길이 정해져 있다. 목적지가 분명해서 가는 길에 어떤 장애물이 도사려도 헤쳐 나갈 수 있다. 쓰러져도 다시 일어나 환한 미래로 진격할 수 있다.

무슨 수를 써서라도 가치관을 갖기를 간곡히 청한다. 어떤 것에도 흔들리지 않는 가치관, 자신만의 확고한 신념, 삶의 목적을 향해 스스로 인생을 주도하는 힘 말이다. 진짜 내 인생을 살라는 소리다. 책에서 본 명언이나 누군가의 멋진 말을 무턱대고 가져다 쓰지 말자. 내 삶을 뚫고 나온 것, 나의 중심을 적확히 겨냥해 뒤바꾼 것, '아, 그렇구나!' 하고 크게 깨닫고 놀라서 한동안 입을 다물지 못한 문장과 단어가 가치관이 될 자격이 있다.

단어로 나의 가치관을 말하자면 '죽음'과 '자유'다. 그리고 이건 내 삶을 관통해서 나온 단어다. 돌아보면 내 인생은 속박의 연속이었다. 보수적인 집안에서 커 짧은 반바지나 민소매 옷을 입지 못했고, 친구들과 놀다가 해지기 전에 집에 들어왔다. 부모님은 정년이 보장된 안정적인 회사에 오래 다니길 원했다. 내가 더는 남의 회사에 다니지 않고 내 회사를 차리기로 했을 때 부모님의 속은 숯처럼 탔을 것이다. 나는 응원과 지지를 받는 삶을 살지 않았다. 부모님에게 걱정스럽고 불안한 딸이었다.

하지만 내가 나를 탐구할수록 알게 됐다. 부모님은 나와는 별개로 불안이 걱정으로 표출되는 분들이다. 반면에 나는 불안이 클수록 돌진하는 사람이다. 어릴 적부터 대범하고 호기심이 왕성하고 세상을 탐험하고 싶은 열망이 강했다. 내가 있는 곳 너머에 어떤 세상이 기다리고 있을까 궁금했다. 새로움에 열광하고, 뛰어다닐 때 살아 있음을 느끼고, 온몸으로 운동하고 춤추고, 세상과 사람을 겪는 것을 열렬히 좋아한다.

재미있게도 보수적인 부모님을 두려워하면서도 내 뜻을 굽힌 적이 없었다. 예전에 캐나다로 유학 갈 기회가 있었는데 부모님이 반대해서 못 갔다. 그게 한으로 남았다. 다음 해 모스크바 교환학생에 지원해 부모님께 통보했다.

"소련에 간다고?"

나는 내 뜻을 펼쳐 걱정 많은 부모님을 설득해 떠났다.

퇴사할 때마다 부모님은 반대했지만, 나는 직업을 여러 번 바꿔

가며 경험을 늘려갔다. 과감히 도전하고 처절하게 좌절하고 고독하게 분투하면서 그렇게 나는 무르익어갔다. 사업을 시작할 무렵에는 내가 나를 더욱 속속들이 알고 있었다. 그래서 용기 있게 결심을 단행했다.

'당장 내일 죽어도 내가 옳다고 여기는 일에 최선을 다하자.'

10년간의 직장생활에 종지부를 찍은 건 '자기 확신'이 있었기 때문이다. 그리고 마침내 내 일을 튼튼히 다지는 결실을 빚었다. 이제 부모님은 응원과 지지를 보낸다.

주변 사람들의 응원은 중요하지 않다. 그보다 더 중요한 것은 자기 확신이다. 나조차 나를 믿지 않았다면 오늘의 나는 존재하지 않았을 것이다. 나는 부모님을 사랑하지만 나를 더 사랑한다. 내가 존재해야 나의 세상이 존재한다. 끝없이 내 안으로 들어가 내가 원하는 것을 마주하고 나의 삶을 일궈 나가기 위해 노력한다. 혼돈의 삶에서 나의 근원, 나의 가치관을 부여잡은 결과 나는 존재한다. 내가 원하는 모습 그대로. 이것이 가치관의 위대한 힘이다.

스스로에 대해 얼마큼 알고 있는가? 자신에게 몰두할수록 '나'는 탁월해진다. 나를 사랑할수록 나는 더욱 특별한 존재로 부상한다. 그러니 먼저 스스로를 귀하게 여기자. 나를 사랑하면서 삶을 단단하게 할 가치관을 확립하자.

🔍 Key Point 삶의 지향점이 되는 가치관이란?

❶ **죽음** 마지막 순간까지 즐기고 싶은 일과 관련 있다.

❷ **차이** 가치관이 있는 삶과 없는 삶은 완전히 다르다.

❸ **방향** 엉뚱한 데서 헤매지 않도록 나를 잡아준다.

❹ **주도** 스스로 삶을 주도하는 힘이자 신념이다.

🏃 Action 나만의 가치관 세우기

❶ **죽음** 인간은 모두 유한한 존재임을 알자.

❷ **사랑** 나를 사랑의 시선으로 바라보자.

❸ **방향** 내 삶이 갈 길을 정하자.

❹ **문장** 내 삶을 지탱하는 힘을 한 문장으로 정리하자.

말하는 대로 이루어진다

구글 스타트업 캠퍼스에서 '성공적인 리더의 언어'를 주제로 1년 반 가까이 매달 200명을 대상으로 강연을 하고 있다. 어느 날 '성공하는 말하기'를 알리고 있는데, 누군가가 '실패'에 관해 물었다.

> 나 내가 원하는 것을 알려줄 사람이 있다면 직접 찾아가서 도움을 요청하세요. 저는 유튜브를 시작할 때도 업계 전문가를 만났고요. 창업할 때도 유수의 창업가를 만나 조언을 얻었어요. 일면식도 없는 분들이었지만 값진 경험을 나눠주셨어요. 열 번이면 열 번 다 성공했어요. 여러분에게도 이런 적극성이 필요해요. 미리 그 길을 걸어본 사람은 조언이 필요한 사람에게 아낌없이 이야기를 들려줍니다.

> 히물 그러면 선생님은 거절이나 실패에 대비해 어떤 걸 준비하셨나요?

> 나 실패요? 어떤 것을 말씀하시는 거죠?

히물 예를 들면 그분들이 선생님을 만나기 싫다거나, 만나서도 기밀이라 알려줄 수 없다고 거절할 수도 있잖아요. 그런 상황이면 난감할 텐데요. 미리 어떤 생각을 하고 가셨나요?

이런 질문을 받으면 당신은 뭐라고 대답할 것인가? 놀랍게도 나는 이날 처음 알았다. 그동안 내가 한 번도 실패를 생각해본 적이 없다는 사실을! 나는 말했다.

"와! 놀라워요. 저는 한 번도 그런 생각을 한 적이 없네요. 처음 알았어요. 거절이나 실패를 생각해본 적이 없어요. 그게 바로 성공의 비결이네요. 성공할 거라는 생각이요!"

끌어당김의 법칙

론다 번의 책 《시크릿》에 나오는 밥 프록터의 말이다.

"'비밀'이란 바로 끌어당김의 법칙을 말한다. 당신의 인생에 나타나는 모든 현상은 당신이 끌어당긴 것이다. 당신이 마음에 그린 그림과 생각이 그것들을 끌어당겼다는 뜻이다. 마음에 어떤 생각이 일어나든지, 바로 그것이 당신에게 끌려오게 된다."

올해 처음 이 책을 읽고 되게 반가웠다. 내 삶에 일어났던 것들이 고스란히 담겨 있었다. 《시크릿》의 핵심은 내가 가장 많이 생각하는 것을 내 인생에 끌어당긴다는 것이다. 즉 내가 내 인생을 만들어간다는 뜻이다. 우리가 원하는 것을 생각하고 온 힘을 다해 거기에 집중하면, 끌어당김의 법칙은 바로 그것을 확실하게 우리에게 되돌려 보낸다.

예를 들어 많은 사람이 부유해지기를 원하지만, 누구는 부자가 되고 누구는 빚쟁이가 되는 원인은 서로 다른 것을 끌어당겼기 때문이다. 부자가 된 사람은 '부자가 되고 싶어', '10조 원의 자산가가 될 거야', '전 세계에 내 회사를 둘 거야'라고 하면서 '부'를 끌어당긴 반면에 빚쟁이가 된 사람은 '빚이 없으면 좋겠어', '대출금만 다 갚으면 좋겠어', '빚만 없으면 바라는 건 없어'라면서 '빚'을 끌어당긴 것이다. 이 책에는 주차를 잘하는 사람도 나온다.

"사람들은 내가 주차 공간을 확보하는 모습을 보고 놀란다. 나는 '비밀'을 이해한 순간부터 이렇게 해왔다. 내가 원하는 바로 그곳에 주차할 자리가 있는 모습을 상상하면, 95퍼센트는 비어 있어서 곧바로 주차하면 된다. 나머지 5퍼센트는 1-2분만 기다리면 곧 자리가 생긴다."

나는 비밀을 모르던 시절부터 똑같이 이렇게 했다. 주차 전쟁이라고 할 수 있는 서울 홍대나 강남 한복판에서도 언제나 나는 주차에 성공한다. 가족과 친구들은 나를 주차의 달인이라고 부르며 신기해한다.

"홍수는 항상 주차 자리가 있네."

나는 당연히 내 자리가 있을 거라고 믿고 제일 가까운 위치까지 차를 몰고 간다. 그러면 반드시 주차한다. 최근에는 한 기업에서 건

물의 주차 자리가 부족할 수 있다며 양해를 구했다. 나는 안심하라고 했다. 역시나 가자마자 엘리베이터 바로 앞 최상의 자리에 딱 하나 남은 빈자리가 나를 기다리고 있었다.

나의 생각이 현실로

당신은 무슨 생각을 자주 하는가? 우리가 하는 모든 생각은 우리의 현실에 나타난다. 나는 이 사실을 수십만 명의 수강생에게 강력히 알려왔다. 생각하고 말하는 대로 이루어진다. 수강생들은 놀라운 변화를 직접 체험하고 말의 힘과 생각의 힘에 감탄한다. 계속해서 경이로운 변화를 만들어가고 있다. 이제는 당신의 차례다. 우리의 생각은 우리의 말에 엄청난 영향을 미친다. 우리가 생각하고 말하는 대로 끌어당기는 것을 믿으면 긍정적인 말, 비전 있는 말로 가득해진다. 지금까지 나의 책에서 배운 모든 것을 집약하는 게 바로 말하는 대로 이루어지는 것이다.

나는 직장을 그만두고 프리랜서가 된 무렵 새로 명함을 만들러 갔다. 프리랜서 아나운서라고 쓰기에는 딱히 마음에 들지 않았다. 소속도 없고 회사 주소도 없어 빈약해 보였다. 나는 내가 되고 싶은 것을 적었다. 한쪽에는 '아나운서, 작가, 스피치 강사'를, 다른 쪽에는 '홍버튼'을 쓰고 캐릭터를 그렸다. 그때가 10년 전이었다. 그사이 나는 명함에 적힌 대로 모든 것을 이루었다. KBS 라디오에 아나운서로 출연하고 있고, 작가로 허각 가수의 노래 작사를 시작으로 두 권의 책을 냈고, 스피치 분야에서 활약하고 있다. 또한 나는 '홍버튼' 회사 대표다.

말의 힘은 막대하다. 나는 말의 힘을 믿는다. 말하기 실력이 늘수록 내 인생은 달라졌다. 내가 바라고 원하고 간절히 생각할수록 현실로 이루어졌다. 요즘 나는 아침마다 이렇게 말한다.

"세상이 나를 반긴다. 세상이 나를 지켜준다."

그래서 나는 어디든지 자유롭게 간다. 어디를 가도 나를 반기고, 안전할 것이라는 믿음은 나를 전 세계로 뻗어 나가게 한다. 당신도 말의 힘을 믿는가? 얼마나 강력하게 믿는가?

나는 이 책을 쓰면서 줄곧 달렸다. 달리면서 웃음이 나왔다. 책이 완성되어갈수록 환한 미래가 선명하게 다가오는 게 보였기 때문이다. 이 책은 수많은 사람에게 뜨거운 사랑을 받을 것이다. 나는 예정된 미래에 대비해 영어 공부에 열을 올리고 체력을 관리하고 있다. 전 세계를 돌면서 강연하고, 나의 경험을 계속 나눠주는 웅대한 삶이 펼쳐질 것이다.

당신에게는 어떤 미래가 다가오고 있는가? 지금 머릿속에 떠오르는 바로 그것, 생각만으로도 당신의 기분을 행복하게 하는 그것을 끌어당기자. 이미 정해진 미래라고 강력하게 믿는 것이 중요하다. 그리고 말하자. 환한 미래가 내게 다가오고 있다고 말이다. 미래는 스스로 만드는 것이다.

🔍 Key Point 말하는 대로 이루어지는 법칙

❶ **생각** 생각하는 대로 끌어당긴다.

❷ **성공** 말하는 대로 이루어진다.

❸ **집중** 원하고 바라는 것에 집중한다.

❹ **긍정** 긍정적이고 비전 있는 것을 생각한다.

🏃 Action 원하는 것을 말하기

❶ **미래** 당신이 원하는 미래 모습을 적자.

❷ **믿음** 이미 가졌다고 생각하고 행동하자.

❸ **발화** 적은 것을 소리 내어 말하자.

❹ **강화** 이 과정을 주기적으로 반복해 강화한다.

마치며

우리가 더 행복해질 수 있다면

이 책이 당신과 함께 무르익어가기를 바란다. 나는 좋아하는 책을 주기적으로 읽는 습관이 있다. 세상에 책은 널렸지만 내 삶에 굵직한 변화를 준 책은 열 권 미만이다. 본문에 등장하는 책들이 나의 인생 책들이다. 나이가 들고 환경이 바뀔 때마다 관점도 달라진다. 한번 읽은 책을 다시 읽으면 새로운 글이 눈에 들어오는 이유다. 그게 좋아서 나는 좋아하는 책을 읽고 또 읽으며 보물처럼 간직한다. 당신의 인생 책 목록에 《대화의 정석》이 들어가기를 바란다. 당신의 인생 책으로서 지위를 얻어 끊임없이 당신의 삶에 등장하기를 원한다. 그렇게 당신이 계속해서 발전하고 행복하기를 기도한다.

이 책을 집필하면서 웃고 울었다. 대부분 집에서 고요히 썼기에 망정이지, 누가 봤으면 무서웠을 것이다. 내 삶에 빛나는 조각들이 이렇게 많았구나 싶어 놀랐다. 파편처럼 남겨진 장면들이 기억 저편에서 생동하고 있었다. 그때는 고마울 수 없었던 것마저 이제는 고마웠다. 책을 쓰지 않았다면 다시는 보지 않았을 추억도 있다. 내 안으로 깊숙이 들어가서 마주한 과거와의 조우였다. 그때의 아픔과 상처는 어느새 아물어 이 책의 소재로 쓰였다. 한때 나를 위로하는 책들을 읽으면서 언젠가 나도 누군가에게 위안을 주는 글을 쓰고 싶었다. 그 바람을 이룰 수 있어 감사하다.

무엇보다 책을 또 내다니 감격스럽다. 초고를 쓰는 고통은 지독하다. 한 글자도 못 쓸 때가 있다. 절망의 시간. 절망에 굴복하지 않기 위해 달리거나 한숨 자고 일어난다. 그러면 갑자기 손이 움직인다. 기억이 나를 대신해 이야기를 쏟아낸다. 고통이 기쁨으로 승화한다. 첫 책을 쓸 때 고통을 극복하지 못할까 봐 조마조마했다. 두 번째 책을 쓰면서 고통을 극복할 수 있다는 사실을 믿었다. 고통은 더 컸지만 아이러니하게도 조금은 즐겼다. 사실 이 글이 이번 책의 마지막 글인데 사무치게 고통스럽다. 그래도 참을 만하다. 고통도 삶처럼 끝이 있어 소중하다.

독자는 고통의 어둠에서 반짝이는 유일한 별이다. 나는 고통스러울수록 별을 올려다봤다. 이 책을 널리 알려 수많은 독자를 만나겠다고 다짐했다. 그러기 위해 인생에 꼭 필요하고 유용한 책이어야 한다. 자신 있게 책을 권하고 만방에 알리려면 먼저 스스로 만족해야 한다. 그래서 스스로 만족할 만큼 썼다. 자신 있게 권한다. 읽고 또 읽으시라. 읽을 때마다 당신의 행복은 눈덩이처럼 불어날 것이다. 사랑하는 사람에게 이 책을 선물하고, 경영진은 직원들에게 필독서로 이 책을 공유하고, 수많은 사람이 이 책으로 대화법을 공부해 인간관계를 아름답게 맺기를 바란다.

이제 마지막 단락이다. 고통의 끝자락이다. 행복이 불어나고 있다. 당신이 끝까지 이 책을 읽어줘서 기쁘다. 당신의 행복을 위해서, 그리고 나의 행복을 위해서 나는 계속 책을 쓸 것이다. 고통 속으로 다시 뛰어들 것이다. 반짝이는 별을 기대하며! 나는 행복하다. 그러니 당신도 반드시 행복하길 바란다.

대화의 정석

| 1판 1쇄 인쇄 | 2023년 10월 18일 |
| 1판 15쇄 발행 | 2024년 7월 30일 |

지은이   정홍수(홍버튼)

펴낸이   김봉기
출판총괄   임형준
편집   안진숙, 김민정
외부편집   김민정
디자인   스튜디오 페이지엔
마케팅   선민영, 조혜연, 임정재

펴낸곳   FIKA[피카]
주소   서울시 서초구 서초대로 77길 55, 9층
전화   02-3476-6656
팩스   02-6203-0551
홈페이지   https://fikabook.io
이메일   book@fikabook.io
등록   2018년 7월 6일(제2018-000216호)

ISBN   979-11-90299-9-80-0 03190

피카 출판사는 독자 여러분의 아이디어와 원고 투고를 기다리고 있습니다.
책으로 펴내고 싶은 아이디어나 원고가 있으신 분은 이메일 book@fikabook.io로 보내주세요.